资产评估机构从事证券服务业务合规手册

(2025年)

中国证监会会计司
中国资产评估协会 编写

中国财经出版传媒集团
中国财政经济出版社
·北京·

图书在版编目（CIP）数据

资产评估机构从事证券服务业务合规手册.2025年／中国证监会会计司，中国资产评估协会编写．--北京：中国财政经济出版社，2025.5．--ISBN 978-7-5223-3977-1

Ⅰ.F832.51-62

中国国家版本馆CIP数据核字第2025WJ3212号

责任编辑：张晓彪　　　　　　责任校对：徐艳丽
封面设计：陈宇琰　　　　　　责任印制：史大鹏

资产评估机构从事证券服务业务合规手册（2025年）
ZICHAN PINGGU JIGOU CONGSHI ZHENGQUAN FUWU YEWU HEGUI SHOUCE （2025NIAN）

中国财政经济出版社 出版

URL：http：//www.cfeph.cn
E-mail：cfeph@cfeph.cn

（版权所有　翻印必究）

社址：北京市海淀区阜成路甲28号　邮政编码：100142
营销中心电话：010-88191522
天猫网店：中国财政经济出版社旗舰店
网址：https：//zgczjjcbs.tmall.com
涿州汇美亿浓印刷有限公司印刷　各地新华书店经销
成品尺寸：165mm×240mm　16开　17.5印张　265 000字
2025年5月第1版　2025年5月河北第1次印刷
定价：70.00元
ISBN 978-7-5223-3977-1
（图书出现印装问题，本社负责调换，电话：010-88190548）
本社图书质量投诉电话：010-88190744
打击盗版举报热线：010-88191661　　QQ：2242791300

前　言

资本市场是以高质量信息披露为基础的市场。资产评估机构作为独立的第三方专业机构，能够为上市公司等市场主体提供独立、客观的价值信息和公允的价值尺度，为提高资本市场信息披露质量、保护投资者合法权益、发挥资本市场优化资源配置功能等提供基础保障，是资本市场的重要"看门人"之一。

2020年3月1日，新《证券法》正式实施，资产评估机构从事证券服务业务由审批制改为备案制。从事证券服务业务的资格放开，为更多资产评估机构进入资本市场执业提供了机遇。备案制实施以来，证券评估机构数量迅速增长，截至2024年底共有证券评估机构279家，较2020年备案制改革前的69家增长了304%。随着证券评估机构数量成倍增长，市场竞争日趋激烈，原备案办法在提升资产评估服务质量、推动资本市场健康有序发展中暴露出一些不足，难以满足资本市场防风险、强监管、促高质量发展的需要。2024年12月23日，财政部、中国证监会修订印发了《资产评估机构从事证券服务业务备案办法》，针对性作出有关监管安排：一是坚持从严监管。把紧备案入口、强化持续监管、畅通备案出口，将备案要求贯穿证券评估业务监管全过程，提升资产评估机构证券执业能力。二是坚持问题导向。集中解决证券评估机构未备案执业、超出胜任能力执业等突出问题，强化备案严肃性，规范行业秩序，助力提升证券评估业务整体质量。三是坚持协调贯通。完善财政部与中国证监会备案联合监管机制，发挥行业协会自律管理作用，合理利用核验、公告等管理手段，进一步发挥行业监管与市场监管、行政监管与自律监管的协同性。

2023年2月9日，中共中央办公厅、国务院办公厅印发《关于进一步加强财会监督工作的意见》，旨在进一步加强财会监督工作，更好发挥财会监督职能作用，明确提出要构建起财政部门主责监督、有关部门依责监督、各单位内部监督、相关中介机构执业监督、行业协会自律监督的财会监督体系，资产评估机构执业监督明确作为财会监督体系的重要组成部分之一。资产评估机构要严格依法履行资产评估职责，确保独立、客观、公正、规范执业；切实加强对执业质量的把控，完善内部控制制度，建立内部风险防控机制，加强风险分类防控，提升内部管理水平，规范承揽和开展业务，建立健全事前评估、事中跟踪、事后评价管理体系，强化质量管理责任；持续提升一体化管理水平，实现人员调配、财务安排、业务承接、技术标准、信息化建设的实质性一体化管理。

2023年10月30日至31日，中央金融工作会议在北京举行。会议强调，要全面加强金融监管，有效防范化解金融风险。切实提高金融监管有效性，依法将所有金融活动全部纳入监管，全面强化机构监管、行为监管、功能监管、穿透式监管、持续监管，消除监管空白和盲区，严格执法、敢于亮剑，严厉打击非法金融活动。证券评估机构需进一步加强自身专业能力建设，不断提升证券执业质量。

2024年4月4日，国务院发布《关于加强监管防范风险推动资本市场高质量发展的若干意见》（国发〔2024〕10号，以下简称《意见》）。《意见》指出，要以习近平新时代中国特色社会主义思想为指导，全面贯彻党的二十大和二十届二中全会精神，紧紧围绕打造安全、规范、透明、开放、有活力、有韧性的资本市场，以强监管、防风险、促高质量发展为主线，更好发挥资本市场功能作用，推进金融强国建设，服务中国式现代化大局。在强监管方面，将构建全方位、立体化的资本市场监管体系，全面落实监管"长牙带刺"、有棱有角。进一步压实发行人第一责任和中介机构"看门人"责任，建立中介机构"黑名单"制度。一年来，在中央金融办统筹协调下，证监会会同各有关方面制定修订了50多项制度规则，形成了"1+N"政策体系，系统性重塑资本市场基础制度和监管底层逻辑。

党的二十届三中全会明确要求，健全投资和融资相协调的资本市场功能，防风险、强监管，促进资本市场健康稳定发展。2024年底召开的中央经济工作会议进一步强调，深化资本市场投融资综合改革，打通中长期资金入市卡点堵点，增强资本市场制度的包容性、适应性。这一系列新部署、新要求，充分体现了以习近平同志为核心的党中央对资本市场的高度重视和殷切期望，体现了推动资本市场高质量发展的重大意义。

资本市场利益格局日趋复杂，社会诚信环境有待改善，公司业务模式复杂多变，跨境经营更加普遍，部分公司造假动机依然强烈，第三方配合造假追责困难，证券执业风险相对较高。在全面注册制改革下，对资产评估机构等中介机构的责任要求和能力要求与日俱增。《证券法》《刑法修正案（十二）》等法律的修订出台进一步压实了资产评估等中介机构资本市场"看门人"的法律职责，加大了行政责任、民事责任和刑事责任的追究力度，大幅提升了资产评估机构未勤勉尽责的违法违规成本。为加强对资产评估机构从事证券服务业务的警示和指引，帮助已备案或拟进入证券评估市场的资产评估机构了解其在内部管理和承接相关证券评估业务时应履行的责任和义务、应当承担的业务风险和法律风险，引导其增强合规意识、规范执业行为，中国证监会会计司会同中国资产评估协会组织有关行业专家编写了《资产评估机构从事证券服务业务合规手册》（以下简称《合规手册》）。本手册阐明了证券评估市场执业的总体原则，概述了有关监管体系框架，介绍了从事证券服务业务的有关特别规定和质量控制、内部管理、风险防范要求，列举了违反证券评估市场有关规定的法律责任和相关案例。希望通过本手册为资产评估机构从事证券服务业务提供有益指导和借鉴，进入资本市场执业的资产评估机构要树立"质量为先"的发展理念，强化风险评估，承接与自身专业胜任能力相匹配的证券服务业务，严格遵守执业准则，恪守职业道德，勤勉尽责，公正执业，共同维护资本市场规范、有序发展。

本次《合规手册》的修订，充分考虑了上版之后制度规则的变化，更新了资产评估机构从事证券服务业务的有关规定及典型案例等，并同步更新了法律法规制度清单。修订过程中，北京中企华资产评估有限责任公司、中联资产评估集团有限公司、安永资产评估（上海）有限公司、北京天健兴业资产评估有限公司承担了大量基础性工作，在此一并表示感谢！《合规手册》相关内容基于网站公开信息整理，部分法律法规可能已修订或正在更新，我们将在后续适时予以更新。由于编写时间较紧，相关内容难免存在错误和疏漏，在执行中请以相关部门正式文件为准。

目　　录

1. 总体原则 ··· 1
2. 监管框架 ··· 3
   2.1 证券评估市场行政监管 ·· 3
      2.1.1 监管体系 ·· 3
      2.1.2 近五年处理处罚情况 ·· 5
   2.2 证券评估市场自律监管 ·· 6
      2.2.1 监管体系 ·· 6
      2.2.2 近五年监管情况 ··· 7
3. 从事证券服务业务的特别规定 ·· 10
   3.1 一般规定 ·· 10
      3.1.1 证券评估业务 ··· 10
      3.1.2 备案要求 ·· 11
      3.1.3 勤勉尽责及相关声明 ······································· 12
      3.1.4 出具报告及资产评估相关信息的披露 ··················· 13
      3.1.5 其他要求 ·· 63
   3.2 特殊规定 ·· 66
      3.2.1 交易类证券评估业务 ······································· 66
      3.2.2 财报类证券评估业务 ······································· 88
      3.2.3 基础设施公募 REITs 类证券评估业务 ················ 100

4. 从事证券服务业务对质量控制和内部管理的特殊要求 …… 114
4.1 总体要求 …………………………………………… 114
4.2 具体规定 …………………………………………… 115
4.2.1 质量控制体系建设 ………………………… 115
4.2.2 内部管理制度建设 ………………………… 121
4.2.3 职业风险防范机制 ………………………… 126
4.2.4 职业道德有关要求 ………………………… 127

5. 法律责任与重要案例介绍 …………………………… 130
5.1 行政处罚类 ………………………………………… 130
5.1.1 行政处罚规定 ……………………………… 130
5.1.2 行政处罚案例介绍 ………………………… 133
5.2 行政监管措施类 …………………………………… 134
5.2.1 行政监管措施规定 ………………………… 134
5.2.2 行政监管措施案例介绍 …………………… 135
5.3 自律监管类 ………………………………………… 136
5.3.1 自律监管规定 ……………………………… 136
5.3.2 自律监管案例介绍 ………………………… 137
5.4 民事赔偿类 ………………………………………… 138
5.4.1 民事赔偿责任规定 ………………………… 138
5.4.2 民事赔偿案例介绍 ………………………… 138
5.5 刑事处罚类 ………………………………………… 139
5.5.1 刑事责任规定 ……………………………… 139
5.5.2 刑事处罚案例介绍 ………………………… 140

附录1 相关案例介绍 …………………………………… 141
1-1 行政处罚相关案例 ………………………………… 141
1-1-1 交易类相关案例（2024年） …………… 141

1-1-2	交易类相关案例（2023年）	147
1-1-3	财报类相关案例（2024年）	151
1-1-4	财报类相关案例（2023年）	157
1-1-5	其他类相关案例（2023年）	166
1-1-6	财政部相关案例（2024年）	167
1-1-7	财政部相关案例（2024年）	170

1-2 行政监管措施相关案例 …………………………… 173
  1-2-1 交易类相关案例（2024年） ………………… 173
  1-2-2 交易类相关案例（2024年） ………………… 175
  1-2-3 交易类相关案例（2023年） ………………… 177
  1-2-4 财报类相关案例（2024年） ………………… 179
  1-2-5 财报类相关案例（2024年） ………………… 181
  1-2-6 财报类相关案例（2023年） ………………… 183
  1-2-7 其他类相关案例（2024年） ………………… 186
  1-2-8 其他类相关案例（2024年） ………………… 188
  1-2-9 其他类相关案例（2024年） ………………… 191

1-3 自律监管相关案例 ………………………………… 192
  1-3-1 深交所监管措施案例（2025年） …………… 192
  1-3-2 深交所监管措施案例（2024年） …………… 194
  1-3-3 中评协自律惩戒案例（2024年） …………… 195
  1-3-4 中评协自律惩戒案例（2024年） …………… 197

1-4 民事赔偿相关案例 ………………………………… 198

附录2 财政部关于2023年度资产评估行业联合检查情况的公告 …………………………………………… 214

附录3 证监会发布2023年度证券资产评估分析报告 …… 218

附录4 相关法律法规制度一览表 ……………………… 230

1. 总体原则

证券市场是充分竞争、信息高度公开透明的市场。证券市场各参与方必须严格遵守法律法规，严格遵循证券市场的基本原则。资产评估机构是证券市场重要的专业服务机构之一，对保障上市公司等市场主体的信息披露质量发挥着重要作用，是证券市场的重要"看门人"之一。资产评估机构从事证券服务业务应当遵循证券市场的基本原则，接受证券监督管理机构等相关部门的监督管理。

原则1：公开、公平、公正

证券的发行、交易活动，必须遵循公开、公平、公正的原则。

来源：

《证券法》第三条；

《期货和衍生品法》第六条。

原则2：自愿、有偿、诚实信用

证券市场各方具有平等的法律地位，应当遵循自愿、有偿、诚实信用的原则。

来源：

《证券法》第四条；

《期货和衍生品法》第七条。

原则 3：禁止欺诈、内幕交易和操纵市场的行为

证券市场各方必须遵守法律、行政法规，禁止欺诈、内幕交易和操纵市场的行为。

来源：

《证券法》第五条；

《期货和衍生品法》第六条。

原则 4：勤勉尽责、恪尽职守

会计师事务所、律师事务所以及从事证券投资咨询、资产评估、资信评级、财务顾问、信息技术系统服务的机构均属于证券服务机构。证券服务机构从事证券服务业务，应当勤勉尽责、恪尽职守，按照相关业务规则为证券的发行、上市、挂牌、交易及其他相关活动提供服务。

来源：

《证券法》第一百六十条；

《期货和衍生品法》第九十八条。

2. 监管框架

证监会、财政部依据《证券法》《资产评估法》等对资产评估机构从事证券服务业务实施行政监督管理，证券交易场所、中国资产评估协会（简称中评协）等自律组织，分别在证监会和财政部的监督和指导下，依据法律法规、自律组织章程、业务规则、资产评估准则等，对资产评估机构从事证券服务业务实施自律管理。

2.1 证券评估市场行政监管

2.1.1 监管体系
2.1.1.1 证监会监管体系

证监会依照法律法规和国务院授权，对资产评估机构从事证券服务业务实行监督管理。证监会会计司、各派出机构、会内相关司局等共同构建了包括备案管理、日常监管、监督检查、稽查执法等在内的资产评估机构从事证券服务业务综合监管体系。其中，证监会会计司作为证券市场评估监管的主管部门，负责统筹规划、组织协调、督促指导全系统评估监管工作，制定并解释相关监管制度与规则，组织开展监督检查等工作，依法对资产评估机构采取监管措施，建立完善监管信息系统等；各派出机构受证监会垂直领导，负责辖区一线评估监管工作，对辖区内从事证券服务业务的资产评估机构进行监督管理，根据实际情况和有关安排开展对资产评估机构的备案管理、监督检查、执法调查等工作,依法对资产评估机构采取处理处罚措施;会内相关司局包括发行司、公众司、上市司、期货司、国际司、债券司、稽查部门、行政处罚委等,根据各自监管职责,开展相应业务条线的评估监管工作,其中稽查部门负责统筹评估违法违规行为的立案和调查,行政处罚委负责统筹审理调查完毕的案件,拟定行政处罚意见。

在综合监管体系下,证监会各司局、各派出机构各司其职,分工协作,确保对资产评估机构的日常监管、线索发现、检查调查、审理处罚等监管顺畅高效。如图 1 所示。

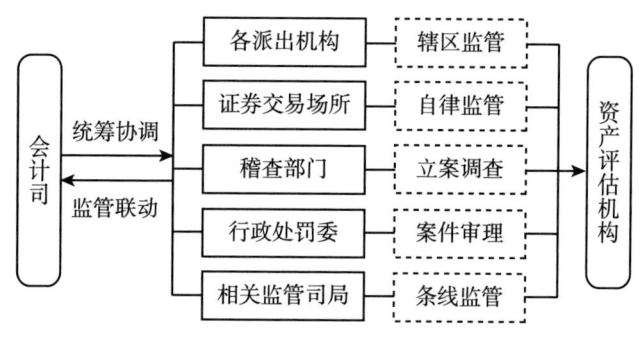

图 1 证监会监管流程图

2.1.1.2 财政部监管体系

财政部负责全国资产评估行业的行政管理。财政部依照法律法规要求,制定有关监督管理办法和资产评估基本准则,对资产评估机构从事证券服务业务实施监督管理,并负责监督检查资产评估机构从事证券服务业务情况。其中,资产管理司承担资产评估管理有关工作,监督评价局承担监督检查资产评估行业执业质量有关工作。财政部监督评价局与中评协建立了资产评估行业联合监管工作机制,将财政部门的行政监管和行业自律监管有机结合。在对从事证券服务业务的资产评估机构开展年度执业质量联合检查时，财政部监督评价局和中评协对检查发现的问题进行联合审理，并分别作出行政处罚和行业自律惩戒，实行"一查双罚"。

2.1.2 近五年处理处罚情况

2.1.2.1 证监会处理处罚情况

近年来，证监会坚持"建制度、不干预、零容忍"的方针，不断加强事中事后监管，加大监督检查和稽查执法力度，从严打击评估违法违规行为，净化证券评估市场生态。2021年，证券监管部门对3家资产评估机构及其资产评估师进行了3家次、4人次的行政处罚；2022年，证券监管部门对1家资产评估机构及资产评估师进行了1家次、2人次的行政处罚；2023年，证券监管部门对3家资产评估机构及资产评估师进行了4家次、7人次的行政处罚；2024年，证券监管部门对2家资产评估机构及资产评估师进行了2家次、4人次的行政处罚。除行政处罚外，2020年至2024年，证券监管部门还对资产评估机构及资产评估师采取了责令改正、监管谈话、出具警示函等行政监管措施，具体情况如图2所示。

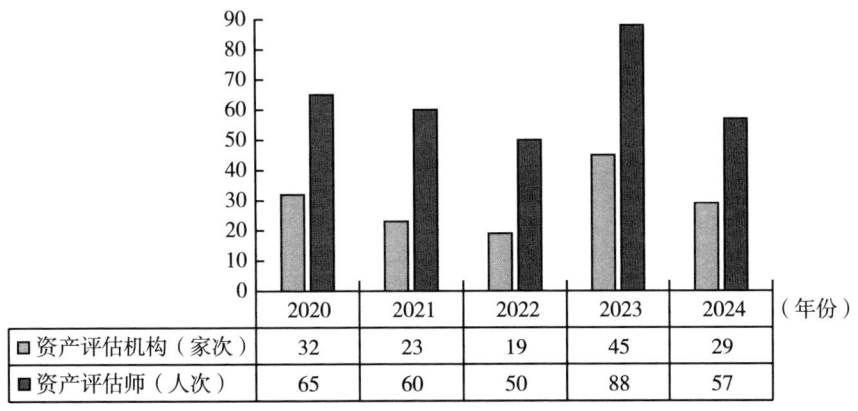

图2 2020—2024年证券监管部门采取行政监管措施情况

2.1.2.2 财政部处理处罚情况

按照"双随机、一公开"的要求，2020年，在排除2018年以来接受证监会、财政部和中评协全面检查的资产评估机构后，随机抽选了2家从事证券服务业务的资产评估机构开展行政检查；2021年，财政部监督评价局与中评协联合组织7家财政部监管局对15家证券评估机构进行检查；2022年，组织5个联合检查组对8家证券评估机构进行检查；2023年，组织7个联合检查组对15家证券评估机构进行检查；2024年，组织5个联合检查组对15家证券评估机构进行检查。

2020年，财政部公告2019年行政检查结果，对1家资产评估机构及其1名资产评估师予以行政处罚；2021年，财政部对2018年度执业质量检查中发现的问题进行了处理，对2名资产评估师予以行政处罚；2022年，财政部对2021年度资产评估机构联合检查中发现的问题进行了处理，对1家资产评估机构和4名资产评估师予以行政处罚；2023年，财政部对2022年度资产评估机构联合检查中发现的问题进行了处理，对2家资产评估机构和4名资产评估师予以行政处罚；2023年，财政部对2023年度资产评估机构联合检查中发现的问题进行了处理，对4家资产评估机构和7名资产评估师予以行政处罚；2024年，财政部对2024年度资产评估机构联合检查中发现的问题进行了处理，对5家资产评估机构和15名资产评估师予以行政处罚。

2.2 证券评估市场自律监管

2.2.1 监管体系

2.2.1.1 证券交易场所监管体系

证券交易场所包括上海证券交易所（简称上交所）、深圳证券交易所（简称深交所）、北京证券交易所（简称北交所）、全国中小企业股份转让系统（简称股转系统），受证监会监督和管理，以《证券法》等法律法规为核心，以证监会发布的规章制度为框架，通过不断完善自律规则等，对资产评估机构为证券发行、上市、挂牌、重大资产重组、资产交易等提供服务的行为进行自律监管。证券交易场所已初步形成包含发行上市（挂牌）、持续监管、退市监管在内的资本市场"全链条"资产评估监管体系。由公司监管部门和评估监管部门分工协作，以问询函、风险提示函、约谈等方式开展资产评估监管；对于涉及监管措施和纪律处分的重大事项，提交纪律处分委员会表决，并据结果实施自律监管措施和纪律处分。

2.2.1.2 中评协监管体系

中评协接受财政部的业务指导和监督，承担着《资产评估法》赋予的法定职责和协会章程赋予的行业自律管理职责，通过建立和完善行业自律监管体制机制，制定资产评估执业准则和职业道德准则并组织实施，对资产评估机构和资产评估专业人员执业行为予以规范，并定期对从事证券服务业务的资产评估机构出具的资产评估报告进行检查。对自律检查中发现的问题，由中评协惩戒委员会审议，根据自律监管规定对相关资产评估机构和资产评估专业人员进行自律惩戒。

2.2.2 近五年监管情况

2.2.2.1 证券交易场所监管情况

根据自律规则相关规定，证券交易场所对资产评估机构和资产评估师实施的纪律处分主要包括：通报批评、公开谴责、暂不受理专业机构或者其从业人员出具的相关业务文件、收取惩罚性违约金等；自律监管措施主要包括：口头警示、书面警示、约见谈话、要求中介机构或者要求聘请中介机构核查并发表意见、公开致歉、暂停受理或者办理相关业务等。2020 年至 2024 年，上交所和深交所对资产评估机构采取纪律处分和自律监管措施总计 7 次，其中 6 次监管警示，1 次通报批评；对资产评估师采取纪律处分和自律监管措施共计 18 人次，其中 14 人次监管警示，4 人次通报批评。

2.2.2.2 中评协监管情况

拟从事证券服务业务的资产评估机构向财政部、中国证监会提交首次备案申请，中评协即对其进行谈话提醒，提示从事证券服务业务的复杂性和执业风险。财政部、证监会办理首次备案过程中，中评协对申请备案的资产评估机构进行专项检查。对完成首次备案的证券评估机构，原则上三年内至少检查一次。其他证券评估机构原则上每五年至少检查一次。检查形式包括与财政部联合开展执业质量检查、周期性自律检查和专项性自律检查。中评协可以组织协调地方协会参与本地区或者其他地区证券评估机构的检查工作。

存在下列情形的证券评估机构，列为重点检查对象，加大检查力度：

（一）被投诉或者举报，经查属实且情节严重的；

（二）因从事资产评估业务五年内受到刑事处罚、行政处罚，或者二次以上自律惩戒，或者三次以上行政监管措施的；

（三）收费异常的；

（四）以不正当竞争方式承揽业务的；

（五）出具报告数量与资产评估师执业能力、风险承担能力明显不匹配的；

（六）未按规定进行业务报备的；

（七）引发重大社会舆论的；

（八）实际控制人或者控股股东发生变化的；

（九）发生合并、分立的；

（十）未按规定完成重大事项备案或者年度备案的；

(十一)中评协规定的其他情形。

中评协与财政部、中国证监会建立联合监管机制,形成监管合力。

根据自律监管相关规定,对资产评估机构及资产评估专业人员实施的自律惩戒主要包括:警告、严重警告、通报批评、公开谴责、除名。2020年至2024年,中评协对资产评估机构及资产评估师实施行业自律惩戒情况如图3所示。

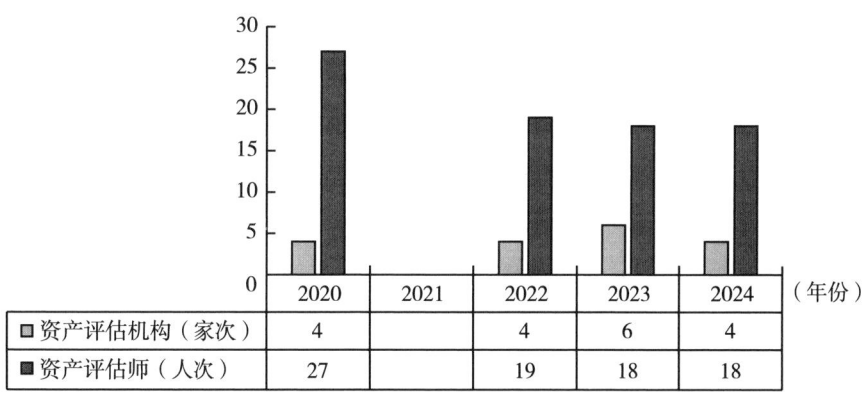

图3 2020—2024年中评协实施行业自律惩戒情况

3. 从事证券服务业务的特别规定

3.1 一般规定

3.1.1 证券评估业务

证券评估业务，是指资产评估机构依据法律法规、相关监管规则和资产评估准则，为证券业务活动开展资产评估，并出具资产评估报告的专业服务行为。具体包括下列证券业务活动：

（一）首次公开发行股票或者存托凭证并上市；

（二）发行公司（企业）债券、资产支持证券（ABS）、不动产投资信托基金（REITs）；

（三）上市公司、全国中小企业股份转让系统挂牌公司（以下简称挂牌公司）发行证券；

（四）上市公司、挂牌公司重大资产重组；

（五）上市公司、挂牌公司以财务报告为目的的评估；

（六）其他涉及公开信息披露或者引用的评估；

（七）证券公司及其资产管理产品的评估；

（八）公开募集基金的基金管理人、期货经营机构及其发行的产品的评估；

（九）财政部、中国证监会规定的其他业务。

其中，其他涉及公开信息披露或引用的评估业务包括：上市公司公开披露的收购、资产交易相关评估，股东超过200人的银行等不挂牌非上市公众公司、退市公司发行证券相关评估。

来源：

《证券服务机构从事证券服务业务备案管理规定》；

《资产评估机构从事证券服务业务备案办法》；

《资产评估机构从事证券服务业务自律监督管理办法》。

3.1.2　备案要求

资产评估机构从事证券服务业务，应当向证监会和财政部备案，并保证备案材料齐备，相关材料和信息真实、准确、完整。

资产评估机构从事证券服务业务备案，按照业务环节分为首次备案、重大事项备案、年度备案。

资产评估机构首次从事证券服务业务前，应当通过财政部资产评估行业管理统一信息平台（以下简称财政部备案平台）、中国证监会政务服务平台资产评估机构备案系统（以下简称中国证监会备案系统）向财政部、中国证监会申请备案。首次备案经审阅材料完备且符合规定的，财政部、中国证监会对相关资产评估机构组织开展现场核验。被注销备案的资产评估机构再次申请备案的，财政部、中国证监会对再次备案的资产评估机构组织开展现场核验。财政部、中国证监会通过网站等方式公告完成首次备案的资产评估机构名单及相关基本信息。财政部、中国证监会为资产评估机构从事证券服务业务备案，不代表对其从事证券服务业务执业能力的认可。

资产评估机构发生名称变更、法定代表人（执行合伙事务的合伙人）变更、合伙人或者股东变更、经营场所变更、组织形式变更、设立或者撤销分支机构等重大事项，应当按照规定在财政部门履行相关变更程序，财政部将相关信息推送至中国证监会，资产评估机构无需在中国证监会备案系统中填报。发生其他重大事项的，资产评估机构应当在该事项发生之日起 10 个工作日内在财政部备案平台、中国证监会备案系统中填报。

资产评估机构从事证券服务业务，应当在每年 5 月 31 日前进行年度备案，并按照有关要求公开上一年度基本情况、诚信记录、执业情况等相关信息。

来源：

《证券法》第一百六十条；

《证券服务机构从事证券服务业务备案管理规定》；

《资产评估机构从事证券服务业务备案办法》。

3.1.3 勤勉尽责及相关声明

资产评估机构及其资产评估师必须严格遵守法律法规、监管规则、业务规则和行业公认的业务标准和道德规范，诚实守信，勤勉尽责，保护投资者合法权益，审慎履行职责，作出专业判断与认定，对所依据的文件资料内容的真实性、准确性、完整性进行核查和验证，对招股说明书或其他信息披露文件中与其专业职责有关的内容及其所出具文件的真实性、准确性、完整性负责，对与其专业相关的业务事项履行特别注意义务，对其他业务事项履行普通注意义务，并承担相应法律责任。

承担证券评估业务的资产评估机构通常应在招股说明书或其他信息披露文件（如转板上市报告书、股转系统公开转让说明书、上市公司募集说明书、非上市公众公司定向发行说明书、重大资产重组报告书、债券募集说明书等）正文后按规定作出声明，确认招股说明书或其他信息披露文件所引用内容与其出具的相关资产评估报告不存在矛盾之处，对所引用的内容无异议，并对所确认的招股说明书或其他信息披露文件引用内容承担相应法律责任。以《公开发行证券的公司信息披露内容与格式准则第 46 号——北京证券交易所公司招股说明书》相关规定为例，为在北交所公开发行股票的公司承担评估业务的资产评估机构通常应在招股说明书正文后作出如下声明：

本机构及签字资产评估师已阅读招股说明书，确认招股说明书与本机构出具的资产评估报告无矛盾之处。本机构及签字资产评估师对发行人在招股说明书中引用的资产评估报告的内容无异议，确认招股说明书不致因上述内容而出现虚假记载、误导性陈述或重大遗漏，并对其真实性、准确性、完整性承担相应的法律责任。

声明应由签字资产评估师及所在资产评估机构负责人签名，并由资产评估机构加盖公章。通常申请文件的原始纸质文件所有需要签名处，应载明签名字样的印刷体，并由签名人亲笔签名，不得以名章、签名章等代替。

证监会对上交所、深交所 IPO 和北交所公开发行股票作出予以注册决定后、发行人股票上市交易前，以及对上市公司再融资作出予以注册决定后、上市公司证券上市交易前，保荐人以及证券服务机构应当持续履行尽职调查职责。

3.1.4　出具报告及资产评估相关信息的披露

证券业务活动中使用的资产评估报告，应当由符合从事证券服务业务备案办法规定的资产评估机构出具。为证券发行出具有关文件的证券服务机构和人员，应当按照行业公认的业务标准和道德规范，严格履行法定职责，并对其所出具文件的真实性、准确性和完整性负责。资产评估机构从事证券评估业务，应当根据资本市场信息披露规定，按照各类业务申请文件的需求，提供相应的报告及函件，及时依法履行信息披露义务，并承担相应法律责任。披露的信息应当真实、准确、完整，简明清晰、通俗易懂，不得有虚假记载、误导性陈述或者重大遗漏。

IPO、北交所公开发行股票、转板上市、股转系统公开转让、再融资、重大资产重组、上市公司收购、发行公司债券、财报目的、重大合同和重大交易等相关业务出具的资产评估报告及相关信息披露分别适用以下规定。涉及境内企业境外发行证券和上市评估的适用相关规则。

3.1.4.1　IPO 评估

根据首次公开发行股票注册管理办法、首次公开发行股票并上市申请文件和招股说明书披露内容与格式准则规定，在上交所、深交所 IPO 需要披露的资产评估报告及有关信息披露要求主要如下：

3.1.4.1.1　资产评估报告及补充专业意见

首次公开发行股票并上市申请文件包括发行人设立时和最近三年及一期的资产评估报告。发行人如有运用本次发行募集资金拟收购资产（或股权）的，还包括募集资金拟收购资产（或股权）的资产评估报告。

如果交易所、证监会对申请文件提出问询或问题，发行人应根据交易所对申请文件的问询及证监会对申请文件的反馈问题补充、修改材料。涉及资产评估报告的，保荐人和资产评估机构应对相关问题进行尽职调查并补充出具专业意见。此外，证监会和交易所可以对发行人进行现场检查，可以要求保荐人、证券服务机构对有关事项进行专项核查并出具意见。

3.1.4.1.2　其他信息披露要求

一是申请文件中涉及资产评估信息的披露要求。

招股说明书应准确引用与本次发行有关的中介机构专业意见或报告，并将证券服务机构出具的文件作为招股说明书的附件。

涉及资产评估报告的，发行人还应在招股说明书"概览"中披露资产评估机构的名称，以及发行人与本次发行有关的保荐人、承销机构、证券服务机构及其负责人、高级管理人员、经办人员之间存在的直接或间接的股权关系或其他利益关系。

二是申请文件进行公开披露的相关规定。

发行人在发行股票前应在交易所网站和符合证监会规定条件的报刊、依法开办的网站全文刊登招股说明书，同时在符合证监会规定条件的报刊刊登提示性公告，告知投资者网上刊登的地址及获取文件的途径。发行人可以将招股说明书以及有关附件刊登于其他网站，但披露内容应完全一致，且不得早于在交易所网站、符合证监会规定条件的网站的披露时间。

三是申请文件相关责任人员法律责任的有关规定。

自注册申请文件申报之日起，发行人及其控股股东、实际控制人、董事、监事、高级管理人员，以及与本次股票公开发行并上市相关的保荐人、证券服务机构及相关责任人员，即承担相应法律责任，并承诺不得影响或干扰发行上市审核注册工作。

注册申请文件受理后，未经证监会或者交易所同意，不得改动。发生重大事项的，发行人、保荐人、证券服务机构应及时向交易所报告，并按要求更新注册申请文件和信息披露资料。

3.1.4.2　北交所公开发行股票评估

根据北交所向不特定合格投资者公开发行股票注册管理办法、向不特定合格投资者公开发行股票并在北交所上市申请文件和招股说明书披露内容与格式准则规定，在北交所公开发行股票需要披露的资产评估报告及有关信息披露要求主要如下：

3.1.4.2.1　资产评估报告及补充专业意见

向不特定合格投资者公开发行股票并在北交所上市申请文件包括发行人运用本次发行募集资金拟收购资产（包括权益）的资产评估报告（如有）。

如果北交所、证监会对申请文件提出问询或问题，发行人应根据北交所对申请文件的问询及证监会对申请文件的反馈问题提供补充材料或更新材料。有关中介机构应对相关问题进行尽职调查或补充出具专业意见。此外，证监会和北交所可以对发行人进行现场检查，可以要求保荐人、证券服务机构对有关事项进行专项核查并出具意见。

3.1.4.2.2　其他信息披露要求

一是申请文件中涉及资产评估信息的披露要求。

招股说明书的编制应准确引用与本次发行有关的中介机构的专业意见或报告，引用第三方数据或结论的，应当注明资料来源，确保有权威、客观、独立的依据并符合时效性要求。证券服务机构出具的专业意见或报告应作为备查文件予以披露。

此外，招股说明"概览"还应披露以下与资产评估有关的信息：

①资产评估机构（如有）的名称、法定代表人、住所、联系电话、传真，同时应披露有关经办人员的姓名。

②发行人与本次发行有关的保荐人、承销商、证券服务机构及其负责人、高级管理人员、经办人员之间存在的直接或间接的股权关系或其他利害关系。

③本次发行费用概算（包括保荐费用、承销费用、律师费用、审计费用、评估费用、发行手续费用等）。

二是申请文件公开披露的相关规定。

发行人应在符合《证券法》规定的信息披露平台披露招股说明书及其备查文件和证监会要求披露的其他文件，供投资者查阅。发行人可以将招股说明书及其备查文件刊登于其他报刊、网站，但披露内容应当完全一致，且不得早于在符合《证券法》规定的信息披露平台的披露时间。

三是申请文件相关责任人员法律责任的有关规定。

发行人应在招股说明书扉页作出如下声明："保荐人及证券服务机构承诺因其为发行人本次公开发行股票制作、出具的文件有虚假记载、误导性陈述或者重大遗漏，给投资者造成损失的，将依法承担法律责任。"

自注册申请文件申报之日起，发行人及其控股股东、实际控制人、董事、监事、高级管理人员，以及与本次股票公开发行相关的保荐人、证券服务机构及相关责任人员，即承担相应法律责任，并承诺不得影响或干扰发行上市审核注册工作。

注册申请文件受理后，未经证监会或者北交所同意，不得改动。发生重大事项的，发行人、保荐人、证券服务机构应当及时向北交所报告，并按要求更新注册申请文件和信息披露资料。

3.1.4.3 转板上市评估

根据证监会关于北交所上市公司转板的指导意见、北交所上市公司向科创板、创业板转板办法，以及上交所、深交所关于转板上市申请文件、转板上市报告书审核规则适用指引规定，北交所上市公司向上交所科创板或深交所创业板转板上市申请文件中与资产评估有关的信息及披露要求主要如下：

3.1.4.3.1　资产评估报告及补充专业意见

转板上市申请文件包括转板公司设立时和最近3年及一期的资产评估报告（如有）。

如果交易所对申请文件提出问询，转板公司应根据交易所对申请文件的问询提供补充材料。保荐人和相关证券服务机构应对相关问题进行尽职调查并补充出具专业意见。

3.1.4.3.2　其他信息披露要求

一是申请文件中涉及资产评估信息的披露要求。

转板上市报告书应准确引用与本次转板上市有关的中介机构的专业意见或报告，并披露以下与资产评估有关的信息：

①转板上市报告书"概览"中披露本次转板上市的资产评估机构（如有）。

②转板上市报告书"附件"中列表披露资产评估机构的名称、法定代表人、住所、经办人员姓名、联系电话、传真，以及转板公司与本次转板上市有关的保荐人、证券服务机构及其负责

人、高级管理人员、经办人员之间存在的直接或间接的股权关系或其他利益关系。

二是申请文件相关责任人员法律责任的有关规定。

转板公司应在转板上市报告书扉页作如下声明："保荐人及证券服务机构承诺因其为转板公司本次转板上市制作、出具的文件有虚假记载、误导性陈述或者重大遗漏，给投资者造成损失的，将依法赔偿投资者损失。"

申请文件一经受理，转板公司及其控股股东、实际控制人、董事、监事和高级管理人员，以及与本次转板相关的保荐人、证券服务机构及其相关人员即须承担相应的法律责任。未经同意，不得增加、撤回或更换。

3.1.4.4 股转系统公开转让评估

根据非上市公众公司监督管理办法、信息披露管理办法，以及非上市公众公司公开转让股票申请文件、公开转让说明书披露内容与格式准则规定，非上市公众公司股票在股转系统公开转让申请文件中与资产评估有关的信息及披露要求主要如下：

3.1.4.4.1 资产评估报告及补充专业意见

公司股票在股转系统公开转让申请文件包括申请人设立时和报告期的资产评估报告（如有）。

申请文件目录是对公开转让申请文件的最低要求。证监会和股转系统可以要求申请人和中介机构报送和补充文件。证监会可以要求公司及其他信息披露义务人或者其董事、监事、高级管理人员对有关信息披露问题作出解释、说明或者提供相关资料，并要求公司提供证券公司或者证券服务机构的专业意见。证监会对证券公司和证券服务机构出具文件的真实性、准确性、完整性有疑义的，可以要求相关机构作出解释、补充，并调阅其工作底稿。申请人应根据股转系统对申请文件的审核问询及证监会对申请文件的反馈意见提供补充材料。有关中介机构应对相关问题进行核查并补充出具专业意见。证监会依法对公司及其他信息披露义务人、证券公司、证券服务机构进行监督检查或者调查，被检查或者调查对象有义务提供相关文件资料。如果申请文件目录中某些文件对申请人不适用，可不提供，但应当作出书面说明。

3.1.4.4.2 其他信息披露要求

一是申请文件中涉及资产评估信息的披露要求。

公开转让说明书的编制应准确引用有关中介机构的专业意见或报告，引用第三方数据或结论的，应当注明资料来源，确保有权威、客观、独立的依据并符合时效性要求。证券服务机构出具的文件和其他有关的重要文件应作为备查文件予以披露。

此外，公开转让申请文件还应披露以下与资产评估有关的信息：

①申请文件的扉页应标明申请人信息披露事务负责人和相关中介机构项目负责人的姓名、电话、传真及其他方便的联系方式。

②申请人公开转让说明书"基本情况"应披露资产评估机构（如有）的名称、法定代表人、住所、联系电话、传真，同时应披露有关经办人员的姓名。

③申请人公开转让说明书"基本情况"应充分披露公司、股东、实际控制人、董事、监事、高级管理人员、核心技术（业务）人员以及本次申请挂牌的主办券商及证券服务机构等作出的重要承诺、承诺的履行情况及未能履行承诺的约束措施。

二是申请文件公开披露的相关规定。

公司及其他信息披露义务人依法披露的信息，应在符合《证券法》规定的信息披露平台公布。公司及其他信息披露义务人可在公司网站或者其他公众媒体上刊登相关信息，但披露的内容应当完全一致，且不得早于在上述信息披露平台披露的时间。公司及其他信息披露义务人应将信息披露公告文稿和相关备查文件置备于公司住所、股转系统（如适用）供社会公众查阅。

三是公开转让申请文件相关责任人员法律责任的有关规定。

申请人应在公开转让说明书扉页作出如下声明："主办券商及证券服务机构承诺因其为申请人本次公开转让股票制作、出具的文件有虚假记载、误导性陈述或者重大遗漏，给投资者造成损失的，将依法承担相应的法律责任。"

申请文件一经受理，未经同意，不得增加、撤回或更换。

3.1.4.5 再融资评估

3.1.4.5.1 沪深交易所

沪深交易所上市公司再融资方式主要包括向不特定对象发行证券、向特定对象发行证券和发行优先股等。再融资申请文件中与资产评估有关的信息及披露要求主要如下：

（1）向不特定对象发行证券

①资产评估报告及补充专业意见

根据上市公司信息披露管理办法、上市公司证券发行注册管理办法，以及上市公司发行证券申请文件、上市公司向不特定对象发行证券募集说明书披露内容与格式准则规定，上市公司向不特定对象发行证券申请文件包括本次募集资金收购资产相关的资产评估报告（如有）。

上市公司向不特定对象发行证券申请文件目录是对发行申请文件的最低要求，证监会和交易所根据需要，可以要求发行人、保荐人和相关证券服务机构补充文件。上市公司或发行人应根据交易所对发行申请文件的审核问询以及证监会对申请文件的注册反馈问题提供补充和修改材料。保荐人和相关证券服务机构应对相关问题进行尽职调查并出具专业意见。证监会和交易所可以对上市公司进行现场检查，或者要求保荐人、证券服务机构对有关事项进行专项核查并出具意见。

②其他信息披露要求

一是关于资产评估报告的相关规定。

相关文件强调,募集说明书等证券发行信息披露文件所引用的资产评估报告,应当由从事证券服务业务的资产评估机构出具,并由至少两名资产评估师签署。募集说明书或者其他证券发行信息披露文件不得使用超过有效期的资产评估报告。

二是申请文件中涉及资产评估信息的披露要求。

募集说明书应准确引用与本次发行有关的中介机构的专业意见或报告。募集资金用于收购资产的,应披露资产定价方式及定价结果合理性的讨论与分析。资产交易价格以资产评估结果作为定价依据的,发行人应披露董事会就资产评估机构的独立性、评估假设前提的合理性、评估方法与评估目的的相关性以及评估定价的公允性所发表的意见。采取收益现值法等基于未来收益预期的方法对拟购买资产进行评估,且评估结果与经审计的账面值存在显著差异的,发行人应披露董事会就资产评估机构对增长期、收入增长率、毛利率、费用率、折现率等关键评估参数的选取依据及上述参数合理性所发表的意见。资产交易价格不以资产评估结果作为定价依据的,发行人应披露董事会就收购定价的过程、定价方法的合理性及定价结果的公允性所发表的意见。收购价格与评估报告结果存在显著差异的,发行人应分析差异的原因,并说明收购价格是否可能损害上市公司及其中小股东的利益。

募集说明书"本次发行概况"应列表披露资产评估机构(如有)的名称、法定代表人、住所、经办人员姓名、联系电话、传真,以及发行人与本次发行有关的保荐人、承销机构、证券服务机构及其负责人、高级管理人员、经办人员之间存在的直接或间接的股权关系或其他利益关系。

此外,本次收购的资产在最近三年曾进行过评估或交易的,募集说明书也应披露其评估的目的、方法及结果,以及交易双方的名称、定价依据及交易价格。交易未达成的，也应披露上述信息。

拟收购资产的资产评估报告及有关审核文件为募集说明书备查文件。

三是申请文件公开披露的相关规定。

募集说明书备查文件应在交易所网站和符合证监会规定条件的报刊、依法开办的网站上披露。

四是申请文件相关责任人员法律责任的有关规定。

自注册申请文件申报之日起，上市公司及其控股股东、实际控制人、董事、监事、高级管理人员，以及与证券发行相关的保荐人、证券服务机构及相关责任人员，即承担相应法律责任，并承诺不得影响或干扰发行上市审核注册工作。

申请文件受理后，未经证监会或者交易所同意，不得改动。发生重大事项的，上市公司、保荐人、证券服务机构应当及时向交易所报告，并按要求更新申请文件和信息披露资料。

（2）向特定对象发行证券

①资产评估报告及补充专业意见

根据上市公司信息披露管理办法、上市公司证券发行注册管理办法，以及上市公司发行证券申请文件、上市公司向特定对象发行证券募集说明书和发行情况报告书披露内容与格式准则规定，上市公司向特定对象发行证券申请文件包括本次募集资金收购资产相关的资产评估报告（如有）。

上市公司向特定对象发行证券申请文件目录是对发行申请文件的最低要求，证监会和交易所根据需要，可以要求发行人、保荐人和相关证券服务机构补充文件。上市公司或发行人应根据交易所对发行申请文件的审核问询以及证监会对申请文件的注册反馈问题提供补充和修改材料。保荐人和相关证券服务机构应对相关问题进行尽职调查并出具专业意见。证监会和交易所可以对上市公司进行现场检查,或者要求保荐人、证券服务机构对有关事项进行专项核查并出具意见。

②其他信息披露要求

一是关于资产评估报告的相关规定。

相关文件强调,募集说明书等证券发行信息披露文件所引用的资产评估报告,应当由从事证券服务业务的资产评估机构出具,并由至少两名资产评估师签署。募集说明书或者其他证券发行信息披露文件不得使用超过有效期的资产评估报告。

二是申请文件中涉及资产评估信息的披露要求。

募集说明书应准确引用与本次发行有关的中介机构的专业意见或报告。募集资金用于收购资产的,应披露资产定价方式及定价结果合理性的讨论与分析。资产交易价格以资产评估结果作为定价依据的,发行人应披露董事会就资产评估机构的独立性、评估假设前提的合理性、评估方法与评估目的的相关性以及评估定价的公允性所发表的意见。采取收益现值法等基于未来收益预期的方法对拟购买资产进行评估,且评估结果与经审计的账面值存在显著差异的,发行人应披露董事会就资产评估机构对增长期、收入增长率、毛利率、费用率、折现率等关键评估参数的选取依据及上述参数合理性所发表的意见。资产交易价格不以资产评估结果作为定价依据的,发行人应披露董事会就收购定价的过程、定价方法的合理性及定价结果的公允性所发表的意见。收购价格与评估报告结果存在显著差异的,发行人应分析差异的原因,并说明收购价格是否可能损害上市公司及其中小股东的利益。

此外,本次收购的资产在最近三年曾进行过评估或交易的,募集说明书也应披露评估的目的、方法及结果,以及交易双方的名称、定价依据及交易价格。交易未达成的,也应披露上述信息。

发行情况报告书应披露本次发行的基本情况,包括本次发行资产评估机构名称、法定代表人、经办人员、办公地址、联系电话、传真。

三是申请文件相关责任人员法律责任的有关规定。

自注册申请文件申报之日起,上市公司及其控股股东、实际控制人、董事、监事、高级管理人员,以及与证券发行相关的保荐人、证券服务机构及相关责任人员,即承担相应法律责任,并承诺不得影响或干扰发行上市审核注册工作。

申请文件受理后,未经证监会或者交易所同意,不得改动。发生重大事项的,上市公司、保荐人、证券服务机构应当及时向交易所报告,并按要求更新申请文件和信息披露资料。

(3)发行优先股

①资产评估报告及补充专业意见

根据上市公司信息披露管理办法,以及发行优先股申请文件、发行优先股预案和发行情况报告书、发行优先股募集说明书披露内容与格式准则规定,上市公司发行优先股募集资金用于收购资产并以评估作为价格确定依据的,申请文件包括发行人拟收购资产(包括权益)的资产评估报告。

上市公司发行优先股申请文件目录是对发行申请文件的最低要求,证监会和证券交易所根据审核需要,可以要求发行人和中介机构补充材料。

②其他信息披露要求

一是申请文件中涉及资产评估信息的披露要求。

募集资金用于收购资产的,发行预案应披露董事会对资产收购价格公允性的分析说明、相关资产评估机构对其执业独立性的意见和独立董事对收购价格公允性的意见,相关资产在最近三年曾进行资产评估或者交易的,还应当说明评估价值和交易价格及交易对方。拟收购的资产在首次董事会前尚未进行审计、评估的,上市公司应在审计、评估完成后再次召开董事会,对相关事项作出补充决议，并编制优先股发行预案的补充公告。

募集说明书"本次发行概况"应披露资产评估机构（如有）的名称、法定代表人、经办人员、住所、联系电话、传真，以及发行人与本次发行有关的中介机构及其负责人、高级管理人员及经办人员之间存在的直接或间接的股权关系或其他利害关系。募集说明书概览应披露资产评估机构（如有）基本情况。

发行情况报告书应列表说明本次发行相关机构及经办人员。

拟收购资产的资产评估报告及有关批复文件，应作为备查文件披露。

二是申请文件公开披露的相关规定。

上市公司应在证券交易所的网站和符合证监会规定条件的报刊、依法开办的网站披露备查文件。

三是申请文件相关责任人员法律责任的有关规定。

申请文件一经受理，未经证监会或者证券交易所同意不得增加、减少、撤回或更换。

发行人在募集说明书中索引公司其他信息披露文件的内容，为募集说明书的有效组成部分，发行人及中介机构应承担相应的法律责任。

3.1.4.5.2 北交所

北交所上市公司再融资方式主要包括向不特定合格投资者公开发行股票、定向发行股票、定向发行可转换公司债券和发行优先股等。再融资上市公司证券发行申请文件中与资产评估有关的信息及披露要求主要如下：

（1）向不特定合格投资者公开发行股票

①资产评估报告及补充专业意见

根据上市公司信息披露管理办法、北交所上市公司证券发行注册管理办法，以及北交所上市公司发行证券申请文件、向不特定合格投资者公开发行股票募集说明书披露内容与格式准则规定，向不特定合格投资者公开发行股票并在北交所上市申请文件包括上市公司拟收购资产（包括权益）的有关资产评估报告。

申请文件目录是证券发行申请文件的最低要求。根据审核需要，证监会和北交所可以要求上市公司和相关证券服务机构补充文件。上市公司应根据北交所对发行申请文件的审核问询以及证监会对申请文件的注册反馈问题，提供补充材料。保荐人和相关证券服务机构应对相关问题进行尽职调查并补充出具专业意见。证监会和北交所可以对上市公司进行现场检查，可以要求保荐人、证券服务机构对有关事项进行专项核查并出具意见。

②其他信息披露要求

一是申请文件中涉及资产评估信息的披露要求。

募集说明书应准确引用与本次发行有关的中介机构的专业意见或报告。募集资金拟用于购买资产的，募集说明书"募集资金运用"应当列明资产定价的合理性。此外，募集说明书"本次发行概览"应披露本次发行的基本情况，包括预计募集资金总额和净额，发行费用概算（包括保荐费用、承销费用、律师费用、审计费用、评估费用、发行手续费用等）；资产评估机构（如有）的名称、法定代表人、住所、联系电话、传真，同时应披露有关经办人员的姓名，以及上市公司与本次发行有关的证券服务机构及其负责人、高级管理人员、经办人员之间存在的直接或间接的股权关系或其他利害关系。

申请文件的扉页应标明上市公司信息披露事务负责人、保荐人及相关证券服务机构项目负责人的姓名、电话、传真及其他方便的联系方式。

二是申请文件相关责任人员法律责任的有关规定。

上市公司应在募集说明书扉页作出如下声明：保荐人及证券服务机构承诺因其为上市公司本次公开发行股票制作、出具的文件有虚假记载、误导性陈述或重大遗漏，给投资者造成损失的，将依法承担法律责任。

自注册申请文件申报之日起，上市公司及其控股股东、实际控制人、董事、监事、高级管理人员，以及与本次证券发行相关的保荐人、证券服务机构及相关责任人员，即承担相应法律责任，并承诺不得影响或干扰发行上市审核注册工作。注册申请文件受理后，未经证监会或者北交所同意，不得改动。发生重大事项的，上市公司、保荐人、证券服务机构应当及时向北交所报告，并按要求更新注册申请文件和信息披露资料。

（2）定向发行股票

①资产评估报告及补充专业意见

根据上市公司信息披露管理办法、北交所上市公司证券发行注册管理办法，以及北交所上市公司发行证券申请文件、向特定对象发行股票募集说明书和发行情况报告书披露内容与格式准则规定，北交所上市公司向特定对象发行股票申请文件包括本次向特定对象发行收购资产相关的资产评估报告。

申请文件目录是证券发行申请文件的最低要求。根据审核需要，证监会和北交所可以要求上市公司和相关证券服务机构补充文件。上市公司应根据北交所对发行申请文件的审核问询以及证监会对申请文件的注册反馈问题，提供补充材料。保荐人和相关证券服务机构应对相关问题进行尽职调查并补充出具专业意见。证监会和北交所可以对上市公司进行现场检查，可以要求保荐人、证券服务机构对有关事项进行专项核查并出具意见。

②其他信息披露要求

一是申请文件中涉及资产评估信息的披露要求。

通过本次发行拟引入的资产为非股权资产的，募集说明书应披露资产的交易价格及定价依据。交易价格以资产评估结果作为依据的，应披露资产评估方法和资产评估结果。通过本次发行拟引入的资产为股权的，募集说明书应披露股权的评估方法及资产评估价值（如有）、交易价格及定价依据。

资产交易根据资产评估结果定价的，在资产评估机构出具资产评估报告后，公司董事会应当对资产评估机构的独立性、评估假设前提和评估结论的合理性、评估方法的适用性、主要参数的合理性、未来收益预测的谨慎性等问题发表意见，并说明定价的合理性，资产定价是否存在损害公司和股东合法权益的情形。资产交易价格不以资产评估结果作为定价依据的，董事会应具体说明收购定价的过程、定价方法的合理性及定价结果的公允性。收购价格与评估报告结果存在显著差异的，上市公司应就差异的原因进行分析，并就收购价格是否可能损害上市公司及其中小股东的利益进行说明。

募集说明书还应披露资产评估机构（如有）的名称、法定代表人、住所、联系电话、传真，同时应披露有关经办人员的姓名。

此外，本次拟收购资产在最近三年曾进行过评估或交易的，募集说明书也应披露评估的目的、方法及结果，以及交易双方的名称、定价依据及交易价格。交易未达成的，也应披露上述信息。

发行情况报告书应披露本次发行相关资产评估机构的名称、法定代表人、经办人员、办公地址、联系电话、传真。

申请文件的扉页应标明上市公司信息披露事务负责人、保荐人及相关证券服务机构项目负责人的姓名、电话、传真及其他方便的联系方式。

二是申请文件相关责任人员法律责任的有关规定。

自注册申请文件申报之日起，上市公司及其控股股东、实际控制人、董事、监事、高级管理人员，以及与本次证券发行相关的保荐人、证券服务机构及相关责任人员，即承担相应法律责任，并承诺不得影响或干扰发行上市审核注册工作。注册申请文件受理后，未经证监会或者北交所同意，不得改动。发生重大事项的，上市公司、保荐人、证券服务机构应当及时向北交所报告，并按要求更新注册申请文件和信息披露资料。

（3）定向发行可转换公司债券

①资产评估报告及补充专业意见

根据上市公司信息披露管理办法、北交所上市公司证券发行注册管理办法，以及北交所上市公司发行证券申请文件、向特定对象发行可转换公司债券募集说明书和发行情况报告书披露内容与格式准则规定，北交所上市公司向特定对象发行可转换公司债券申请文件包括本次拟收购资产相关的资产评估报告（如有）。

申请文件目录是证券发行申请文件的最低要求。根据审核需要，证监会和北交所可以要求上市公司和相关证券服务机构补充文件。上市公司应根据北交所对发行申请文件的审核问询以及证监会对申请文件的注册反馈问题，提供补充材料。保荐人和相关证券服务机构应对相关问题进行尽职调查并补充出具专业意见。证监会和北交所可以对上市公司进行现场检查，可以要求保荐人、证券服务机构对有关事项进行专项核查并出具意见。

②其他信息披露要求

一是申请文件中涉及资产评估信息的披露要求。

申请文件的扉页应标明上市公司信息披露事务负责人、保荐人及相关证券服务机构项目负责人的姓名、电话、传真及其他方便的联系方式。

定向发行可转债募集说明书应披露资产评估机构（如有）的名称、法定代表人、住所、联系电话、传真，同时应披露有关经办人员的姓名。

二是申请文件相关责任人员法律责任的有关规定。

自注册申请文件申报之日起，上市公司及其控股股东、实控制人、董事、监事、高级管理人员，以及与本次证券发行相关的保荐人、证券服务机构及相关责任人员，即承担相应法律责任，并承诺不得影响或干扰发行上市审核注册工作。注册申请文件受理后，未经证监会或者北交所同意，不得改动。发生重大事项的，上市公司、保荐人、证券服务机构应当及时向北交所报告，并按要求更新注册申请文件和信息披露资料。

（4）定向发行优先股

①资产评估报告或资产估值报告及补充专业意见

根据上市公司信息披露管理办法、北交所上市公司证券发行注册管理办法，以及北交所上市公司发行证券申请文件、向特定对象发行优先股募集说明书和发行情况报告书披露内容与格式准则规定，北交所上市公司向特定对象发行优先股申请文件包括本次向特定对象发行优先股收购资产相关的资产评估报告或资产估值报告（如有）。募集说明书备查文件包括资产评估报告或资产估值报告、通过本次定向发行拟引入资产的资产评估报告或资产估值报告及有关审核文件。

申请文件目录是证券发行申请文件的最低要求。根据审核需要，证监会和北交所可以要求上市公司和相关证券服务机构补充文件。上市公司应根据北交所对发行申请文件的审核问询以及证监会对申请文件的注册反馈问题，提供补充材料。保荐人和相关证券服务机构应对相关问题进行尽职调查并补充出具专业意见。证监会和北交所可以对上市公司进行现场检查，可以要求保荐人、证券服务机构对有关事项进行专项核查并出具意见。

②其他信息披露要求

一是申请文件中涉及资产评估信息的披露要求。

通过本次发行拟引入的资产为非股权资产的，募集说明书应披露资产的交易价格及定价依据。交易价格以资产评估结果作为依据的，应披露资产评估方法和资产评估结果。通过本次发行拟引入的资产为股权的，募集说明书应披露相关股权的资产评估价值（如有）、交易价格及定价依据。

资产交易根据资产评估结果定价的，在资产评估机构出具资产评估报告后，公司董事会应对资产评估机构的独立性、评估假设前提和评估结论的合理性、评估方法的适用性、主要参数的合理性、未来收益预测的谨慎性等问题发表意见，并说明定价的合理性，资产定价是否存在损害公司和股东合法权益的情形。资产交易价格不以资产评估结果作为定价依据的，董事会应具体说明收购定价的过程、定价方法的合理性及定价结果的公允性。收购价格与评估报告结果存在显著差异的，上市公司应就差异的原因进行分析，并就收购价格是否可能损害上市公司及其中小股东的利益进行说明。

募集说明书应披露资产评估机构（如有）的名称、法定代表人、住所、联系电话、传真，同时应披露有关经办人员的姓名。

此外，本次拟收购资产在最近三年曾进行过评估或交易的，上市公司应披露评估的目的、方法及结果，以及交易双方的名称、定价依据及交易价格。交易未达成的，也应披露上述信息。

申请文件的扉页应标明上市公司信息披露事务负责人、保荐人及相关证券服务机构项目负责人的姓名、电话、传真及其他方便的联系方式。

二是申请文件相关责任人员法律责任的有关规定。

自注册申请文件申报之日起，上市公司及其控股股东、实际控制人、董事、监事、高级管理人员，以及与本次证券发行相关的保荐人、证券服务机构及相关责任人员，即承担相应法律责任，并承诺不得影响或干扰发行上市审核注册工作。注册申请文件受理后，未经证监会或者北交所同意，不得改动。发生重大事项的，上市公司、保荐人、证券服务机构应当及时向北交所报告，并按要求更新注册申请文件和信息披露资料。

3.1.4.5.3 股转系统

非上市公众公司再融资方式主要包括定向发行股票、定向发行可转债和定向发行优先股等。再融资非上市公众公司证券发行申请文件中与资产评估有关的信息及披露要求主要如下：

（1）定向发行股票

①资产评估报告及补充专业意见

根据非上市公众公司信息披露管理办法，以及非上市公众公司定向发行申请文件、定向发行说明书和发行情况报告书披露内容与格式准则规定，非上市公众公司定向发行股票申请文件包括本次定向发行收购资产相关的资产评估报告，国资主管部门的核准或备案文件（如有）。定向发行说明书备查文件包括通过本次定向发行拟进入资产的资产评估报告及有关审核文件补充专业意见。

申请文件目录是定向发行申请文件的最低要求。根据需要，证监会或股转系统可以要求申请人和相关证券服务机构补充文件。申请人应根据股转系统对发行申请文件的审核问询或证监会对申请文件的注册反馈问题，提供补充材料。相关证券服务机构应对审核问询及注册反馈相关问题进行核查或补充出具专业意见。

②其他信息披露要求

一是申请文件中涉及资产评估信息的披露要求。

以资产认购本次定向发行股份，其资产为非股权资产的，定向发行说明书应披露资产的交易价格及定价依据。交易价格以资产评估结果作为依据的，应披露资产评估方法和资产评估结果。以资产认购本次定向发行股份，其资产为股权的，定向发行说明书应披露相关股权的评估方法及资产评估价值（如有）、交易价格及定价依据。此外，定向发行说明书还应披露资产评估机构（如有）的名称、法定代表人、住所、联系电话、传真，同时应披露有关经办人员的姓名。

本次定向发行资产交易根据资产评估结果定价的，在资产评估机构出具资产评估报告后，公司董事会应当对资产评估机构的独立性、评估假设前提和评估结论的合理性、评估方法的适用性、主要参数的合理性、未来收益预测的谨慎性等问题发表意见，并说明定价的合理性，资产定价是否存在损害公司和股东合法权益的情形。

申请文件的扉页应标明申请人信息披露事务负责人及相关证券服务机构项目负责人的姓名、电话、传真及其他方便的联系方式。

二是申请文件相关责任人员法律责任的有关规定。

申请文件一经受理，未经同意，不得增加、撤回或者更换。

（2）定向发行可转债

①资产评估报告及补充专业意见

根据非上市公众公司信息披露管理办法，以及非上市公众公司定向发行可转换公司债券发行申请文件、定向发行可转换公司债券说明书和发行情况报告书披露内容与格式准则规定，非上市公众公司定向发行可转债申请文件包括本次可转债发行收购资产相关的资产评估报告，国资主管部门的核准或备案文件（如有）。定向发行可转债说明书备查文件包括本次定向发行可转债购买资产的资产评估报告及有关审核文件（如有）。

申请文件目录是定向发行可转债申请文件的最低要求。根据审核需要，证监会或股转系统可以要求申请人和相关证券服务机构补充文件。申请人应根据股转系统对发行申请文件的审核问询或证监会对申请文件的注册反馈问题，提供补充材料。相关证券服务机构应对审核问询及注册反馈相关问题进行核查或补充出具专业意见。

②其他信息披露要求

一是申请文件中涉及资产评估信息的披露要求。

定向发行可转债说明书应披露资产评估机构（如有）的名

称、法定代表人、住所、联系电话、传真，同时应披露有关经办人员的姓名。

申请文件的扉页应标明申请人信息披露事务负责人及相关证券服务机构项目负责人的姓名、电话、传真及其他方便的联系方式。

二是申请文件相关责任人员法律责任的有关规定。

申请文件一经受理，未经同意，不得增加、撤回或者更换。

（3）定向发行优先股

①资产评估报告或资产估值报告及补充专业意见

根据非上市公众公司信息披露管理办法，以及非上市公众公司定向发行优先股申请文件、优先股说明书和发行情况报告书披露内容与格式准则规定，非上市公众公司定向发行优先股申请文件包括本次定向发行优先股收购资产相关的资产评估报告或资产估值报告（如有）；定向发行优先股说明书备查文件包括资产评估报告或资产估值报告，通过本次定向发行拟进入资产的资产评估报告或资产估值报告及有关审核文件（如有）。

申请文件目录是定向发行优先股申请文件的最低要求。根据审核需要，证监会、股转系统可以要求申请人和相关证券服务机构补充文件。申请人应根据股转系统对发行申请文件的审核问询（如有）以及证监会对申请文件的注册反馈问题，提供补充材料。相关证券服务机构应对审核问询及注册反馈相关问题进行核查或补充出具专业意见。

②其他信息披露要求

一是申请文件中涉及资产评估信息的披露要求。

以资产认购本次定向发行优先股、其资产为非股权资产的，定向发行优先股说明书应披露资产的交易价格及定价依据。交易价格以资产评估结果作为依据的，应披露资产评估方法和资产评估结果。以资产认购本次定向发行优先股、其资产为股权的，定向发行优先股说明书应披露相关股权的资产评估价值（如有）、交易价格及定价依据。

资产交易根据资产评估结果定价的，公司董事会应对定价的合理性予以说明，并对资产定价是否存在损害公司和股东合法权益等情形发表意见。

此外，定向发行优先股说明书应披露资产评估机构（如有）的名称、法定代表人、住所、联系电话、传真，同时应披露有关经办人员的姓名。

申请文件的扉页应标明申请人信息披露事务负责人及相关证券服务机构项目负责人的姓名、电话、传真及其他方便的联系方式。

二是申请文件相关责任人员法律责任的有关规定。

申请文件一经受理，未经证监会、股转系统同意，不得增加、撤回或者更换。

3.1.4.6　重大资产重组评估

3.1.4.6.1　沪深交易所

根据上市公司重大资产重组管理办法，上市公司重大资产重组信息披露内容与格式准则，以及沪深交易所上市公司重大资产重组审核规则规定，上市公司并购重组申请文件中与资产评估有关的信息及披露要求主要如下：

（1）评估报告或者估值报告

上市公司重大资产重组申请文件包括本次重大资产重组涉及的拟购买资产的评估报告及评估说明，或者估值报告；本次重大资产重组涉及的拟出售资产的评估报告及评估说明，或者估值报告；资产评估结果备案或核准文件（如有）。

上市公司中的创新试点红筹企业实施重大资产重组，可以按照境外注册地法律法规和公司章程履行内部决策程序，并及时披露重组涉及的资产评估报告或者估值报告。

（2）补充专业意见

上市公司编制的重组预案应当包括相关证券服务机构对重组预案已披露内容发表的核查意见（如有）。

上市公司应当根据证券交易所对申请文件的审核问询提供补充和修改材料。相关证券服务机构应当对审核问询相关问题进行尽职调查或补充出具专业意见。

（3）信息披露其他要求

一是资产评估机构选聘及签字人员相关信息的披露要求。

相关文件强调，资产交易定价以资产评估结果为依据的，上市公司应当聘请符合《证券法》规定的资产评估机构出具资产评估报告。上市公司及交易对方与证券服务机构签订聘用合同后，非因正当事由不得更换证券服务机构。确有正当事由需要更换证券服务机构的，应当披露更换的具体原因以及证券服务机构的陈述意见。

上市公司应当在重组报告书中披露本次交易所聘请的资产评估机构（如有）、估值机构（如有）等专业机构名称、法定代表人、住所、联系电话、传真，以及有关经办人员的姓名。

上市公司重大资产重组申请文件包括重大资产重组中介机构联系表（包含资产评估机构、估值机构等证券服务机构及其签字人员的名单，包括名称/姓名、组织机构代码、统一社会信用代码/公民身份证号码或其他身份信息、联系方式）。

二是资产评估报告或者估值报告公开披露的相关要求。

上市公司应当在董事会作出重大资产重组决议后的次一工作日披露董事会决议及独立董事的意见、上市公司重大资产重组预案。本次重组的重大资产重组报告书、独立财务顾问报告、法律意见书以及重组涉及的审计报告、资产评估报告或者估值报告至迟应当与召开股东大会的通知同时公告。上市公司自愿披露盈利预测报告的，该报告应当经符合《证券法》规定的会计师事务所审核，与重大资产重组报告书同时公告。上市公司应当在证券交易所的网站和一家符合证监会规定条件的媒体公告董事会决议、独立董事的意见、重大资产重组报告书及其摘要、相关证券服务机构的报告或者意见等信息披露文件。

上市公司实施发行股份购买资产的，应当按照规定聘请独立财务顾问，并委托独立财务顾问在股东大会作出重大资产重组决议后三个工作日内，通过证券交易所并购重组审核业务系统报送下列申请文件：重大资产重组报告书及相关文件；独立财务顾问报告及相关文件；法律意见书、审计报告及资产评估报告或者估值报告等证券服务机构出具的文件；证监会或者交易所要求的其他文件。申请文件的内容与格式应当符合证监会和证券交易所的相关规定。申请文件一经申报，上市公司、交易对方及有关各方，以及为本次交易提供服务的独立财务顾问、证券服务机构及其相关人员即须承担相应的法律责任。

上市公司重大资产重组不涉及发行股份的，应当根据证监会的规定聘请独立财务顾问和其他证券服务机构，按照要求履行相关程序、披露相关信息。证券交易所通过问询、现场检查、现场督导、要求独立财务顾问和其他证券服务机构补充核查并披露专业意见等方式进行自律管理。

三是关于资产评估报告或估值报告具体内容的披露要求。

上市公司重大资产重组以评估值为交易标的定价依据的，应当披露相关资产的资产评估报告及评估说明，资产评估机构应当按照资产评估相关准则和规范开展执业活动。

上市公司重大资产重组不以资产评估结果作为定价依据的，应当披露相关资产的估值报告；估值报告中应包括但不限于以下内容：估值目的、估值对象和估值范围、价值类型、估值基准日、估值假设、估值依据、估值方法、估值参数及其他影响估值结果的指标和因素、估值结论、特别事项说明、估值报告日等；

估值人员需在估值报告上签字并由所属机构加盖公章。

前两款情形中，资产评估机构、估值机构原则上应当采取两种以上的方法进行评估或者估值。资产评估机构或估值机构为本次重组而出具的评估或估值资料中应当明确声明在评估或估值基准日后××月内（最长十二个月）有效。

证券服务机构在其出具的意见中采用其他证券服务机构或者人员的专业意见的，仍然应当进行尽职调查，审慎核查其采用的专业意见的内容，并对利用其他证券服务机构或者人员的专业意见所形成的结论负责。在保持职业怀疑并进行审慎核查、开展必要调查和复核的基础上，排除职业怀疑的，可以合理信赖。

四是重组预案中涉及资产评估或估值信息的具体披露要求。

上市公司编制的重组预案应当包括交易标的基本情况，包括报告期（本准则所述报告期指最近两年及一期，如初步估算为重组上市的情形，报告期指最近三年及一期）主营业务（主要产品或服务、盈利模式、核心竞争力等概要情况）、主要财务指标（可为未审计数）、预估值及拟定价（如有）。未披露预估值及拟定价的，应当说明原因及影响。相关证券服务机构未完成审计、评估或估值、盈利预测审核（如涉及）的，上市公司应当作出"相关资产经审计的财务数据、评估或估值结果、以及经审核的盈利预测数据（如涉及）将在重大资产重组报告书中予以披露"的特别提示以及"相关资产经审计的财务数据、评估或估值最终结果可能与预案披露情况存在较大差异"的风险揭示。交易标的属于境外资产或者通过公开招标、公开拍卖等方式购买的如确实无法披露财务数据，应当说明无法披露的原因和影响，并提出解决方案。

上市公司编制的重组预案应当披露本次交易存在其他重大不确定性因素，包括尚需取得有关主管部门的批准等情况的，应当对相关风险作出充分说明和特别提示。

五是重组报告书中涉及资产评估或估值信息的具体披露要求。

①扉页

上市公司应当在重组报告书扉页中以表格形式简介交易标的评估或估值情况。参考格式如下:

交易标的名称	基准日	评估或估值方法	评估或估值结果	增值率/溢价率	本次拟交易的权益比例	交易价格	其他说明
合计	—	—	—	—			

注：交易标的如使用两种或两种以上评估或估值方法，表格中填写最终采用的评估或估值情况；如涉及加期评估或估值的，表格中填写作为最终作价参考依据的评估或估值情况；加期评估或估值情况及是否存在评估或估值减值情况应当备注说明。

本次交易属于吸收合并的，不适用上述要求，参考格式如下：

	评估/估值对象	吸收合并方	被吸收合并方
评估或估值情况（如有）	评估/估值方法		
	基准日		
	评估/估值结果		
	增值率		

②交易标的

交易标的为完整经营性资产的（包括股权或其他构成可独立核算会计主体的经营性资产），上市公司应当在重组报告书"交易标的"中披露：该经营性资产的设立情况、历次增减资或股权转让情况、最近三年增减资及股权转让的原因、作价依据及其合理性。该经营性资产的权益最近三年曾进行与交易、增资或改制相关的评估或估值的，应当披露相关评估或估值的方法、评估或估值结果及其与账面值的增减情况，交易价格、交易对方和增资改制的情况，并列表说明该经营性资产最近三年评估或估值情况与本次重组评估或估值情况的差异原因。

交易标的不构成完整经营性资产的，上市公司应当在重组报告书"交易标的"中披露：相关资产在最近三年曾进行评估、估值或者交易的，应当披露评估或估值结果、交易价格、交易对方等情况，并列表说明相关资产最近三年评估或估值情况与本次重组评估或估值情况的差异原因。

③交易标的评估或估值

重大资产重组中相关资产以资产评估结果或估值报告结果作为定价依据的，上市公司应当在重组报告书"交易标的评估或估值"中披露以下信息：

第一，评估或估值的基本情况（包括账面价值、所采用的评估或估值方法、评估或估值结果、增减值幅度），分析评估或估值增减值主要原因、不同评估或估值方法的评估或估值结果的差异及其原因、最终确定评估或估值结论的理由。

第二，对评估或估值结论有重要影响的评估或估值假设，如宏观和外部环境假设及根据交易标的自身状况所采用的特定假设等。

第三，选用的评估或估值方法和重要评估或估值参数以及相关依据。具体如下：

收益法：具体模型、未来预期收益现金流、折现率确定方法、评估或估值测算过程、非经营性和溢余资产的分析与确认等。逐项披露重要评估或估值参数的预测依据及合理性。对于预测期数据与报告期、同行业可比公司存在较大差异的，应当逐项分析差异原因及合理性。

市场法：具体模型、价值比率的选取及理由、可比对象或可比案例的选取原则、调整因素和流动性折扣的考虑测算等。

资产基础法：主要资产的评估或估值方法及选择理由、评估或估值结果等，如：房地产企业的存货、矿产资源类企业的矿业权、生产型企业的主要房屋和关键设备等固定资产以及对未来经营存在重大影响的在建工程、科技创新企业的核心技术等无形资产、持股型企业的长期股权投资等。主要资产采用收益法、市场法评估或估值的，应参照上述收益法或市场法的相关要求进行披露。

第四，引用其他评估机构或估值机构报告内容（如矿业权评估报告、土地估价报告等）、特殊类别资产（如珠宝、林权、生物资产等）相关第三方专业鉴定等资料的，应对其相关专业机构、业务资质、签字评估师或鉴定师、评估或估值情况进行必要披露。

第五，存在评估或估值特殊处理、对评估或估值结论有重大影响事项，应当进行说明并分析其对评估或估值结论的影响；存在前述情况或因评估或估值程序受限造成评估报告或估值报告使用受限的，应提请报告使用者关注。

第六，评估或估值基准日至重组报告书签署日的重要变化事项及其对评估或估值结果的影响。

第七，该交易标的的下属企业构成该交易标的最近一期经审计的资产总额、营业收入、净资产额或净利润来源百分之二十以上且有重大影响的，应参照上述要求披露。交易标的涉及其他长期股权投资的，应当列表披露评估或估值的基本情况。

上市公司董事会应当对本次交易标的评估或估值的合理性以及定价的公允性做出分析。上市公司应当在重组报告书"交易标的评估或估值"中披露的相关信息包括但不限于：

第一，对资产评估机构或估值机构的独立性、假设前提的合理性、评估或估值方法与目的的相关性发表意见。

第二，结合报告期及未来财务预测的相关情况（包括各产品产销量、销售价格、毛利率、净利润等）、所处行业地位、行业发展趋势、行业竞争及经营情况等，详细说明评估或估值依据的合理性。如果未来预测与报告期财务情况差异较大的，应当分析说明差异的原因及其合理性。

第三，分析交易标的后续经营过程中政策、宏观环境、技术、行业、重大合作协议、经营许可、技术许可、税收优惠等方面的变化趋势、董事会拟采取的应对措施及其对评估或估值的影响。

第四，结合交易标的经营模式，分析报告期变动频繁且影响较大的指标（如成本、价格、销量、毛利率等方面）对评估或估值的影响，并进行敏感性分析。

第五，分析说明交易标的与上市公司现有业务是否存在显著可量化的协同效应；如有，说明对未来上市公司业绩的影响；交易定价中是否考虑了上述协同效应。

第六，结合交易标的的市场可比交易价格、同行业上市公司的市盈率或者市净率等指标，分析交易定价的公允性。

第七，说明评估或估值基准日至重组报告书签署日交易标的发生的重要变化事项，分析其对交易作价的影响。

第八，如交易定价与评估或估值结果存在较大差异，分析说明差异的原因及其合理性。

上市公司独立董事对资产评估机构或者估值机构的独立性、评估或者估值假设前提的合理性和交易定价的公允性发表的独立意见。

④风险因素

上市公司应当在重组报告书"风险因素"中，披露交易标的评估或估值风险。本次评估或估值存在报告期变动频繁且对评估或估值影响较大的指标，该指标的预测对本次评估或估值的影响，进而对交易价格公允性的影响等。

⑤发行股份情况

上市公司发行股份购买资产同时募集部分配套资金的，在重组报告书"发行股份情况"部分还应当披露：对交易标的采取收益法评估时，预测现金流中是否包含了募集配套资金投入带来的收益。

⑥资产评估或估值合理性分析

上市公司、交易对方及有关各方应当依法披露或者提供信息，独立财务顾问、证券服务机构应当依法对信息披露进行核查把关。

上市公司应当充分披露本次交易资产定价的合理性，至少包括下列事项：资产定价过程是否经过充分的市场博弈，交易价格是否显失公允；所选取的评估或者估值方法与标的资产特征的匹配度，评估或者估值参数选取的合理性；标的资产交易作价与历史交易作价是否存在重大差异及存在重大差异的合理性；相同或者类似资产在可比交易中的估值水平；商誉确认是否符合企业会计准则的规定，是否足额确认可辨认无形资产。

上市公司应当披露由独立财务顾问按照规定出具的独立财务顾问报告。独立财务顾问应当就以下事项发表明确的结论性意见：对本次交易所涉及的资产定价和股份定价（如涉及）进行全面分析，说明定价是否合理。本次交易以资产评估结果作为定价依据的，应当对所选取的评估方法的适当性、评估假设前提的合理性、重要评估参数取值的合理性发表明确意见；本次交易不以资产评估结果作为定价依据的，应当对相关资产的估值方法、参数选择的合理性及其他影响估值结果的指标和因素发表明确意见。

六是信息披露质量的监管审核要求。

①证券交易所审核方式

证券交易所通过提出问题、回答问题等多种方式，督促上市公司、交易对方、独立财务顾问、证券服务机构完善信息披露，真实、准确、完整地披露或者提供信息，提高信息披露质量。

证券交易所对发行股份购买资产申请进行审核时，可以视情况在审核问询中对上市公司、交易对方、独立财务顾问、证券服务机构提出下列要求：说明并披露相关问题及原因；补充核查相关事项并发表明确意见、披露核查过程、结果；补充提供信息披露的证明文件；修改或者更新信息披露内容。

证券交易所在审核中，发现上市公司申请文件存在重大疑问且上市公司、交易对方、独立财务顾问、证券服务机构回复中无法作出合理解释，或者本次交易涉及重组上市的，证券交易所可以提请对上市公司、交易对方、标的资产、独立财务顾问、证券服务机构进行现场检查，或者对独立财务顾问、证券服务机构进行现场督导。

②并购重组委员会的审议

并购重组委员会进行审议时，认为需要对上市公司、交易对方、独立财务顾问、证券服务机构等主体进行现场问询的，由证券交易所重组审核机构通知相关主体。相关主体代表应当到会接受问询，回答并购重组委员会提出的问题。

上市公司、交易对方、独立财务顾问、证券服务机构应当按照证券交易所重组审核机构审核问询要求进行必要的补充调查、核查，及时、逐项回复证券交易所重组审核机构提出的审核问询，相应补充或者修改申请文件并披露。独立财务顾问应当于并购重组委员会审议结束后十个工作日内，汇总补充报送与审核问询回复相关的工作底稿。

上市公司、交易对方、独立财务顾问、证券服务机构对证券交易所重组审核机构审核问询的回复是申请文件的组成部分，上市公司、交易对方、独立财务顾问、证券服务机构应当保证回复的真实、准确、完整。

③申请文件的修改、补充

证券交易所受理申请文件后至证监会作出注册决定前，上市公司、独立财务顾问、证券服务机构应当按照规定，对披露的重大资产重组报告书、独立财务顾问报告、法律意见书、财务报告、审计报告、资产评估报告或者估值报告等文件予以修改、补充。未经证券交易所同意，申请文件不得更改。

上市公司重大资产重组申请获得证监会注册的，上市公司及相关证券服务机构应当根据证监会的注册情况重新修订并披露重组报告书及相关证券服务机构的报告或意见。上市公司及相关证券服务机构应当在修订的重组报告书及相关证券服务机构报告或意见的首页就补充或修改的内容作出特别提示。

证券交易所受理申请文件后至本次交易实施完毕前，发生重大事项的，上市公司、交易对方、独立财务顾问应当及时向证券交易所报告，按照要求履行信息披露义务、更新申请文件。上市公司的独立财务顾问、证券服务机构应当持续履行尽职调查职责，并向证券交易所提交专项核查意见。

④其他核查要求

证券交易所受理申请文件后至本次交易实施完毕前，上市公司及其独立财务顾问应当密切关注公共媒体关于本次交易的重大报道、市场传闻。相关报道、传闻与上市公司信息披露存在重大差异，或者所涉事项可能对本次交易产生重大影响的，上市公司、交易对方、独立财务顾问、证券服务机构应当向证券交易所作出解释说明，并按照规定履行信息披露义务。独立财务顾问、证券服务机构应当进行必要的核查并向证券交易所报告核查结果。

证券交易所受理申请文件后至本次交易实施完毕前，证券交易所收到与本次交易相关的投诉举报的，可以就投诉举报的具体事项向上市公司、交易对方、独立财务顾问、证券服务机构进行问询，要求其向证券交易所作出解释说明，并按照规定履行信息披露义务；要求独立财务顾问、证券服务机构进行必要的核查并向证券交易所报告核查结果。

七是相关资产的实际盈利数与利润预测数差异情况的披露要求。

采取收益现值法、假设开发法等基于未来收益预期的方法对拟购买资产进行评估或者估值并作为定价参考依据的，上市公司应当在重大资产重组实施完毕后三年内的年度报告中单独披露相关资产的实际盈利数与利润预测数的差异情况，并由会计师事务所对此出具专项审核意见；交易对方应当与上市公司就相关资产实际盈利数不足利润预测数的情况签订明确可行的补偿协议。

重大资产重组实施完毕后，凡因不属于上市公司管理层事前无法获知且事后无法控制的原因，上市公司所购买资产实现的利润未达到资产评估报告或者估值报告预测金额的百分之八十，或者实际运营情况与重大资产重组报告书中管理层讨论与分析部分存在较大差距，以及上市公司实现的利润未达到盈利预测报告预测金额的百分之八十的，上市公司的董事长、总经理以及对此承担相应责任的会计师事务所、独立财务顾问、资产评估机构、估值机构及其从业人员应当在上市公司披露年度报告的同时，在同一媒体上作出解释，并向投资者公开道歉；实现利润未达到预测金额百分之五十的，证监会可以对上市公司、相关机构及其责任人员采取监管谈话、出具警示函、责令定期报告等监管措施。

3.1.4.6.2　北交所

根据上市公司信息披露管理办法、上市公司重大资产重组管理办法，以及北交所上市公司持续监管办法、北交所上市公司重大资产重组信息披露内容与格式准则、北交所上市公司重大资产重组审核规则规定，北交所上市公司实施重大资产重组，应当编制并披露重大资产重组报告书及其他相关信息披露文件。上市公司发行股份购买资产的，还应当按照要求制作和报送申请文件。北交所上市公司并购重组申请文件中与资产评估有关的信息及披露要求主要如下：

（1）评估报告和估值报告

上市公司重大资产重组以评估值或资产估值报告中的估值金额作为交易标的定价依据的，应当披露相关资产的资产评估报告或资产估值报告。上市公司申请重大资产重组申请文件包括：本次重大资产重组涉及的拟购买、出售资产的评估报告及评估说明，资产估值报告（如有）；资产评估结果备案或核准文件（如有）。资产评估报告、资产估值报告作为重组报告书附件。

（2）补充专业意见

北交所上市公司重大资产重组信息披露内容与格式准则的规定是对重组报告书及其他相关信息披露文件的最低要求。证监会、北交所可以根据监管实际需要，要求上市公司补充披露其他有关信息或提供其他有关文件。

上市公司重大资产重组申请经证监会同意注册的，上市公司及相关证券服务机构应当根据证监会的注册情况重新修订重组报告书及相关证券服务机构的报告或意见，并作出补充披露。

（3）其他信息披露要求

一是关于资产评估报告或估值报告具体内容的披露要求。

相关文件强调，资产评估机构或估值机构为本次重组而出具的评估或估值资料中应明确声明在评估或估值基准日后××月内（最长十二个月）有效。

申请文件一经受理，未经证监会、北交所同意，不得增加、撤回或更换。

二是重组预案中涉及资产评估或估值信息的具体披露要求。

上市公司披露重大资产重组预案，应当披露证券服务机构的结论性意见；证券服务机构尚未出具意见的，应当作出关于"证券服务机构意见将在重大资产重组报告书中予以披露"的特别提示。

三是重组报告书中涉及资产评估或估值信息的具体披露要求。

①重大事项提示

上市公司披露重组报告书，应当就与本次重组有关的重大事项进行"重大事项提示"，包括交易标的评估或估值情况等本次重组方案简要介绍，本次交易聘请的资产评估机构（如有）等专业机构名称、法定代表人、住所、联系电话、传真，以及有关经办人员的姓名。

②风险因素和重大风险提示

上市公司应当对本次重组及重组后上市公司的相关风险予以揭示，并进行定量分析，无法进行定量分析的，应当有针对性地作出定性描述。上市公司应当披露的风险包括但不限于交易标的评估或估值风险等。

③发行股份情况

上市公司发行股份购买资产同时募集部分配套资金的，在重组报告书"发行股份情况"部分还应当披露以下内容：对交易标的采取收益法评估时，预测现金流中是否包含了募集配套资金投入带来的收益。

④资产评估报告或估值报告结论性意见

重组报告书应当披露证券服务机构出具的相关报告的结论性意见。重大资产重组中相关资产以资产评估结果或估值报告结果作为定价依据的，重组报告书中应当至少披露以下信息：

第一，评估或估值的基本情况，分析评估或估值增减值主要原因、不同评估或估值方法的评估或估值结果的差异及其原因、最终确定评估或估值结论的理由。

第二，对评估或估值结论有重要影响的评估或估值假设。

第三，选用的评估或估值方法、重要评估或估值参数以及相关依据。

第四，引用其他评估机构或估值机构报告内容、特殊类别资产相关第三方专业鉴定等资料的，应对其相关专业机构、业务资质、签字评估师或鉴定师、评估或估值情况进行必要披露。

第五，存在评估或估值特殊处理、对评估或估值结论有重大影响事项的，应当进行说明并分析其对评估或估值结论的影响；存在前述情况或因评估或估值程序受限造成评估报告或估值报告使用受限的，应提请报告使用者关注。

第六，评估或估值基准日至重组报告书签署日的重要变化事项及其对评估或估值结果的影响。

第七，该交易标的的下属企业构成该交易标的最近一期经审计的资产总额、营业收入、净资产额或净利润来源百分之二十以上且有重大影响的，应参照上述要求披露。交易标的涉及其他长期股权投资的，应当列表披露评估或估值的基本情况。

⑤最近三年资产评估或估值情况

交易标的为完整经营性资产的（包括股权或其他构成可独立核算会计主体的经营性资产），该经营性资产的权益最近三年曾进行与交易、增资或改制相关的评估或估值的，重组报告书中应当披露相关评估或估值的方法、评估或估值结果及其与账面值的增减情况，交易价格、交易对方和增资改制的情况，并列表说明该经营性资产最近三年评估或估值情况与本次重组评估或估值情况的差异原因。交易标的不构成完整经营性资产的，相关资产在最近三年曾进行资产评估、估值或者交易的，重组报告书中应当披露评估或估值结果、交易价格、交易对方等情况。

⑥资产评估或估值合理性分析

上市公司董事会应当对本次交易标的评估或估值的合理性以及定价的公允性做出分析，重组报告书中应当披露的信息包括但不限于：

第一，资产评估机构或估值机构的独立性、假设前提的合理性、评估或估值方法与目的的相关性；

第二，评估或估值依据的合理性；

第三，交易标的后续经营中行业、技术等方面的变化趋势、拟采取的应对措施及其对评估或估值的影响；

第四，报告期变动频繁且影响较大的指标对评估或估值的影响，并进行敏感性分析；

第五，交易标的与上市公司现有业务的协同效应、对未来上市公司业绩的影响，对交易定价的影响；

第六，结合交易标的的市场可比交易价格、同行业上市公司的市盈率或者市净率等指标，分析交易定价的公允性；

第七，说明评估或估值基准日至重组报告书披露日交易标的发生的重要变化事项，分析其对交易作价的影响；

第八，如交易定价与评估或估值结果存在较大差异，分析说明差异的原因及其合理性。

上市公司独立董事对资产评估机构或者估值机构的独立性、评估或者估值假设前提的合理性和交易定价的公允性发表的独立意见。

独立财务顾问应当按照规定出具独立财务顾问报告，报告应当包括以下内容：本次交易根据资产评估结果定价，应当对所选取的评估方法的适当性、评估假设前提的合理性、重要评估参数取值的合理性发表明确意见；本次交易不以资产评估结果作为定价依据的，应当对相关资产的估值方法、参数选择的合理性及其他影响估值结果的指标和因素发表明确意见。

3.1.4.6.3 股转系统

根据非上市公众公司监督管理办法、非上市公众公司信息披露管理办法、非上市公众公司重大资产重组管理办法，以及非上市公众公司重大资产重组报告书披露内容与格式准则规定，非上市公众公司并购重组申请文件中与资产评估有关的信息及披露要求主要如下：

（1）资产评估报告和资产估值报告

申请文件包括本次重大资产重组涉及的拟购买、出售资产的评估报告及评估说明，资产估值报告（如有）。资产评估报告、资产估值报告（如有）作为附件。

（2）补充专业意见

非上市公众公司重大资产重组报告书披露内容与格式准则的规定是对重组报告书及其他相关信息披露文件的最低要求。公众公司发行股份购买资产申请经证监会注册的，公众公司及相关证券服务机构应当根据证监会的注册情况重新修订重组报告书及相关证券服务机构的报告或意见，并作出补充披露。

（3）其他信息披露要求

一是资产评估机构选聘及经办人员相关信息的披露要求。

相关文件强调，公众公司实施并购重组行为，应当聘请符合《证券法》规定的证券服务机构出具相关意见。

公众公司在重组报告书中应当披露本次交易聘请的资产评估机构（如有）等专业机构名称、法定代表人、住所、联系电话、传真，以及有关经办人员的姓名。

二是资产评估报告或估值报告公开披露的相关要求。

公众公司重大资产重组以评估值或资产估值报告中的估值金额作为交易标的定价依据的，应当提供相关资产的资产评估报告或资产估值报告。公众公司召开董事会决议重大资产重组事项，应当在披露决议的同时披露本次重大资产重组资产评估报告（或资产估值报告）等信息披露文件。如公众公司就本次重大资产重组首次召开董事会前，相关资产尚未完成评估工作的，在披露首次董事会决议的同时应当披露重大资产重组预案及独立财务顾问对预案的核查意见。公众公司应在披露重大资产重组预案后六个月内完成评估工作，并再次召开董事会，在披露董事会决议时一并披露重大资产重组资产评估报告（或资产估值报告）等信息披露文件。

三是重组预案中涉及资产评估或估值信息的披露要求。

公众公司披露重大资产重组预案的，应当包括证券服务机构的结论性意见；证券服务机构尚未出具意见的，应当作出关于"证券服务机构意见将在重大资产重组报告书中予以披露"的特别提示。

四是重组报告书中涉及资产评估或估值信息的披露要求。

①交易标的的基本情况

交易标的为完整经营性资产（包括股权或其他构成可独立核算会计主体的经营性资产），该经营性资产的权益最近2年曾进行资产评估、交易、增资或改制的，公众公司在重组报告书"交易标的的基本情况"中应当披露相关的评估价值、交易价格、交易对方和增资改制的情况。交易标的不构成完整经营性资产，相关资产在最近2年曾进行资产评估或者交易的，公众公司在重组报告书"交易标的的基本情况"中应当披露评估价值、交易价格、交易对方等情况。

②交易标的

资产交易根据资产评估结果定价的，公众公司在重组报告书"交易标的"中应当披露资产评估方法和资产评估结果（包括各类资产的评估值、增减值额及增减值率，以及主要的增减值原因等）。

③资产评估或估值合理性分析

独立财务顾问应当按照规定出具独立财务顾问报告，报告应当说明本次交易所涉及的资产定价和支付手段定价的合理性。

五是信息披露质量的监管审核要求。

申请文件一经受理，未经证监会同意，不得增加、撤回或更换。

公众公司向特定对象发行股份购买资产后股东累计不超过二百人的重大资产重组，证监会豁免注册，由股转系统自律管理。公众公司重大资产重组不涉及发行股份的，股转系统对资产评估报告（或资产估值报告）等信息披露文件的完备性进行审查。

六是相关资产的实际盈利数与利润预测数差异情况的披露要求。

重大资产重组实施完毕后，凡不属于公众公司管理层事前无法获知且事后无法控制的原因，购买资产实现的利润未达到盈利预测报告或者资产评估报告预测金额的百分之八十，或者实际运营情况与重大资产重组报告书存在较大差距的，公众公司的董事长、总经理、财务负责人应当在公众公司披露年度报告的同时，作出解释，并向投资者公开道歉；实现利润未达到预测金额的百分之五十的，证监会可以对公众公司及相关责任人员采取监管谈话、出具警示函、责令定期报告等监管措施。

3.1.4.7 上市公司收购评估

根据上市公司信息披露管理办法、上市公司收购管理办法，以及上市公司收购报告书、权益变动报告书披露内容与格式准则、北交所上市公司权益变动报告书、上市公司收购报告书、要约收购报告书、被收购公司董事会报告书披露内容与格式准则规定，上市公司的收购及相关股份权益变动活动中与资产评估有关的信息及披露要求主要如下：

（1）资产评估报告

上市公司董事、监事、高级管理人员、员工或者其所控制或者委托的法人或者其他组织，拟对本公司进行协议收购或者通过间接收购的方式取得本公司控制权的，公司应当聘请从事证券服务业务的资产评估机构提供公司资产评估报告。

信息披露义务人以其非现金资产认购上市公司发行的新股的，应当披露非现金资产最近两年经符合《证券法》规定的会计师事务所审计的财务会计报告，或从事证券服务业务的资产评估机构出具的处于有效期内的资产评估报告。

（2）其他信息披露要求

一是收购人在收购报告书中援引相关专业机构出具的专业报告或意见的内容，应当说明相关专业机构已书面同意上述援引。

二是上市公司董事、监事、高级管理人员及员工或者其所控制或委托的法人或其他组织收购本公司股份并取得控制权，或者通过投资关系、协议或其他安排导致其拥有权益的股份超过本公司已发行股份30%的，上市公司收购报告书"收购方式"中应当披露收购的定价依据、资产评估方法和评估结果。

3.1.4.8 发行公司债券评估

根据公司债券发行与交易管理办法、公司信用类债券信息披露管理办法，以及公开发行公司债券申请文件披露内容与格式准则、关于注册制下提高中介机构债券业务执业质量的指导意见规定，资产评估机构在上市公司公开发行公司债券过程中，与资产评估有关的信息及披露要求主要如下：

（1）资产评估报告及补充专业意见

上市公司公开发行公司债券，申请文件包括本次发行公司债券的担保财产的资产评估文件（如为抵押或质押担保）。

发行人应根据证券交易所对发行申请文件的审核问询以及证监会对申请文件的注册反馈问题提供补充材料。主承销商和相关证券服务机构应对相关问题进行尽职调查并出具专业意见。

（2）其他信息披露要求

一是关于资产评估机构及资产评估报告的相关要求。

相关文件强调，资产评估机构应当勤勉尽责，确保出具文件真实、准确、完整，在评估过程中应当独立、客观、公正，遵守一致性、一贯性及公开、透明、可校验原则，不得随意调整评估方法和评估结果。

申请文件一经受理，未经同意不得增加、撤回或更换。

二是申请文件中涉及资产评估信息的披露要求。

发行申请文件的扉页上应标明有关中介机构项目负责人的姓名、电话、传真、电子信箱及其他有效的联系方式。

企业应当在募集说明书中披露发行有关机构的名称、住所、法定代表人、联系电话、传真和有关经办人员的姓名，并披露企业与发行有关的中介机构及其负责人、高级管理人员、经办人员之间存在的直接或间接的股权关系及其他重大利害关系。

企业发行债券提供抵押或质押担保的，企业应当在募集说明书中披露担保物的名称、金额（账面值和评估值）、担保物金额（账面值和评估值）、担保物的评估情况等信息。

3.1.4.9 财报目的评估

财报目的评估业务主要包括资产减值测试涉及的评估、资产公允价值评估、合并对价分摊事项涉及的评估等。目前，证券监管部门对以财报目的评估业务明确提出相关信息披露要求的主要是上市公司商誉减值测试资产评估、股权激励计划公允价值评估。

3.1.4.9.1 商誉减值测试

因商誉减值事项的特殊性与专业性，不少公司与会计师事务所在进行商誉减值测试或对商誉减值事项进行审计时，均会利用资产评估机构及其从业人员出具的专业意见。根据商誉减值会计监管风险提示、发行类监管规则适用指引规定，利用资产评估机构的工作辅助开展商誉减值测试时，公司应聘请符合规定的资产评估机构，明确约定该工作用于商誉减值测试。资产评估机构及其从业人员应按照相关法律法规、资产评估准则及依法制定的其他业务规则勤勉执业。

需要注意的是，资产评估机构及其从业人员应当关注商誉减值测试对企业合并时被收购方的评估报告或估值报告预测数据的核对情况。根据相关规定，保荐机构及会计师会结合产生商誉对应的企业合并时被收购方的评估报告或估值报告，核对原评估报告或估值报告中使用的预测数据与实际数据的差异及其原因，综合判断是否存在减值迹象及其对商誉减值测试的影响。

3.1.4.9.2 股权激励公允价值确定

根据上市公司信息披露管理办法、上市公司股权激励管理办法规定，上市公司制定股权激励计划的，应当在股权激励计划中载明限制性股票或股票期权公允价值的确定方法、涉及估值模型重要参数取值合理性等。股权激励计划经股东大会审议通过后，上市公司应当在60日内授予权益并完成公告、登记；有获授权益条件的，应当在条件成就后60日内授出权益并完成公告、登记。上市公司向激励对象授出权益时，应当按照规定履行信息披露义务，并再次披露股权激励公允价值确定方法、涉及估值模型重要参数取值的合理性等信息。

上市公司在授予激励对象限制性股票时，应当确定授予价格或授予价格的确定方法。授予价格不得低于股票票面金额，且原则上不得低于下列价格较高者：（1）股权激励计划草案公布前1个交易日的公司股票交易均价的50%；（2）股权激励计划草案公布前20个交易日、60个交易日或者120个交易日的公司股票交易均价之一的50%。上市公司采用其他方法确定限制性股票授予价格的，应当在股权激励计划中对定价依据及定价方式作出说明。

上市公司在授予激励对象股票期权时，应当确定行权价格或者行权价格的确定方法。行权价格不得低于股票票面金额，且原则上不得低于下列价格较高者：（1）股权激励计划草案公布前1个交易日的公司股票交易均价；（2）股权激励计划草案公布前20个交易日、60个交易日或者120个交易日的公司股票交易均价之一。上市公司采用其他方法确定行权价格的，应当在股权激励计划中对定价依据及定价方式作出说明。

上市公司未按规定的定价原则，而采用其他方法确定限制性股票授予价格或股票期权行权价格的，应当聘请独立财务顾问，对股权激励计划的可行性、是否有利于上市公司的持续发展、相关定价依据和定价方法的合理性、是否损害上市公司利益以及对股东利益的影响发表专业意见。

3.1.4.10 重大合同和涉及公开信息披露的交易评估

上市公司签署重大合同，发生重大交易、关联交易，股转系统挂牌公司发生重大交易，按规定应当进行公开信息披露所涉及的评估。

3.1.4.10.1 重大合同

根据上市公司信息披露管理办法，以及上市公司年度报告、半年度报告披露内容与格式准则，北交所上市公司年度报告、中期报告披露内容与格式准则规定，上市公司年度报告和半年度报告应当披露重大合同及其履行情况，包括但不限于：列表披露合同订立双方的名称、签订日期、合同标的所涉及资产的账面价值、评估价值、相关资产评估机构名称、评估基准日、定价原则以及最终交易价格等，并披露截至报告期末合同的执行情况。

3.1.4.10.2 应当披露的关联交易

根据上市公司信息披露管理办法，以及上市公司年度报告、半年度报告披露内容与格式准则，北交所上市公司年度报告、中期报告披露内容与格式准则规定，上市公司年度报告和半年度报告应当披露报告期内发生的重大关联交易事项。若对于某一关联方，沪深交易所上市公司报告期内累计关联交易总额在3 000万元以上且占公司报告期末净资产值5%以上（科创板公司披露标准为报告期内累计关联交易总额在3 000万元以上且占公司报告期末总资产或市值1%以上），北交所上市公司报告期内累计关联交易总额高于3 000万元且占公司最近一期经审计总资产值

2% 以上，资产或股权收购、出售发生的关联交易，至少应当披露关联交易定价原则、资产的账面价值、评估价值、交易价格等情况，交易价格与账面价值或评估价值差异较大的，应当说明原因。如相关交易涉及业绩约定，应当披露报告期内的业绩实现情况。

3.1.4.10.3 重大交易

（1）上交所

根据上市公司信息披露管理办法、上交所股票上市规则规定，上市公司发生重大交易应按规定披露资产评估相关信息。

上市公司应当根据交易类型，按照交易所相关规定披露交易定价及依据、有关部门审批文件（如有）、中介机构意见（如适用）等信息。

①上市公司发生的重大交易涉及的资产总额（同时存在账面值和评估值的，以高者为准；涉及数据为负值的，取其绝对值计算）占上市公司最近一期经审计总资产的 10% 以上，或者交易标的（如股权）涉及的资产净额（同时存在账面值和评估值的，以高者为准；涉及数据为负值的，取其绝对值计算）占上市公司最近一期经审计净资产的 10% 以上，且绝对金额超过 1 000 万元等规定情形的，应当及时披露交易相关信息。上市公司发生交易达到应当及时披露规定标准，且交易对方以非现金资产作为交易对价或者抵偿上市公司债务的，上市公司应当披露涉及资产的审计报告或者评估报告。

②上市公司发生的重大交易涉及的资产总额（同时存在账面值和评估值的，以高者为准；涉及数据为负值的，取其绝对值计算）占上市公司最近一期经审计总资产的 50% 以上，或者交易标的（如股权）涉及的资产净额（同时存在账面值和评估值的，以高者为准；涉及数据为负值的，取其绝对值计算）占上市公司最近一期经审计净资产的 50% 以上，且绝对金额超过 5 000 万元

等规定情形的，除应当及时披露交易相关信息外，还应当提交股东大会审议。公司发生交易达到应当及时披露和提交股东大会审议规定标准，且交易标的为公司股权以外的其他资产的，应当披露标的资产由资产评估机构出具的评估报告。评估基准日距审议相关交易事项的股东大会召开日不得超过一年。公司发生"购买或者出售资产"交易，不论交易标的是否相关，若所涉及的资产总额或者成交金额在连续12个月内经累计计算超过公司最近一期经审计总资产30%的，除应当披露并进行审计或者评估外，还应当提交股东大会审议，并经出席会议的股东所持表决权的三分之二以上通过。

上市公司与其合并报表范围内的控股子公司、控制的其他主体发生的或者上述控股子公司、控制的其他主体之间发生的交易，可以免于按照上述规定披露和履行相应程序，证监会或者交易所另有规定的除外。

证监会、交易所根据审慎原则要求，公司依据其章程或者其他法律法规等规定，以及公司自愿提交股东大会审议的交易事项，应当适用前述规定。

（2）深交所

根据上市公司信息披露管理办法、深交所股票上市规则规定，上市公司发生重大交易应按规定披露资产评估相关信息。

上市公司应当根据交易类型，按照交易所有关规定披露交易定价及依据、有关部门审批文件（如有）、中介机构意见（如适用）等信息。

①上市公司发生的重大交易涉及的资产总额占上市公司最近一期经审计总资产的10%以上，该交易涉及的资产总额同时存在账面值和评估值的，以较高者为准（涉及数据为负值的，取其绝对值计算），或者交易标的（如股权）涉及的资产净额占上市公司最近一期经审计净资产的10%以上，且绝对金额超过1 000万

元，该交易涉及的资产净额同时存在账面值和评估值的，以较高者为准（涉及数据为负值的，取其绝对值计算）等规定情形的，应当及时披露交易相关信息。公司发生交易达到应当及时披露规定标准，且交易对方以非现金资产作为交易对价或者抵偿上市公司债务的，应当披露所涉及资产的审计报告或者评估报告。评估基准日距审议相关交易事项的董事会召开日或者相关事项的公告日不得超过一年。

②上市公司发生的重大交易涉及的资产总额占上市公司最近一期经审计总资产的50%以上，该交易涉及的资产总额同时存在账面值和评估值的，以较高者为准（涉及数据为负值的，取其绝对值计算），或者交易标的（如股权）涉及的资产净额占上市公司最近一期经审计净资产的50%以上，且绝对金额超过5 000万元，该交易涉及的资产净额同时存在账面值和评估值的，以较高者为准（涉及数据为负值的，取其绝对值计算）等规定情形的，应当及时披露交易相关信息并提交股东大会审议。公司发生交易达到应当及时披露并提交股东大会审议规定标准，且交易标的为公司股权以外的其他资产的，应当披露标的资产由资产评估机构出具的评估报告。公司发生交易达到应当及时披露并提交股东大会审议规定标准，且交易对方以非现金资产作为交易对价或者抵偿上市公司债务的，也应当披露所涉及资产的审计报告或者评估报告。该等评估报告的评估基准日距审议相关交易事项的股东大会召开日不得超过一年。

③公司发生交易虽未达到应当及时披露并提交股东大会审议规定标准，证监会、交易所根据审慎原则可以要求公司披露所涉及资产的审计报告或者评估报告。评估基准日距审议相关交易事项的董事会召开日或者相关事项的公告日不得超过一年。

上市公司发生符合重大交易标准的购买资产或者出售资产时，应当以资产总额和成交金额中的较高者为准，按交易事项的类型在连续十二个月内累计计算。经累计计算金额超过上市公司最近一期经审计总资产30%的，公司应当及时披露相关交易事项以及交易标的审计报告或者评估报告，提交股东大会审议并经由出席会议的股东所持表决权的三分之二以上通过。已按照规定履行相关义务的，不再纳入相关的累计计算范围。

上市公司与其合并报表范围内的控股子公司发生的或者上述控股子公司之间发生的交易，可以免于按照上述规定披露和履行相应程序，证监会或者交易所另有规定的除外。

（3）北交所

根据上市公司信息披露管理办法、北交所股票上市规则规定，上市公司发生重大交易应按规定披露资产评估相关信息。

①上市公司发生的重大交易（除提供担保、提供财务资助外）达到下列标准之一的，应当及时披露：交易涉及的资产总额（同时存在账面值和评估值的，以孰高为准）占上市公司最近一期经审计总资产的10%以上；交易的成交金额占上市公司最近一期经审计净资产的10%以上，且超过1 000万元；交易标的（如股权）最近一个会计年度相关的营业收入占上市公司最近一个会计年度经审计营业收入的10%以上，且超过1 000万元；交易产生的利润占上市公司最近一个会计年度经审计净利润的10%以上，且超过150万元；交易标的（如股权）最近一个会计年度相关的净利润占上市公司最近一个会计年度经审计净利润的10%以上，且超过150万元（未盈利的上市公司可以豁免适用此指标）。上述指标计算中涉及的数据如为负值，取其绝对值计算。

②上市公司发生的重大交易（除提供担保、提供财务资助外）达到下列标准之一的，应当提交股东大会审议：交易涉及的资产总额（同时存在账面值和评估值的，以孰高为准）占上市公司最近一期经审计总资产的50%以上；交易的成交金额占上市公司最近一期经审计净资产的50%以上，且超过5 000万元；交易

标的（如股权）最近一个会计年度相关的营业收入占上市公司最近一个会计年度经审计营业收入的50%以上，且超过5 000万元；交易产生的利润占上市公司最近一个会计年度经审计净利润的50%以上，且超过750万元；交易标的（如股权）最近一个会计年度相关的净利润占上市公司最近一个会计年度经审计净利润的50%以上，且超过750万元（未盈利的上市公司可以豁免适用此指标）。上述指标计算中涉及的数据如为负值，取其绝对值计算。公司发生交易达到应当及时披露并提交股东大会审议规定标准，且交易标的为股权以外的非现金资产的，应当提供由符合《证券法》规定的证券服务机构出具的评估报告。该等评估报告的评估基准日距离评估报告使用日不得超过一年。

③公司发生交易虽未达到应当及时披露并提交股东大会审议规定标准，但是北交所认为有必要的，上市公司应当提供审计或者评估报告。

上市公司发生符合重大交易标准的购买、出售资产，涉及资产总额或者成交金额连续12个月内累计计算超过上市公司最近一期经审计总资产30%的，应当按要求提供评估报告或者审计报告，并提交股东大会审议，经出席会议的股东所持表决权的三分之二以上通过。已按照规定履行相关义务的，不再纳入相关的累计计算范围。

上市公司与其控股子公司发生的或者上述控股子公司之间发生的交易，除另有规定或者损害股东合法权益的以外，免于按照上述规定披露或审议。

(4) 股转系统

根据非上市公众公司信息披露管理办法、全国中小企业股份转让系统挂牌公司信息披露规则规定，公众公司发生重大交易应按规定披露资产评估相关信息。

创新层挂牌公司发生的交易（除提供担保外）达到下列标准

之一的，应当及时披露：①交易涉及的资产总额（同时存在账面值和评估值的，以孰高为准）或成交金额占公司最近一个会计年度经审计总资产的 10% 以上；②交易涉及的资产净额或成交金额占公司最近一个会计年度经审计净资产绝对值的 10% 以上，且超过 300 万元。

基础层挂牌公司发生的交易（除提供担保外）达到下列标准之一的，应当及时披露：①交易涉及的资产总额（同时存在账面值和评估值的，以孰高为准）或成交金额占公司最近一个会计年度经审计总资产的 20% 以上；②交易涉及的资产净额或成交金额占公司最近一个会计年度经审计净资产绝对值的 20% 以上，且超过 300 万元。

3.1.5 其他要求

3.1.5.1 配合监管

证监会依法对资产评估机构进行监督检查或者调查，被检查、调查的单位和个人应当配合，如实提供有关文件和资料，不得拒绝、阻碍和隐瞒。

证监会对资产评估机构出具的文件的真实性、准确性、完整性有疑义的，可以要求资产评估机构作出解释、补充，并调阅其工作底稿。

资产评估机构及其执业人员应当配合证监会的监督管理，在规定的期限内提供、报送或披露相关资料、信息，并保证其提供、报送或披露的资料、信息真实、准确、完整，不得有虚假记载、误导性陈述或者重大遗漏。

来源：

《证券法》第一百七十三条；

《期货和衍生品法》第一百零九条；

《上市公司信息披露管理办法》；

《首次公开发行股票注册管理办法》；

《上市公司证券发行注册管理办法》；

《北京证券交易所向不特定合格投资者公开发行股票注册管理办法》；

《北京证券交易所上市公司证券发行注册管理办法》；

《非上市公众公司监督管理办法》；

《非上市公众公司信息披露管理办法》；

《公司债券发行与交易管理办法》。

3.1.5.2 文件保管

资产评估机构应当妥善保存客户委托文件、核查和验证资料、工作底稿以及与质量管理、内部管理、业务经营有关的信息和资料，任何人不得泄露、隐匿、伪造、篡改或者毁损。上述信息和资料的保存期限不得少于 10 年，自业务委托结束之日起算。而根据《资产评估法》的规定，评估档案的保存期限不少于 15 年，法定评估业务的保存期限不少于 30 年。

来源：

《证券法》第一百六十二条；

《期货和衍生品法》第一百一十七条；

《资产评估法》第二十九条；

《上市公司信息披露管理办法》。

3.1.5.3 保守秘密

资产评估机构及其工作人员从事证券服务业务，涉及保密事项的，应与委托人签署保密协议；依法为投资者的信息保密，不得非法买卖、提供或者公开投资者的信息，不得泄露所知悉的商业秘密；在发行证券的信息依法公开前，不得公开或者泄露该信息；对所知悉的重大资产重组信息在依法披露前负有保密义务，禁止利用该信息进行内幕交易。《资产评估法》规定，资产评估专业人员应当对评估活动中知悉的国家秘密、商业秘密和个人隐私予以保密。

来源：

《证券法》第二十三条、第四十一条；

《资产评估法》第十三条；

《期货和衍生品法》第五十五条；

《上市公司重大资产重组管理办法》。

3.1.5.4　禁止性规定

3.1.5.4.1　内幕交易及利用未公开信息交易

禁止证券交易内幕信息的知情人和非法获取内幕信息的人利用内幕信息从事证券交易活动。证券交易内幕信息的知情人和非法获取内幕信息的人，在内幕信息公开前，不得买卖该公司的证券，或者泄露该信息，或者建议他人买卖该证券。

禁止资产评估机构及其工作人员，利用因职务便利获取的内幕信息以外的其他未公开的信息，违反规定，从事与该信息相关的证券交易活动，或者明示、暗示他人从事相关交易活动。

为证券发行出具资产评估报告的资产评估机构及其工作人员，在该证券承销期内和期满后六个月内，不得买卖该证券。为发行人及其控股股东、实际控制人，或者收购人、重大资产交易方出具资产评估报告的资产评估机构及其工作人员，自接受委托之日与实际开展工作之日孰早之日起至上述文件公开后五日内，不得买卖该证券。

法律、行政法规规定禁止参与股票交易的人员，在任期或者法定限期内，不得直接或者以化名、借他人名义持有、买卖股票或者其他具有股权性质的证券，也不得收受他人赠送的股票或者其他具有股权性质的证券。在成为上述人员时，其原已持有的股票或者其他具有股权性质的证券，必须依法转让。

来源：

《证券法》第四十条、第四十二条、第五十条、第五十三条、

第五十四条；

《期货和衍生品法》第十三条。

3.1.5.4.2　操纵、扰乱证券市场

禁止任何人以单独或者通过合谋集中资金优势、持股优势或者利用信息优势联合或者连续买卖，与他人串通以事先约定的时间、价格和方式相互进行证券交易等手段操纵证券市场，影响或者意图影响证券交易价格或者证券交易量。禁止任何单位和个人编造、传播虚假信息或者误导性信息，扰乱证券市场。禁止资产评估机构及其从业人员，在证券交易活动中作出虚假陈述或者信息误导。

来源：

《证券法》第五十五条、第五十六条；

《期货和衍生品法》第十二条。

3.2　特殊规定

3.2.1　交易类证券评估业务

交易类证券评估业务是以交易为目的的评估业务，主要交易标的包括股权和资产，涉及上市公司和挂牌公司的重大资产重组、发行证券募集资金投向项目、上市公司吸收合并或分立等经济行为。

证监会陆续公布了《上市公司重大资产重组管理办法》《上市公司收购管理办法》《上市公司证券发行注册管理办法》《会计监管风险提示第 5 号——上市公司股权交易资产评估》《会计监管风险提示第 7 号——轻资产类公司收益法评估》《监管规则适用指引——评估类第 1 号》《监管规则适用指引——上市类第 1 号》《监管规则适用指引——发行类第 7 号》等制度规则，对交易类证券评估业务中的股权交易评估、轻资产企业收益法评估和收益法评估的折现率选取进行了规范。

2024年，中国证监会相继发布《资本市场服务科技企业高水平发展的十六项措施》《关于深化科创板改革 服务科技创新和新质生产力发展的八条措施》《关于深化上市公司并购重组市场改革的意见》。文件指出，适当提高轻资产科技型企业重组估值包容性，适当提高科创板上市公司并购重组估值包容性。支持科创板上市公司着眼于增强持续经营能力，收购优质未盈利"硬科技"企业。文件明确上市公司并购重组中，应充分发挥市场在价格发现和竞争磋商中的作用，支持交易双方以资产基础法、收益法、市场法等多元化的评估方法为基础协商确定交易作价。综合考虑标的资产运营模式、研发投入、业绩增长、同行业可比公司及可比交易定价情况等，多角度评价并购标的定价公允性。

3.2.1.1 价值类型和评估假设

资产评估师应恰当选择价值类型、合理使用评估假设，并应重点关注是否进行了不合理的评估假设、评估假设是否符合企业所属行业特点、是否符合被评估企业自身内在发展逻辑和外部现实条件约束和是否通过人为设定评估假设为盈利预测"创造"数量依据与环境条件等情况。资产评估机构应在以下方面加强业务执业质量控制：

（1）为上市公司股权交易进行评估，并以市场价值作为定价参考依据的，评估过程及结果不应当体现收购行为完成后的协同效应。

（2）充分考虑企业所处政治、经济和法律环境，技术发展，市场前景，资产状况，经营能力，商业化程度等，合理设定与之相适应的假设条件。

（3）合理确定评估假设，确信相关假设有可靠证据表明其很有可能在未来发生，或者虽然缺乏可靠证据，但没有理由认为这些假设明显不切合实际。对于重要的评估假设，应当说明其使用理由。同时应关注设定的免责条款是否合理。

3.2.1.2 现场调查与核查验证

资产评估师应对评估对象的现状及其法律权属进行认真调查，并关注获取评估资料的完整性和可靠性。资产评估机构应在以下方面加强业务执业质量控制：

（1）评估股权价值时应当把企业作为一个有机整体，不仅要考虑企业财务账内的资产和负债，也要考虑重要的可识别和评估的账外资产和负债，例如无形资产和或有负债等。

（2）仔细阅读公司章程或投资协议，了解股东在利益分配、股权转让等方面的权利和义务是否存在特殊的约定，例如分红限制、清算约定和存在限售期等，并考虑其对股权价值的影响。

（3）关注公司最新的工商登记情况和近期的董事会决议等材料，取得最新的公司章程，确信评估报告准确地反映了股东持股比例及各项权益。

（4）采用收益法或市场法评估股权价值时，应当对评估范围内的重要资产和负债，通过询问、函证、核对、监盘、勘查、检查等方式进行必要的调查，了解其经济、技术和法律权属状况，及其对股权价值的影响。

（5）如果存在影响评估结论的重要事项，应当要求委托方或被评估企业就该事项提供专项承诺等内部证明材料和律师函等外部证明材料，作为支持评估结论的依据；同时就该事项对评估结果的影响，采取如暂估负债、在盈利预测时考虑相关费用或在特别事项中进行披露等方式进行处理。

（6）关注是否履行了必要的调查分析程序，是否存在应关注而未关注的事项。资产评估机构引用外部报告的结论时，关注外部专业报告的出具主体是否具有相应的资质，本次资产评估机构是否进行了必要的专业判断并发表意见。

3.2.1.3 评估方法的选择和相关要求

资产评估师应恰当选择评估方法，形成合理评估结论，并在轻资产企业评估中，结合企业的历史经营情况、未来收益可预测情况、所获取评估资料的充分性，恰当考虑收益法的适用性。在评估方法选择上应当注意：

(1) 对股权进行评估时，应逐一分析资产基础法、收益法和市场法等3种基本评估方法的适用性。在持续经营前提下，原则上应当采用两种以上方法进行评估。除被评估企业不满足其中某两种方法的适用条件外，应合理采用两种或两种以上方法进行评估。如果只采用了一种评估方法，应当有充分依据并详细论证不能采用其他方法进行评估的理由。

(2) 评估方法的选择应有充分依据，不得只采用更接近预先设定的交易价格的评估方法进行评估。

(3) 对同一股权采用多种评估方法时，应当对使用各种评估方法产生的结果之间的差异进行分析，复核各种方法的适用条件、重要参数的选取依据、评估方法的运用过程等，结合差异原因判断评估结果的差异程度是否属于合理范围。对于评估结果与资产盈利情况及净资产额存在重大差异的，发行人应结合可比公司估值或市场可比案例说明交易价格的合理性。例如，当收益法评估结果低于资产基础法评估结果时，应当关注相关资产是否存在如经济性贬值等情况；反之，则应当分析在运用资产基础法评估时，是否存在评估范围不完整等情况。

(4) 对同一股权采用多种评估方法时，应根据股权交易目的、不同评估方法使用数据的质量和数量，结合市场相关信息进行论证，综合判断并形成最终评估结论。

①资产基础法的相关要求

资产评估师采用资产基础法评估时，应在合理评估企业各项资产和负债价值的基础上，确定评估对象的价值，资产评估机构应在以下方面加强业务执业质量控制：

第一，充分分析资产基础法的适用条件，对存在大量不可识别和评估的账外资产或负债的企业，应谨慎使用资产基础法。

第二，资产评估师应当根据企业会计政策、生产经营等情况，识别企业资产负债表表内及表外的各项资产、负债，并根据具体情况分别选用适当的方法进行评估。

第三，对于重要的可识别的账外无形资产，应从资产取得、使用、维护等角度，分析其对股权价值的影响，并对其进行评估。

第四，资产评估师应当考虑经济性贬值对资产基础法评估结果的影响，结合企业的收益和资产使用状况，关注持续经营前提下单项资产存在经济性贬值的可能性。

第五，引用矿业权、土地使用权等其他专业报告时，应对专业机构的独立性与专业报告的可靠性进行必要判断，对其使用前提、假设条件和特别关注事项等进行必要分析，恰当引用专业报告的评估结果。例如，引用其他资产评估结果时，应确信股权评估范围不重不漏，评估报告与其他专业报告所依据的基础数据没有重大差异等。

第六，关注其他中介机构对同一事项的专业判断结果，对双方存在的重大差异进行调查分析。除非有充分依据证明双方判断都符合相关专业技术规范，否则应当消除重大分歧或说明差异原因。例如，对于有确凿证据证明其可回收性的应收款项，应根据实际情况逐项确定评估值；对于没有确凿证据的，应按账龄分析法等方法估计款项回收风险。

②收益法的相关要求

资产评估师采用收益法评估，应当从企业盈利能力的角度，合理衡量评估对象的价值，资产评估机构应在以下方面加强业务执业质量控制：

第一，结合企业的历史经营情况、未来收益可预测情况和所获取评估资料的充分程度，恰当考虑收益法的适用性。对于产品或服务尚未投入市场、无盈利历史记录、持续经营存在不确定性的企业，应谨慎使用收益法。

第二，分析委托方或被评估企业提供的盈利预测数据时，应尽量搜集企业战略发展规划、经营计划和财务计划等预测依据，获得未来盈利数据的支持，有效防范或降低预测风险。

第三，审慎使用委托方或被评估企业提供的盈利预测资料，应充分分析被评估企业的人力资源、技术水平、资本结构、经营状况、历史业绩、发展前景，考虑宏观和区域经济因素、所在行业现状与发展前景对股权价值的影响，在考虑未来存在的各种可能性及其影响的基础上合理确定评估假设，形成未来收益预测。

第四，对盈利预测基础历史数据进行认真核实，必要时可聘请注册会计师对相关历史财务数据进行审计，或要求被评估企业提供经审计财务数据。对委托方和相关当事方提供的盈利预测，应进行必要的分析、判断和调整，不能简单假设盈利预测能够如期实现。当盈利预测趋势和企业历史业绩与现实经营状况存在重大差异时，应当对差异原因及其合理性进行分析。

第五，与委托方和相关当事方进行沟通，了解企业资产配置和使用的情况，重点关注不同时点企业的资产构成和规模变化，并结合行业特点和行业资产配置的平均水平，谨慎识别非经营性资产和溢余资产。

第六，未来收益预测中主营业务收入、毛利率、营运资金、资本性支出等主要参数应与评估假设及各相关参数相匹配。

第七，充分了解企业所在行业或地区的特殊产业政策，在预测收益和风险时恰当考虑上述产业政策的影响。

第八，预测未来收益时，不仅要考虑企业的生产能力，还应对市场需求进行充分了解和分析，合理预测未来年度的销售规模。

第九，对存在明显周期性波动的企业，在预测企业未来收益时应充分考虑市场需求和价格的变动趋势，特别是对预测期后长期销售价格和数量的预测，应避免采用波峰或波谷价格和销量等不具有代表性的指标来预测收入水平。

第十，对历史上采用关联方销售定价的企业，在预测企业未来收益时应分析定价的公允性及可持续性，恰当选择预测价格。

第十一，对享有税收优惠政策的企业，在预测企业未来收益时应分析优惠政策到期后企业持续享有该政策的可能性，谨慎考虑长期税负水平。

第十二，根据国家有关法律法规、企业所在行业现状与发展前景、协议与章程约定、企业经营状况、资产特点和资源条件等，恰当确定收益期。

第十三，综合考虑评估基准日的利率水平、市场投资收益率等资本市场相关信息，以及企业所在行业和企业本身的特定风险等相关因素，合理确定折现率。

第十四，采取收益法对上市公司重大资产重组中拟购买股权进行评估并作为定价参考依据的，应遵照《上市公司重大资产重组管理办法》的相关规定。

第十五，对于重要的敏感性较强的评估参数，如评估假设、价格水平、收益期限、折现率等，应当进行敏感性分析，分析其变动对评估结果的影响；资产评估机构应当制定敏感性分析的具体标准，增强敏感性分析的恰当性。

③市场法的相关要求

资产评估师采用市场法评估，应当从市场交易角度，合理衡量评估对象的价值，资产评估机构应在以下方面加强业务执业质量控制：

第一，根据收集到的可比企业数量及其经营和财务数据的充分性和可靠性，恰当考虑市场法的适用性。不存在可比企业或交易案例的情况下，不应使用市场法。对被评估企业和参考企业所属的行业、业务结构、经营模式、企业规模、资产配置和使用情况、企业所处经营阶段、成长性、经营风险、财务风险等因素进行分析、比较，合理选择可比企业或交易案例。

第二，对股权交易的对象、交易背景、交易条件和交易时间等进行调查，恰当选择交易案例或对交易价格进行相应的修正。

第三，对被评估企业所在行业的价值驱动因素进行分析，结合证券市场、产权交易市场股权定价规律，选择有利于合理确定评估对象价值的价值比率和差异调整方法。

第四，对各项数据的真实性、准确性和完整性进行必要的分析和判断，计算价值比率时恰当选择相关数据，合理确定数据的时间分布和统计方法，确信被评估企业和可比企业在价值比率的计算方法和数据口径上的一致性。

第五，关注流动性和控制权对股权价值的影响。如果对由此产生的溢价或者折价进行评估，应当有充分合理的依据支持评估结论。

第六，对于重要的敏感性较强的评估参数，如股票价格区间、价值比率种类等因素，应分析其变动对评估结果的影响；资产评估机构应当制定敏感性分析的具体标准，增强敏感性分析的恰当性。

3.2.1.4　折现率

对于资产评估机构从事证券服务业务，运用资本资产定价模型（CAPM）和加权平均资本成本（WACC）测算折现率涉及的参数确定时，应遵循《监管规则适用指引——评估类第1号》的相关要求。

（1）基本要求

①资产评估机构应当研究制定内部统一的测算原则及方法，且一经确定不得随意变更。在执业过程中应当按照制定的统一要求，保持折现率测算原则及方法的一致性。

②执行延续性评估项目时，应当关注不同基准日折现率测算的合理性，特别是具体参数等较前次评估基准日发生明显变化的，应当在资产评估报告中充分说明理由。

③确保折现率口径与预期收益口径的一致性，资本资产定价模型（CAPM）匹配股权自由现金流，加权平均资本成本（WACC）匹配企业自由现金流。各项参数测算时，应当充分关注不同参数在样本选取、风险考量、参数匹配等方面的一致性。

（2）无风险利率监管要求

①应当关注国债剩余到期年限与企业现金流时间期限的匹配性，持续经营假设前提下应当选择剩余到期年限10年期或10年期以上的国债。

②应当选择国债的到期收益率作为无风险利率，并明确国债的选取范围。

③应当在资产评估报告中充分披露国债选取的期限、利率、范围、确定方式、数据来源等。

（3）市场风险溢价监管要求

①如果被评估企业主要经营业务在中国境内，应当优先选择利用中国证券市场指数的历史风险溢价数据进行计算。

②计算时应当综合考虑样本的市场代表性、与被评估企业的相关性，以及与无风险利率的匹配性，合理确定样本数据的指数类型、时间跨度、数据频率、平均方法等。

③应当在资产评估报告中充分披露市场风险溢价的计算方法、样本选取标准、数据来源等。

（4）贝塔系数监管要求

①应当综合考虑可比公司与被评估企业在业务类型、企业规模、盈利能力、成长性、行业竞争力、企业发展阶段等多方面的可比性，合理确定关键可比指标，选取恰当的可比公司，并应当充分考虑可比公司数量与可比性的平衡。

②应当结合可比公司数量、可比性、上市年限等因素，选取合理时间跨度的贝塔数据。

③应当在资产评估报告中充分披露可比公司的选取标准及公司情况、贝塔系数的确定过程及结果、数据来源等。

（5）资本结构监管要求

①如果采用目标资本结构，应当合理分析被评估企业与可比公司在融资能力、融资成本等方面的差异，并结合被评估企业未来年度的融资情况，确定合理的资本结构；如果采用真实资本结构，其前提是企业的发展趋于稳定；如果采用变动资本结构，应当明确选取理由以及不同资本结构的划分标准、时点等；确定资本结构时，应当考虑与债权期望报酬率的匹配性以及在计算模型中应用的一致性。

②应当采用市场价值计算债权和股权的比例；采用账面价值计算的，应当在资产评估报告中充分说明理由。如果被评估企业涉及优先股、可转换债券等，应当予以特别关注。

③应当在资产评估报告中充分披露资本结构的确定方法、分析过程、预测依据等。

（6）特定风险报酬率监管要求

①应当明确采用的具体方法，涉及专业判断时应当综合考虑被评估企业的风险特征、企业规模、业务模式、所处经营阶段、核心竞争力、主要客户及供应商依赖等因素，确定合理的特定风险报酬率。

②应当综合考虑特定风险报酬率的取值，其在股权折现率整体中的权重应当具有合理性。

③应当在资产评估报告中充分披露特定风险报酬率的确定方法、分析过程、预测依据等。

（7）债权期望报酬率监管要求

①如果参考银行贷款市场利率（LPR），应当充分考虑被评

估企业的经营业绩、资本结构、信用风险、抵质押以及第三方担保等因素；如果采用非市场利率，应当综合考虑被评估企业的融资渠道、债务成本、偿债能力以及与市场利率的偏差等因素，确定合理的债权期望报酬率。

②应当在资产评估报告中充分披露债权期望报酬率的确定方法、分析过程、数据来源等。

3.2.1.5 评估报告披露

资产评估师出具评估报告，应当在履行必要的评估程序后，恰当披露相关信息，应当在评估报告中披露必要的信息，客观、公正的描述企业，充分揭示市场转化风险、可能面临的处罚风险等事项，加强对期后事项的分析和披露。资产评估机构应在以下方面加强业务执业质量控制：

（1）评估报告应当结合评估项目的特点，充分披露必要信息，使评估报告使用者能够正确理解评估结论。

（2）评估报告应当披露下列事项对评估结论的影响及影响程度：

①产权瑕疵事项，包括但不限于产权证明文件中记载的事项（名称、规格、用途、他项权利等）与实际情况不符、未取得产权证明文件或相关律师意见等。

②被评估股权和对应资产的抵押、质押事项（数量、期限）与涉及的未决诉讼、未执行判决事项。

③评估基准日后、报告日前已获知的可能影响评估结论的重大事项。

④与其他中介机构或所引用的土地估价报告、房地产估价报告、矿业权评估报告等判断或处理原则不同的事项。

（3）评估报告应当披露评估范围与已经审计财务报表之间的对应关系，以及相关审计报告类型。

（4）评估报告应当对履行现场调查的情况予以说明，如果未实施必要的现场调查，应说明具体原因及其对评估结论可能产生的影响。

（5）评估报告应当披露被评估企业近三年是否有涉及本次评估对象的交易或评估行为，并在适当及切实可行的情况下披露其主要信息。

（6）评估报告应当充分披露对评估结论有重大影响的评估假设，特别是针对行业特点的特殊假设或非持续经营前提等，并说明上述假设不成立时对评估结论的影响。

（7）评估报告应当披露评估结论是否考虑了流动性和控制权对股权价值的影响。

（8）对于重要的敏感性较强的评估参数，在评估报告中应当将分析结果予以披露。

3.2.1.6　评估报告有效期

评估报告有效期为一年，发行证券前评估报告过期的，需要提供新一期的评估报告。经国资委等有权部门同意延长评估报告有效期的国有企业，以及标的资产在合法产权交易场所通过竞价方式已确定交易价格的或资产已经交割完毕的，可不重新出具评估报告。评估报告有效期计算起点为评估基准日。

3.2.1.7　重新出具评估报告

对于重新出具评估报告的，资产评估机构应说明两次评估之间标的资产经营情况、评估参数、评估假设等的变化情况，并就评估结果之间的差异进行分析说明。对于同一资产分次收购的，资产评估机构应对比说明历次评估之间有关评估方法、关键参数的差异及合理性，同时就评估结果的差异进行分析说明。

3.2.1.8　评估报告自查要求

2023年3月18日起，沪市主板和科创板新申报的首发、再融资、重组企业应当按照《上海证券交易所发行上市审核业务指南第4号——常见问题的信息披露和核查要求自查表》的要求提交自查表。自查表详见《上海证券交易所发行上市审核业务指南第 4 号——常见问题的信息披露和核查要求自查表》第五号 上市公司重大资产重组。

评估师应对下述事项进行核查，并发表明确核查意见：

（1）评估师应对标的资产评估范围是否受到限制及评估证据的充分性，以及豁免披露的评估信息是否影响投资者决策判断进行核查，并发表明确核查意见。

（2）评估师应根据评估或估值的基本情况（包括账面价值、所采用的评估或估值方法、评估或估值结果、增减值幅度等），并结合不同评估或估值结果的差异情况、差异的原因、业绩承诺及业绩补偿安排设置等因素，对本次最终确定评估或估值结论的原因及合理性进行审慎核查；对评估或估值结论有重要影响的评估或估值假设的合理性，如宏观和外部环境假设及根据交易标的自身情况所采用的特定假设等，进行核查，并发表明确核查意见。

（3）对收益法中的单价、销量、成本、毛利率、期间费用、营运资金增加额、资本性支出、折现率、预测期期限、交易评估作价或业绩承诺是否包含募投项目收益等关键因素需进行核查。

对于单价，需结合标的资产主要核心产品所处生命周期、可替代性、市场竞争程度、报告期内售价水平、可比产品售价水平等，核查并说明预测期各期销售单价变动的合理性。

对于销售数量，结合标的资产主要产品或所处行业未来年度市场容量发展情况、标的资产所处的行业地位、现有客户关系维护及未来年度需求增长情况、新客户拓展、现有合同签订情况等，核查并说明预测期内各期销售数量的合理性及可实现性；结合标的资产的现有产能和产能利用率、未来年度产能扩张计划等，核查并说明预测期内销售数量与产能水平的匹配性。

对于营业成本，结合报告期内原材料的采购来源、原材料价格波动情况、市场供需情况、与原材料主要供应商的关系稳定性等，核查并说明预测期内营业成本预测的合理性。

对于毛利率，结合标的资产各主要产品报告期内毛利率水平、标的资产的核心竞争优势、原材料成本的预测情况、可比公司可比产品的毛利率情况，市场竞争程度、产品的可替代性、行业进入壁垒情况等，核查并说明预测期内毛利率水平预测依据及合理性。

对于期间费用，结合销售费用率与管理费用率水平、构成情况及其与报告期内的差异情况等，核查并说明销售费用及管理费用中的重要构成项目的预测依据是否充分、合理，是否与预测期内业务增长情况相匹配。

对于营运资金增加额，核查并说明营运资金增加额的计算过程，是否与标的资产未来年度的业务发展情况相匹配。

对于资本性支出，结合标的资产现有主要设备的成新率情况、未来厂房及产能扩建及更新计划等，核查并说明预测期内资本性支出预测的合理性。

对于折现率，结合折现率计算过程中主要参数的取值依据及合理性，核查并说明相关参数是否反映了标的资产所处行业的特定风险及自身财务风险水平，折现率取值是否合理。

对于预测期期限，结合详细预测期期限及预测期内各年经营业绩增速情况等，核查并说明是否存在为提高估值水平而刻意延长详细评估期间的情况，如存在详细评估期限较长的，核查并说明详细评估期较长的原因及合理性，是否符合谨慎性原则。

对于本次交易评估作价或业绩承诺是否包含募投项目收益的核查。如是，需核查并测算募投项目未来预计收益及对业绩承诺的影响，并结合募投项目的收益占比、对本次交易作价的影响等，审慎对交易作价中包含募投项目收益安排是否有利于保护上市公司及中小股东利益发表明确意见；如否，核查并说明区分募投项目收益的具体措施及有效性。

此外，还应核查预测数据是否与标的资产报告期内业务发展情况、未来年度业务发展预期、核心竞争优势等保持一致，不同参数在样本选取、风险考量、参数匹配等方面是否保持一致性，相关参数的选取和披露是否符合《监管规则适用指引——评估类第 1 号》的要求。

（4）对于市场法的核查，关注具体评估模型、价值比率的取值依据是否合理、可比对象或可比案例的选取原则、调整因素和流动性折扣的取值依据及合理性，重点核查是否存在刻意只挑选有利可比公司，回避真正具有可比性公司进行比较的情况。

（5）对于资产基础法的核查，关注拟出售资产采用资产基础法估值并作为作价依据的，资产基础法估值是否显著低于其他方法的估值结果。如是，核查采用资产基础法作为定价依据的合理性，是否符合行业惯例，交易作价是否公允；拟购买资产以资产基础法为评估定价依据的原因及合理性。如资产基础法估值与其他方法估值结果的差异不大的，是否存在采用资产基础法估值规避业绩承诺补偿的情形；核查标的资产各项目的账面价值与本次评估值情况，评估增值率情况，各资产评估值与账面值差异的原因及合理性，重点核查评估增值类科目的评估过程，主要评估参数的取值依据及合理性。

（6）对于交易作价的公允性及合理性的核查，结合标的资产最近三年内股权转让或增资的原因和交易背景，转让或增资价格，对应的标的资产作价情况，核查并说明本次交易中评估作价与历次股权转让或增资价格的差异原因及合理性；结合本次交易市盈率、市净率、评估增值率等情况，并对比可比交易情况，核查本次交易评估作价的合理性；如采用收益法和资产基础法进行评估的，核查是否存在收益法评估结果低于资产基础法的情形，如是，核查标的资产是否存在经营性减值，对相关减值资产的减值计提情况及会计处理合规性。

3.2.1.9 业绩承诺与奖励

（1）业绩补偿承诺相关规定

①业绩补偿范围

第一，交易对方为上市公司控股股东、实际控制人或者其控制关联人，无论标的资产是否为其所有或控制，也无论其参与此次交易是否基于过桥等暂时性安排，上市公司控股股东、实际控制人或者其控制的关联人均应以其获得的股份和现金进行业绩补偿。

第二，在交易定价采用资产基础法估值结果的情况下，如果资产基础法中对一项或几项资产采用了基于未来收益预期的方法，上市公司控股股东、实际控制人或者其控制的关联人也应就此部分进行业绩补偿。

第三，上市公司向第三方购买资产的，交易双方可以自主协商是否设置承诺安排。

②业绩补偿方式

交易对方为上市公司控股股东、实际控制人或者其控制的关联人，应当以其获得的股份和现金进行业绩补偿。构成重组上市的，应当以拟购买资产的价格进行业绩补偿计算，且股份补偿不低于本次交易发行股份数量的90%。业绩补偿应当先以股份补偿，不足部分以现金补偿。

交易对方以股份方式进行业绩补偿时，按照规定原则确定应补偿股份的数量；同时应关注以收益现值法、假设开发法等基于未来收益预期的估值方法对拟购买资产进行评估或估值的，或以市场法对拟购买资产进行评估或估值的，其补偿股份数量的计算公式存在差异。在逐年补偿的情况下，在各年计算的补偿股份数量小于0时，按0取值，即已经补偿的股份不冲回。拟购买资产为非股权资产的，补偿股份数量比照前述原则处理。拟购买资产为房地产、矿业公司或房地产、矿业类资产的，上市公司董事会可以在补偿期限届满时，一次确定补偿股份数量，无需逐年计算。

上市公司董事会及独立董事应当关注拟购买资产折现率、预测期收益分布等其他评估参数取值的合理性，防止交易对方利用降低折现率、调整预测期收益分布等方式减轻股份补偿义务，并对此发表意见。

业绩补偿期限不得少于重组实施完毕后的三年。

③业绩补偿承诺变更及保障措施

上市公司重大资产重组中，重组方业绩补偿承诺是基于其与上市公司签订的业绩补偿协议作出的，该承诺是重组方案重要组成部分。因此，重组方应当严格按照业绩补偿协议履行承诺。除证监会明确的情形外，重组方不得适用《上市公司监管指引第 4 号——上市公司实际控制人、股东、关联方、收购人以及上市公司承诺及履行》第五条的规定，变更其作出的业绩补偿承诺。

上市公司重大资产重组中，交易对方拟就业绩承诺作出股份补偿安排的，应当确保相关股份能够切实用于履行补偿义务。如业绩承诺方拟在承诺期内质押重组中获得的、约定用于承担业绩补偿义务的股份（以下简称对价股份），重组报告书应当载明业绩承诺方保障业绩补偿实现的具体安排，包括但不限于就以下事项作出承诺：

业绩承诺方保证对价股份优先用于履行业绩补偿承诺，不通过质押股份等方式逃废补偿义务；未来质押对价股份时，将书面告知质权人根据业绩补偿协议上述股份具有潜在业绩承诺补偿义务情况，并在质押协议中就相关股份用于支付业绩补偿事项等与质权人作出明确约定。

（2）业绩奖励相关规定

上市公司重大资产重组方案中，对标的资产交易对方、管理层或核心技术人员设置业绩奖励安排时，应基于标的资产实际盈利数大于预测数的超额部分，奖励总额不应超过其超额业绩部分的 100%，且不超过其交易作价的 20%。上市公司应在重组报告书中充分披露设置业绩奖励的原因、依据及合理性，相关会计处理及对上市公司可能造成的影响。上市公司应在重组报告书中明确业绩奖励对象的范围、确定方式。交易对方为上市公司控股股东、实际控制人或者其控制的关联人的，不得对上述对象做出奖励安排。涉及国有资产的，应同时符合国有资产管理部门的规定。

3.2.1.10 交易标的要求及关注要点

（1）交易标的资产定位及与上市公司行业关系

上市公司实施重大资产重组，应当符合国家产业政策和有关环境保护、土地管理、反垄断、外商投资、对外投资等法律和行政法规的规定；不会导致上市公司不符合股票上市条件；重大资产重组所涉及的资产定价公允，不存在损害上市公司和股东合法权益的情形；重大资产重组所涉及的资产权属清晰，资产过户或者转移不存在法律障碍，相关债权债务处理合法；有利于上市公司增强持续经营能力，不存在可能导致上市公司重组后主要资产为现金或者无具体经营业务的情形；有利于上市公司在业务、资产、财务、人员、机构等方面与实际控制人及其关联人保持独立，符合中国证监会关于上市公司独立性的相关规定；有利于上市公司形成或者保持健全有效的法人治理结构。

科创板上市公司实施重大资产重组的，拟购买资产应当符合科创板定位，所属行业应当与科创板上市公司处于同行业或者上下游，且与科创板上市公司主营业务具有协同效应。创业板上市公司实施重大资产重组的，拟购买资产所属行业应当符合创业板定位，或者与上市公司处于同行业或者上下游。

上市公司发行股份购买资产同时募集配套资金用于收购企业

股权的，发行人应披露交易完成后取得标的企业的控制权的相关情况。募集资金用于跨境收购的，标的资产向母公司分红不应存在政策或外汇管理上的障碍。原则上，募投项目实施不应存在重大不确定性。

（2）发行股份购买的股权比例要求

《上市公司重大资产重组管理办法》第四十三条第一款第（四）项规定，"充分说明并披露上市公司发行股份所购买的资产为权属清晰的经营性资产，并能在约定期限内办理完毕权属转移手续"。上市公司发行股份拟购买资产为企业股权时，原则上在交易完成后应取得标的企业控股权，如确有必要购买少数股权的，应当同时符合以下条件：

①少数股权与上市公司现有主营业务具有显著协同效应，或者与本次拟购买的主要标的资产属于同行业或紧密相关的上下游行业，通过本次交易一并注入有助于增强上市公司独立性、提升上市公司整体质量。

②交易完成后上市公司需拥有具体的主营业务和相应的持续经营能力，不存在净利润主要来自合并财务报表范围以外投资收益的情况。

少数股权对应的经营机构为金融企业的，需符合金融监管机构及其他有权机构的相关规定；且最近一个会计年度对应的营业收入、资产总额、资产净额三项指标，均不得超过上市公司同期合并报表对应指标的20%。

上市公司重大资产重组涉及购买股权的，也应当符合前述条件。

（3）对于收购特定类型资产的关注

①发行证券募集资金收购国有企业产权。发行人应当披露国有产权转让是否履行相关审批程序，是否获得国资主管部门的批准，是否履行了资产评估及相关的核准或备案程序，定价依据是

否符合相关监管规定，是否应当通过产权交易场所公开进行，完成收购是否存在法律障碍，是否存在不能完成收购的风险。

②收购资产涉及矿业权。原则上上市公司不得使用募集资金收购探矿权。如收购采矿权，发行人应当披露采矿权转让是否符合《探矿权采矿权转让管理办法》规定的转让条件；是否已按照国家有关规定缴纳采矿权使用费、采矿权价款、矿产资源补偿费和资源税等；国有矿产企业在申请转让采矿权前，是否已征得地质矿产主管部门的同意，是否签订转让合同，转让合同是否经过地质矿产主管部门审批等。

③关注是否构成重组上市。存在下列情形时，将重点关注是否属于类重组上市的情形：发行完成后公司实际控制人发生变更；标的资产的资产总额、净资产、收入超过最近一个会计年度上市公司相应指标的100%，且标的资产的原股东通过本次发行持有上市公司股权；重组办法中规定的其他情形。原则上，上市公司不得通过再融资变相实现业务重组上市。

④关注收购资产整合。拟收购资产业务与公司现有业务差异较大的，审核中将关注本次收购的考虑，整合、控制、管理资产的能力，以及收购后资产的稳定运营情况等。

⑤关注收购资产定价。收购价格与标的资产盈利情况或账面净资产额存在较大差异的，审核中将关注本次收购的目的及溢价收购是否符合上市公司全体股东利益，同时关注评估方法、评估参数选取的合理性，以及历史转让或增资价格、与市场可比案例的对比情况。

⑥关注标的资产效益情况。标的资产最近一期实际效益与预计效益存在较大差异的，审核中将关注公司差异说明的合理性、评估或定价基础是否发生变化以及风险揭示的充分性。收购标的为股权的，审核中将关注标的企业情况，包括主要产品、经营模式、业绩稳定性、发展趋势、主要客户供应商，以及主要财务指

标、经营成果等。

⑦关注标的资产最终权益享有人。中介机构应核查标的资产的出售方及出售方控股股东或实际控制人与发行人及大股东、实际控制人是否存在关联关系，是否存在通过本次收购变相输送利益的情形。

⑧关注收购大股东资产。资产出让方为控股股东、实际控制人或其控制的关联方，且本次收购以资产未来收益作为估值参考依据的，资产出让方应出具业绩承诺，并说明履约保障措施。保荐机构应核查业绩承诺方是否具备补偿业绩的履约能力，相关保障措施是否充分。

⑨关注本次交易新增大额商誉。重点关注评估方法、评估参数是否合理，是否符合《会计监管风险提示第5号——上市公司股权交易资产评估》的相关要求；商誉确认过程中是否充分辨认相应的可辨认无形资产；标的公司业绩不达标时收到来自交易对方的或有对价是否单独确认金融资产；将商誉分摊到相关资产组或资产组组合的方法是否合理。

3.2.1.11　交易定价与评估结论的关系

收购资产不以评估报告结果作为定价依据的，应具体说明收购定价的过程与方法，上市公司董事会应分析说明定价方法与定价结果的合理性。收购价格与评估报告结果存在显著差异的，上市公司应就差异的原因进行分析，并就收购价格是否可能损害上市公司及其中小股东的利益进行说明。

评估报告出具后，标的资产相关的内部和外部经营环境发生重大不利变化的，资产评估机构也应及时披露上述变化对评估基础、资产经营及交易定价的影响情况。

对于过渡期损益，上市公司重大资产重组中，对以收益现值法、假设开发法等基于未来收益预期的估值方法作为主要评估方法的，拟购买资产在过渡期间（自评估基准日至资产交割日）等相关期间的收益应当归上市公司所有，亏损应当由交易对方补足。具体收益及亏损金额应按收购资产比例计算。

3.2.1.12　上市公司重组前业绩异常或拟置出资产情况

上市公司重大资产重组前一会计年度净利润下降50%以上、由盈转亏，或本次重组拟置出资产超过现有资产50%的，为避免相关方通过本次重组逃避有关义务、责任，独立财务顾问和评估师等机构应当勤勉尽责，对上市公司以下事项（包括但不限于）进行专项核查并发表明确意见：

①上市后承诺履行情况，是否存在不规范承诺、承诺未履行或未履行完毕的情形。

②最近三年业绩真实性和会计处理合规性，是否存在虚假交易、虚构利润，是否存在关联方利益输送，是否存在调节会计利润以符合或规避监管要求的情形，相关会计处理是否符合企业会计准则规定，是否存在滥用会计政策、会计差错更正或会计估计变更等对上市公司进行"大洗澡"的情形，尤其关注应收账款、存货、商誉大幅计提减值准备的情形等。

③拟置出资产的评估（估值）作价情况（如有），相关评估（估值）方法、评估（估值）假设、评估（估值）参数预测是否合理，是否符合资产实际经营情况，是否履行必要的决策程序等。

来源：

《上市公司证券发行注册管理办法》；

《上市公司重大资产重组管理办法》；

《上市公司收购管理办法》；

《关于深化上市公司并购重组市场改革的意见》；

《中国证监会关于深化科创板改革 服务科技创新和新质生产力发展的八条措施》；

《公开发行证券的公司信息披露内容与格式准则第16号——

上市公司收购报告书》；

《公开发行证券的公司信息披露内容与格式准则第 26 号——上市公司重大资产重组》；

《公开发行证券的公司信息披露内容与格式准则第 56 号——北京证券交易所上市公司重大资产重组》；

《上海证券交易所上市公司重大资产重组审核规则》；

《深圳证券交易所上市公司重大资产重组审核规则》；

《北京证券交易所上市公司重大资产重组审核规则》；

《上海证券交易所发行上市审核业务指南第 4 号——常见问题的信息披露和核查要求自查表》第五号 上市公司重大资产重组；

《深圳证券交易所股票发行上市审核业务指南第 7 号——上市公司重大资产重组审核关注要点》；

《会计监管风险提示第 5 号——上市公司股权交易资产评估》；

《会计监管风险提示第 7 号——轻资产类公司收益法评估》；

《监管规则适用指引——评估类第 1 号》；

《监管规则适用指引——上市类第 1 号》；

《监管规则适用指引——发行类第 7 号》。

3.2.2　财报类证券评估业务

财报类证券评估业务可以细分为资产减值测试涉及的评估、资产公允价值评估、合并对价分摊事项涉及的评估等。执行财报类证券评估业务，不仅要遵守相关的资产评估准则和监管规则，还要关注上市公司财务报告的编报规定，在资产评估报告中恰当披露必要信息。

3.2.2.1　上市公司财务报告信息披露需求

公开发行证券的公司编报财务报告时，对于长期股权投资、采用成本计量模式的投资性房地产、固定资产、在建工程、采用成本计量模式的生产性生物资产、油气资产、使用权资产、无形资产等长期资产在报告当期进行减值测试的，应披露可收回金额的具体确定方法。可收回金额按公允价值减去处置费用后的净额确定的，应披露公允价值和处置费用的确定方式、关键参数及其确定依据。可收回金额按预计未来现金流量的现值确定的，应披露预测期的年限、预测期及稳定期的关键参数及其确定依据。前述信息与以前年度减值测试采用的信息或外部信息明显不一致的，或公司以前年度减值测试采用信息与当年实际情况明显不一致的，应披露差异原因。

公开发行证券的公司编报财务报告时，关于公允价值的披露，公司应按持续和非持续的公允价值计量，分项披露期末公允价值金额和公允价值计量的层次。对于持续和非持续的第一层次公允价值计量，公司应披露相关市价依据。对于持续和非持续的第二、三层次的公允价值计量，公司应披露使用的估值技术和重要参数的定性和定量信息。对于持续的第三层次公允价值计量，公司应披露期初余额与期末余额之间的调节信息。改变不可观察参数可能导致公允价值显著变化的，公司应分项披露相关的敏感性分析。对于持续的公允价值计量，公司应披露公允价值计量各层次之间转换的金额、原因及确定转换时点的政策。对于涉及估值技术变更的，公司应披露该变更及其原因。对于未以公允价值计量的金融资产和金融负债，分类披露其账面价值和公允价值的期初和期末金额、公允价值所属的层次。对于第二层次和第三层次的公允价值，披露使用的估值技术和输入值的信息。对于涉及估值技术变更的，披露该变更及其原因。

3.2.2.2　上市公司资产减值测试评估业务

财政部、国务院国资委、金融监管总局、中国证监会在企业2024年年报工作通知中对资产减值提出了如下要求：

企业应当按照《企业会计准则第1号——存货》（财会〔2006〕3号）、《企业会计准则第8号——资产减值》（财会〔2006〕3

号）等相关规定，根据资产负债表日已经存在且能够取得的可靠信息，对存货跌价准备、长期资产（如投资性房地产、固定资产、使用权资产、长期股权投资等）减值准备进行判断和会计处理，合理确定关键参数，正确确定存货的可变现净值或估计长期资产的可收回金额，充分、及时计提减值并披露与减值相关的重要信息；估计可收回金额时通常不应使用重置成本法。

企业在减值测试时应当正确认定资产组，资产组一经确定，在各会计期间应当保持一致，不得随意变更。资产组可收回金额的确定方式应当与其账面价值的确定基础保持一致，例如，承租人在确定包含租赁业务的资产组是否包含租赁负债时，可收回金额的确定方式与相关资产组账面价值的确定基础应当保持一致。

因企业合并形成的商誉，无论是否存在减值迹象，至少应当在每年年度终了进行减值测试。商誉应当结合与其相关的资产组或者资产组组合进行减值测试。在商誉减值测试时，因企业合并形成的商誉的账面价值，应当自购买日起按照合理的方法分摊至购买方预计能够从企业合并的协同效应中受益的资产组或者资产组组合。企业后续因重组等原因改变其报告结构而变更商誉分摊的资产组或者资产组组合的，应当证明其合理性并作出审慎判断。

下文将以最具代表性的上市公司商誉减值测试评估业务为例，对资产评估机构从事证券业务相关规定进行介绍。

利用资产评估机构的工作辅助开展商誉减值测试时，公司应聘请符合规定的资产评估机构，明确约定该工作用于商誉减值测试。

3.2.2.2.1 评估基本事项

资产评估机构应在与委托人充分沟通的基础上，明确约定涉及商誉减值测试的评估基准日、评估对象、评估范围、价值类型等要素，充分关注评估目的、评估基准日、评估假设、评估对象、评估范围、价值类型等是否与商誉减值测试相符。

（1）评估目的

资产评估机构应在与委托人充分沟通的基础上，明确将用于商誉减值测试目的的评估事项约定为以财务报告为目的的评估。

《资产评估专家指引第11号——商誉减值测试评估》提出的建议是，商誉减值测试评估目的是为企业商誉减值测试确定包含商誉资产组或资产组组合的可收回金额提供价值参考。

（2）评估基准日

对因企业合并所形成的商誉，不论其是否存在减值迹象，都应当至少在每年年度终了进行减值测试。此外，当商誉所在资产组或资产组组合出现特定减值迹象时，上市公司应及时进行商誉减值测试，并恰当考虑该减值迹象的影响。

《资产评估专家指引第11号——商誉减值测试评估》提出的建议是，商誉减值测试评估基准日通常为资产负债表日。当企业判断包含商誉资产组或资产组组合发生特定减值迹象而委托资产评估机构进行评估时，资产评估师需要了解企业确定的评估基准日、特定减值迹象具体表现以及特定减值迹象出现的时点。

（3）评估假设

《以财务报告为目的的评估指南》规定，资产评估专业人员应当根据以财务报告为目的评估业务的具体情况合理确定评估假设。

（4）评估对象和评估范围

①公司在认定资产组或资产组组合时，应充分考虑管理层对生产经营活动的管理或监控方式和对资产的持续使用或处置的决策方式，认定的资产组或资产组组合应能够独立产生现金流量。需要说明的是，一个会计核算主体并不简单等同于一个资产组。

②公司在确认商誉所在资产组或资产组组合时，不应包括与商誉无关的不应纳入资产组的单独资产及负债。值得注意的是，

当形成商誉时收购的子公司包含不止一个资产组或资产组组合时，应事先明确其中与形成商誉相关的资产组或资产组组合。

③公司应在充分考虑能够受益于企业合并的协同效应的资产组或资产组组合基础上，将商誉账面价值按各资产组或资产组组合的公允价值所占比例进行分摊。在确定各资产组或资产组组合的公允价值时，应根据《企业会计准则第39号——公允价值计量》的有关要求执行。如果公允价值难以可靠计量，可以按各资产组或资产组组合的账面价值所占比例进行分摊。

④公司在将商誉分摊至相关资产组或资产组组合时，应充分关注归属于少数股东的商誉，先将归属于母公司股东的商誉账面价值调整为全部商誉账面价值，再合理分摊至相关资产组或资产组组合。

⑤因重组等原因，公司经营组成部分发生变化，继而影响到已分摊商誉所在的资产组或资产组组合构成的，应将商誉账面价值重新分摊至受影响的资产组或资产组组合，并充分披露相关理由及依据。

⑥公司应在购买日将商誉分摊至相关资产组或资产组组合，并在后续会计期间保持一致。当形成商誉时收购的子公司后续存在再并购、再投资、处置重要资产等情形时，除符合上述第五点的条件外，不应随意扩大或缩小商誉所在资产组或资产组组合。

《资产评估专家指引第11号——商誉减值测试评估》提出的建议如下：

①商誉减值测试评估对象是包含商誉的资产组或资产组组合。评估范围包括商誉、商誉相关资产组或资产组组合。其中，商誉是完全商誉，既包括归属于母公司股东权益的商誉，也包括归属于少数股东权益的商誉。

②通常商誉减值测试评估范围符合下列要求：

第一，包含商誉资产组或资产组组合通常情况下不包括流动资产、流动负债，但如果不考虑相关资产和负债就无法合理确定评估对象可收回金额的除外。

第二，评估范围不应当包括与预计未来现金流量无关的资产、负债，如溢余资产或负债、非经营性资产或负债。

第三，评估范围不应当包括付息债务等已确认负债，但如果不考虑该负债就无法确定评估对象可收回金额的除外。

第四，与包含商誉资产组或资产组组合业务相关的开发过程中的在建工程、无形资产，如果达到预定生产能力尚需投资金额，完工后现金流可以合理计量，且经企业确认是与商誉相关的资产组，应当纳入评估范围。

第五，商誉相关资产组或资产组组合的账面价值应当与企业合并报表口径保持一致。

③资产评估师需要获取企业提供的评估范围及其对应的资产账面价值、资产类别、资产数量清单，并与企业、审计机构就包含商誉的资产组或资产组组合的范围进行沟通，取得企业、审计机构确认。如果资产评估师与企业、审计机构意见不一致，可以采纳企业、审计机构的意见。

（5）价值类型

资产组或资产组组合的可收回金额的估计，应根据其公允价值减去处置费用后的净额与预计未来现金净流量的现值两者之间较高者确定。

《资产评估专家指引第11号——商誉减值测试评估》提出的建议如下：

①商誉减值测试评估价值类型是可收回金额。可收回金额应当根据包含商誉资产组或资产组组合公允价值减去处置费用后的净额与预计未来现金流量的现值两者之间较高者确定。

②已确信包含商誉资产组或资产组组合公允价值减去处置费用后的净额、预计未来现金流量的现值两者中任意一项金额已超

过评估对象账面价值时，可以以该金额为依据确定评估结论。

③包含商誉资产组或资产组组合的公允价值减去处置费用后的净额如果无法可靠估计，可以以预计未来现金流量的现值作为可收回金额。

④如果包含商誉资产组或资产组组合可收回金额的评估仅依据公允价值减去处置费用后的净额或预计未来现金流量的现值中一种方式确定，评估结论应当表述为包含商誉的资产组或资产组组合可收回金额不低于该金额。

资产评估机构应按约定的评估目的、评估基准日、评估对象、评估范围、价值类型等要素开展评估工作，不得随意变更关键评估要素，不得以股权、企业价值的评估报告代替以财务报告为目的的评估报告。

3.2.2.2.2 现场调查与核查验证

资产评估机构应对商誉所在资产组或资产组组合进行现场调查，并对收集的资料进行必要的核查验证，合理利用观察、询问、访谈、核对、函证、监盘、勘查、书面审查、实地调查等手段：

（1）应充分关注商誉所在资产组或资产组组合的法律、物理、技术与经济等具体特征，合理判断相关资产组或资产组组合独立产生现金流的能力，关注其与商誉初始确认时的资产组或资产组组合的一致性；

（2）应充分了解商誉所在资产组或资产组组合所处的宏观经济环境、行业发展趋势、市场容量和竞争状况、地域因素等外部环境信息及公司产能、生产现状、在手合同及订单、商业计划等内部经营信息，并评价其与委托人提供的财务预算或预测数据的一致性。

《资产评估专家指引第11号——商誉减值测试评估》提出的建议如下：

（1）资产评估师应当关注企业提供的包含商誉资产组或资产

组组合与商誉初始确认、以前会计期间商誉减值测试时是否一致，如果不一致，应当提示企业说明包含商誉资产组或资产组组合变动的原因及其是否符合《企业会计准则第8号——资产减值》的相关规定。

（2）资产评估师对包含商誉资产组或资产组组合独立产生现金流能力的核查，通常包括下列四个方面：

①关注法律权属。资产评估师可以通过审阅、核对或者访谈等手段，对评估范围内主要资产权属是否存在权属不清、存在瑕疵，权属关系复杂、权属资料不完备等予以关注，判断其对评估对象产生现金流能力的影响。

②关注物理状况。资产评估师可以通过现场勘查、实地调查或者询问等手段，对评估范围内主要资产的实际使用状况予以关注，判断主要资产物理状况与其产生现金流的关系。

③关注技术状况。资产评估师可以通过查阅文件、访谈、核对或者利用专家工作等手段，对评估范围主要资产生产技术水平予以关注，判断主要资产技术竞争力水平对其产生现金流的影响。

④关注经济状况。资产评估师可以通过历史财务数据分析、核对或者访谈等手段，关注评估范围内主要资产与其产生现金流能力的关系。

3.2.2.2.3 评估方法

资产评估机构应根据会计准则的要求，充分分析不同评估方法的适用性，恰当选择与商誉减值测试相适应的评估方法。需要说明的是，后续期间商誉减值测试的评估方法应与以前期间的保持一致，除非有证据显示变更新的评估方法所得出的评估结论更具代表性，或原有的评估方法不再适用。

《资产评估专家指引第11号——商誉减值测试评估》提出的建议如下：

（1）商誉减值测试评估需要计算公允价值减去处置费用后的

净额时，资产评估师可以采用市场法、收益法、成本法计算包含商誉资产组或资产组组合的公允价值。

①采用市场法计算包含商誉资产组或资产组组合公允价值时，资产评估师需要关注可比对象实际交易所在市场和评估对象模拟有序交易所在的主要市场或最有利市场是否一致。若选择从事相似业务的上市公司作为可比对象，需要知晓作为资产组或资产组组合的评估对象与作为股权的可比上市公司在资产性质及价值内涵方面的差异，并在计算价值比率时进行相应调整。

②采用收益法计算包含商誉资产组或资产组组合公允价值时，资产评估师应当从主要市场（最有利市场）中市场参与者的角度确定评估对象的最佳用途，并考虑其对评估对象未来收益预测的影响。通常情况下，评估对象的现行用途可以视为最佳用途，除非市场因素或者其他因素表明市场参与者按照其他用途使用该资产可以实现价值最大化。

③采用成本法计算包含商誉资产组或资产组组合公允价值时，由于商誉无法单独评估，该方法通常仅适用于资产组部分资产公允价值高于评估对象账面价值的特殊情形。在此情形下，资产评估师需要取得企业对商誉资产组或资产组组合价值可以通过未来运营得以全额收回的承诺，并在资产评估报告中提示评估结论仅在此前提下成立。

④公允价值减去处置费用后的净额计算中，资产评估师通常需要考虑的处置费用包括与评估对象处置有关的法律费用、相关税费等。

（2）商誉减值测试评估需要计算预计未来现金流量的现值时，资产评估师应当取得商誉相关资产组或资产组组合所在企业管理层最近批准的包含商誉资产组或资产组组合的财务预测数据，访谈企业相关人员、了解企业管理层确定的评估假设内容和依据，结合企业内部、外部经营环境，分析历史财务数据，判断企业财务预测数据的可行性。以评估对象账面价值确定基础与可收回金额确定方式一致性为原则,计算包含商誉资产组或资产组组合预计未来现金流量的现值。对取得的经管理层批准的财务预测数据进行核查验证时,如果企业未提供重要参数确定的依据,资产评估师需要判断其对评估结论的影响。如果构成重大影响,不得出具资产评估报告。

3.2.2.2.4　评估参数

资产评估机构应结合所获取的外部环境信息、内部经营信息,着重考虑已出现的商誉减值迹象,合理选取评估模型与参数。

《资产评估专家指引第11号——商誉减值测试评估》提出的建议如下:

(1) 资产评估师应当关注企业提供的预计未来现金流量的预测基础是否与包含商誉资产组或资产组组合的账面价值确定基础一致,即二者内涵需对应相同的资产(负债),按照与包含商誉资产组或资产组组合内资产(负债)一致的基础预测未来现金流量。

(2) 资产评估师需要关注企业提供的预计未来现金流量应当以资产当前状况为基础、以税前口径为依据,分析销量、价格、成本、费用、增长率等关键参数预测的合理性。资产评估师需要关注以前会计期间企业预测财务数据的实现情况。如果以前会计期间预测财务数据与实际实现存在重大偏差,需要了解企业管理层识别出的导致偏差的主要原因,关注当期预测财务数据是否充分考虑了相关因素的影响,并调整了当期财务数据预测基础。

(3) 资产评估师应当知晓预计包含商誉资产组或资产组组合的未来现金流量不应当考虑将来可能发生的、尚未作出承诺的重组事项或者与资产改良有关的事项,但评估基准日已发生支出的与包含商誉资产组或资产组组合业务相关的在建工程、开发过程中的无形资产等事项对未来现金流量的影响应当予以考虑，同时应当考虑预期为使该资产达到预定可使用或者可销售状态发生的全部现金流出。预计包含商誉资产组或资产组组合的未来现金流量也不应当包括筹资活动产生的现金流入或者流出以及与所得税收付有关的现金流量。

（4）当预计未来现金流量受内部转移价格影响时，资产评估师需要提醒企业管理层按照在公平交易中对未来价格的最佳估计数确定未来现金流量。

（5）资产评估师取得的经企业管理层批准的预计未来现金流量详细预测期通常涵盖 5 年，如涵盖更长期间，应当取得企业管理层的合理性说明。预计未来现金流量收益期通常以包含商誉资产组的核心资产（商誉）为依据确定。商誉未来收益期不可确定，但包含商誉资产组或资产组组合未来经营期限受法律、协议等因素影响的，如矿业企业资产组、签订经营期限企业资产组等，应当以法律、协议约定的年限为基础计算确定预计未来现金流量的收益期。预计未来现金流量资本性支出应当以维持包含商誉资产组或资产组组合正常运转或原定正常产出水平为基础确定。同时商誉相关资产组包括与其业务相关的已发生支出的在建工程或者开发过程中的无形资产等事项时，应当将为使该资产达到预定可使用或可销售状态发生的现金流出作为资本性支出。

（6）资产评估师应当知晓详细预测期之后预计现金流量可以保持稳定的或递减的增长率，如果企业管理层提供证据表明递增的增长率是合理的，可以以递增的增长率为基础。详细预测期之后增长率，不应当超过企业经营的产品、市场、所处的行业或者所在国家或者地区的长期平均增长率，或者包含商誉资产组或资产组组合所处市场的长期平均增长率。

（7）折现率的确定应当以该资产的市场利率为依据。该折现率是企业作为市场参与者在购置或者投资资产时所要求的必要报酬率。无法从市场获得的，可以使用替代利率估计折现率。替代利率可以根据加权平均资金成本或者其他相关市场利率作适当调整后确定。对折现率的计算，资产评估师应当关注是否与相应的宏观、行业、地域、特定市场、特定市场主体的风险因素相匹配。在计算预计未来现金流量现值时，如果用于计算折现率的基础是税后的，应当将其调整为税前的折现率。但计算公允价值时，资产评估师应当知晓可以采用税后折现率。

（8）预计未来现金流量涉及外币的，资产评估师需要以包含商誉资产组或资产组组合所产生的未来现金流量的结算货币为基础，按照该货币适用的折现率计算现值，然后将该外币现值按照评估基准日的即期汇率进行折算。

3.2.2.2.5 评估报告披露

资产评估机构应在评估报告或评估说明中充分披露与商誉减值测试相关的评估要素、关键参数及其他对评估结论有重要影响的信息。具体来看：

（1）应在评估报告或评估说明中详细披露评估对象、评估范围、价值类型、评估方法、评估假设等评估要素及其合理性，并充分披露关键评估参数的测算依据和逻辑推理过程。如果选取的关键评估参数与形成商誉时或以前年度商誉减值测试时的信息、公司历史经验或外部信息明显不一致，还应披露存在的差异及其原因。

（2）应关注评估基准日至评估报告日之间发生的与评估对象相关的重大期后事项，包括但不限于内外部环境的重大变化、重大诉讼与仲裁的最新进展等，并在评估报告中详细披露该事项及其对评估结论的影响。

3.2.2.2.6 财务报告披露

公开发行证券的公司应在合并财务报表项目附注里披露商誉减值测试过程、参数及商誉减值损失的确认方法，包括但不限于以下内容：

（1）商誉所属资产组或资产组组合的构成，所属经营分部和依据，以及是否与以前年度保持一致。资产组或资产组组合发生变化的，应披露变化前后的构成，以及导致变化的客观事实及依据。

（2）可收回金额的具体确定方法。可收回金额按公允价值减去处置费用后的净额确定的，应披露公允价值和处置费用的确定方式、关键参数及其确定依据；若可收回金额按预计未来现金流量的现值确定的，应披露预测期的年限及预测期内的收入增长率、利润率等参数及其确定依据，以及稳定期增长率、利润率、折现率等参数及其确定依据。前述信息与以前年度减值测试采用的信息或外部信息明显不一致的，或公司以前年度减值测试采用信息与当年实际情况明显不一致的，应披露差异原因。

（3）形成商誉时存在业绩承诺，且报告期或报告期上一期间处于业绩承诺期内的，应披露业绩承诺完成情况，以及报告期或报告期上一期间商誉减值情况。

来源：

《会计监管风险提示第 8 号——商誉减值》；

《资产评估专家指引第 11 号——商誉减值测试评估》；

《公开发行证券的公司信息披露编报规则第 15 号——财务报告的一般规定（2023 年修订）》；

《关于严格执行企业会计准则 切实做好企业 2024 年年报工作的通知》。

注：资产评估专家指引是一种专家建议。资产评估机构执行资产评估业务，可以参照专家指引。

3.2.3 基础设施公募 REITs 类证券评估业务

基础设施领域不动产投资信托基金（以下简称基础设施

REITs）是国际通行的配置资产，具有流动性较高、收益相对稳定、安全性较强等特点，能有效盘活存量资产，填补当前金融产品空白，拓宽社会资本投资渠道，提升直接融资比重，增强资本市场服务实体经济质效。短期看基础设施REITs有利于广泛筹集项目资本金，降低债务风险，是稳投资、补短板的有效政策工具；长期看基础设施REITs有利于完善储蓄转化投资机制，降低实体经济杠杆，推动基础设施投融资市场化、规范化健康发展。根据《公开募集基础设施证券投资基金指引（试行）》，基础设施基金，是指同时符合下列特征的基金产品：①80%以上基金资产投资于基础设施资产支持证券，并持有其全部份额；基金通过基础设施资产支持证券持有基础设施项目公司全部股权；②基金通过资产支持证券和项目公司等载体取得基础设施项目完全所有权或经营权利；③基金管理人主动运营管理基础设施项目，以获取基础设施项目租金、收费等稳定现金流为主要目的；④采取封闭式运作，收益分配比例不低于合并后基金年度可供分配金额的90%。

基础设施资产支持证券是指依据《证券公司及基金管理公司子公司资产证券化业务管理规定》等有关规定，以基础设施项目产生的现金流为偿付来源，以基础设施资产支持专项计划为载体，向投资者发行的代表基础设施财产或财产权益份额的有价证券。下列行业范围内，全国各地区符合条件的项目均可申报：交通基础设施、能源基础设施、市政基础设施、生态环保基础设施、仓储物流基础设施、园区基础设施、新型基础设施、租赁住房、水利设施、文化旅游基础设施、消费基础设施、养老设施、符合国家重大战略、发展规划、产业政策等要求的其他基础设施项目。

2020年4月基础设施REITs试点启动以来，各项工作平稳有序推进，市场认可度较高，运行总体平稳，资产范围逐步扩充、发行机制逐步成熟、首批产品扩募成功、参与主体不断多元化，达到预期目标。2024 年，公募 REITs 市场蓬勃发展，公募 REITs 市场正式进入常态化发行新阶段，优化了项目基本条件与申报程序，加强了市场规范与引导，进一步促进了市场健康稳定发展。截至 2024 年 12 月底，已上市 REITs58 只，发行规模（含扩募）合计 1 609.69 亿元，2021 年至 2024 年，分别有 11 只、13 只、5 只和 29 只 REITs 上市。58 只 REITs 中，发行规模最小为 8.24 亿元，发行规模最大为 108.80 亿元。2023 年 4 只存续 REITs 扩募成功，在各方共同努力下，初步探索走出了一条既遵循成熟市场规律又适应中国国情的 REITs 发展之路。

为贯彻党的二十大和中央经济工作会议精神，按照国务院工作部署，根据《国务院办公厅关于进一步盘活存量资产扩大有效投资的意见》（国办发〔2022〕19 号）要求，2023 年 3 月 7 日，证监会就进一步健全 REITs 市场功能，推进 REITs 常态化发行，完善基础制度和监管安排，提出 4 方面 12 条措施，包括市场培育、项目推荐、审核注册、监管资源配置和完善配套政策等内容。2024 年 7 月 26 日，国家发展改革委发布《关于全面推动基础设施领域不动产投资信托基金（REITs）项目常态化发行的通知》（发改投资〔2024〕1014 号），放宽行业准入细分资产类型、聚焦项目基本条件及合规性等审核重点、明确审核标准、提高审核推荐效率、放宽回收资金要求、强调压实压细各方责任，市场迈入常态化发行新阶段。

来源：

《公开募集基础设施证券投资基金指引（试行)》；

《关于推进基础设施领域不动产投资信托基金（REITs）试点相关工作的通知》；

《国务院办公厅关于进一步盘活存量资产扩大有效投资的意见》；

《国家发展改革委关于规范高效做好基础设施领域不动产投资信托基金（REITs）项目申报推荐工作的通知》；

《关于进一步推进基础设施领域不动产投资信托基金（REITs）常态化发行相关工作的通知》；

《国务院关于加强监管防范风险推动资本市场高质量发展的若干意见》；

《关于全面推动基础设施领域不动产投资信托基金（REITs）项目常态化发行的通知》。

3.2.3.1 资产评估机构要求

从事REITs相关业务评估的资产评估机构应当按照《证券投资基金法》第九十七条规定经证监会备案，并符合国家主管部门相关要求，具备良好资质和稳健的内部控制机制，合规运作、诚信经营、声誉良好，不得存在可能影响其独立性的行为。资产评估机构为同一只基础设施基金提供评估服务不得连续超过3年。资产评估机构在评估过程中应当客观、独立、公正，遵守一致性、一贯性及公开、透明、可校验原则，不得随意调整评估方法和评估结果。

为项目提供服务的资产评估等中介机构，不在被行业主管部门要求暂停执业期间，不在被有关监管机构要求暂停开展证券业务或基础设施REITs业务期间。

委托人在选择资产评估机构时，除依据现有规定审查其资质外，还要考察其对项目申报要求的熟悉程度和执行能力，即严格资产评估机构资质审查。要求资产评估机构提交相关证明材料，证明其具备审查项目合规性、评估资产质量等方面的专业能力。

3.2.3.2 基金上市注册评估

申请注册基础设施基金前，基金管理人应当聘请独立的资产评估机构对拟持有的基础设施项目进行评估，并出具资产评估报告。

（1）基础设施项目准入要求

基础设施项目应当符合项目的准入要求，包括权属清晰，资产完整，资产范围明确，不存在对基础设施项目土地使用权、资产、项目公司股权、特许经营权、经营收益权的转让限制，项目已通过竣工验收，工程建设质量和安全标准符合相关要求，已按照规定办理相关手续，土地实际用途原则上应当与其规划用途、权证所载用途相符，经营涉及特定资质的，相关经营资质应当合法、有效等。

首次申报基础设施基金上市的，基础设施项目评估价值原则上不低于10亿元（租赁住房基础设施项目和养老设施项目不低于8亿元）。

基础设施项目为特许经营权、经营收益权类的，基金存续期内部收益率（IRR）原则上不低于5%；基础设施项目为非特许经营权、经营收益权类的，预计未来三年每年净现金流分派率原则上不低于3.8%。

基础设施项目运营情况、现金流、项目公司、基础设施资产支持证券的基础资产要求、转让、相关附属及配套设施、共用资产等准入条件和要求、项目经营与财务情况要求等均在《上海证券交易所公开募集基础设施证券投资基金（REITs）规则适用指引第1号——审核关注事项（试行）（2024年修订）》《深圳证券交易所公开募集基础设施证券投资基金业务指引第1号——审核关注事项（试行）》中予以明确。

（2）资产评估报告内容

资产评估报告包括下列内容：评估基础及所用假设的全部重要信息；所采用的评估方法及评估方法的选择依据和合理性说明；基础设施项目详细信息，包括基础设施项目地址、权属性质、现有用途、经营现状等，每期运营收入、应缴税收、各项支出等收益情况及其他相关事项；基础设施项目的市场情况，包括供求情况、市场趋势等；影响评估结果的重要参数，包括土地使用权或经营权利剩余期限、主要固定资产的使用寿命、运营收入、运营成本、运营净收益、资本性支出、未来现金流变动预期、折现率等；资产评估机构独立性及评估报告公允性的相关说明；调整所采用评估方法或重要参数情况及理由（如有）；可能影响基础设施项目评估的其他事项。

（3）资产评估方法及参数

资产评估机构原则上应当以收益法作为基础设施项目的主要估价方法，并在评估报告以及附属文件中披露评估假设、评估过程、评估价值和主要影响评估结果的重要参数。资产评估机构应当结合项目所处城市以及区域的经济指标、行业收益风险特征、项目特点、项目公司资本结构等情况，说明折现率选取依据和计算逻辑。

资产评估机构应当对评估参数的选取进行独立判断，不得完全依赖第三方意见，同时应当充分说明关键核心参数的预测依据和合理性，并对重要评估参数进行敏感性分析，对不利情形进行压力测试。

（4）资产评估基准日

基础设施基金份额首次发售，评估基准日距离基金份额发售公告日不得超过6个月；基金运作过程中发生购入或出售基础设施项目等情形时，评估基准日距离签署购入或出售协议等情形发生日不得超过6个月。

（5）评估相关信息披露关注

管理人应当披露基础设施项目的评估情况，包括评估假设条件、评估方法、评估过程、评估参数设置依据、评估价值等，以及账面价值与评估价值的差异情况、存续期内部收益率（IRR）或者资本化率（Cap Rate）等。

管理人、财务顾问（如有）应当对收入、成本、折现率等估值参数取值的合理性发表明确意见。管理人应当披露基础设施项目未来资本性支出安排和合理性，并重点说明基础设施项目未来大修支出与历史水平（如有）相比是否具有延续性、与项目运营年限是否匹配等。

管理人应当披露评估报告与可供分配金额测算报告对基础设施项目现金流预测结果的差异情况。评估报告现金流与可供分配金额差异比例超过5%的，管理人应当说明差异原因及其合理性。

（6）引用专项报告

资产评估机构可以引用其他机构为本项目出具的专项报告，但应当对引用的估值参数进行独立判断，保持合理信赖和职业怀疑，采取必要核查手段进行印证。资产评估机构对评估结论的责任不因引用其他机构的报告而免除。前款规定的其他机构应当具备开展相关预测业务的能力和专职研究人员，预测假设和依据应当合理、审慎，符合行业惯例和业务实践。

（7）资产评估期后事项

评估基准日后基础设施项目发生可能导致收入或成本重大变化，或者对评估价值、现金流产生重大影响的事项，管理人应当披露相关事项的具体情况，并及时报告交易所。管理人应当与相关机构结合因素影响，评估是否重新出具评估报告、可供分配金额测算报告，认为无需重新出具的，应当充分说明理由。

（8）资产评估结果关注

资产评估机构和管理人聘请的其他机构（如有）应当在充分考虑市场环境和基础设施项目特征的基础上，合理确定估值参数，审慎预测基础设施项目评估价值。管理人应当审慎核查评估方法、评估参数选取以及评估价值确定的依据以及合理性，对评估参数和评估方法的选取进行独立判断和专业分析，并发表明确意见。

（9）资产评估结果使用

基础设施基金确定询价区间的，基金管理人和财务顾问应当根据基础设施项目的评估情况，合理确定询价区间，并在询价公告中披露。以认购价格确定的基础设施项目价值高于评估价值20%以上的，基金管理人、财务顾问应当披露其中的原因，以及各类网下投资者报价与上述估值的差异情况，并至少在基金公开募集日之前5个工作日，发布投资风险特别公告。

来源：

《证券投资基金法》；

《公开募集基础设施证券投资基金指引（试行）》；

《关于进一步推进基础设施领域不动产投资信托基金（REITs）常态化发行相关工作的通知》；

《上海证券交易所公开募集基础设施证券投资基金（REITs）规则适用指引第1号——审核关注事项（试行）（2024年修订）》；

《深圳证券交易所公开募集基础设施证券投资基金业务指引第1号——审核关注事项（试行）》。

3.2.3.3 基金存续期间评估

（1）需评估的情形

①基础设施基金存续期间：基金管理人应当聘请资产评估机构对基础设施项目资产每年进行1次评估。出现下列情形之一的，基金管理人应当及时聘请资产评估机构对基础设施项目资产进行评估：基础设施项目购入或出售；基础设施基金扩募；提前终止基金合同拟进行资产处置；基础设施项目现金流发生重大变化且对持有人利益有实质性影响；对基金份额持有人利益有重大影响的其他情形。

②购买价值分摊：基金管理人和资产评估机构在确定基础设施项目或其可辨认资产和负债的公允价值时，应当将收益法中现金流量折现法作为主要的评估方法，并选择其他分属于不同估值技术的估值方法进行校验。采用现金流量折现法的，其折现率选取应当从市场参与者角度出发，综合反映资金的时间价值以及与

现金流预测相匹配的风险因素。

基金管理人编制财务报表过程中如使用资产评估机构出具的评估值作为公允价值入账依据，应审慎分析评估质量，不能简单依赖资产评估机构的评估值，并在定期财务报告中充分说明公允价值估值程序等事项，且基金管理人依法应当承担的责任不得免除。

③资产减值测试：对于采用成本模式计量的投资性房地产、固定资产、使用寿命确定的无形资产等长期资产，若存在减值迹象的，应当进行减值测试。对于商誉和使用寿命不确定的无形资产，基金管理人应至少于每年年末进行减值测试。基金管理人在进行减值测试时，应当根据《企业会计准则》的规定，确定单项资产或资产组作为减值测试对象，根据其公允价值减去处置费用后的净额与预计未来现金流量的现值孰高来确定其可收回金额。确认发生减值时，基金管理人应当在定期报告中披露可收回金额计算过程。

（2）评估基本事项

基础设施项目资产评估机构应当符合《公开募集基础设施证券投资基金指引（试行）》规定的条件，原则上以收益法作为基础设施项目评估的主要估价方法，并在评估报告及其附属文件中披露评估过程和影响评估的重要参数，包括但不限于土地使用权或经营权剩余期限、运营收入、运营成本、运营净收益、资本性支出、未来现金流预期、折现率等。

基金管理人和资产支持证券管理人应当在相关文件中披露基础设施项目的评估情况、符合《公开募集基础设施证券投资基金指引（试行）》等规定的基础设施项目定期评估和不定期评估安排。

基金管理人应当按照法律法规、企业会计准则及证监会相关规定进行资产负债确认计量，编制基础设施基金中期与年度合并及单独财务报表，财务报表至少包括资产负债表、利润表、现金流量表、所有者权益变动表及报表附注。基金托管人复核基金信息披露文件时，应当加强对基金管理人资产确认计量过程的复核。会计师事务所在年度审计中应当评价基金管理人和资产评估机构采用的评估方法和参数的合理性。

来源：

《公开募集基础设施证券投资基金指引（试行）》；

《公开募集基础设施证券投资基金运营操作指引（试行）》；

《上海证券交易所公开募集基础设施证券投资基金（REITs）规则适用指引第1号——审核关注事项（试行）》；

《深圳证券交易所公开募集基础设施证券投资基金业务指引第1号——审核关注事项（试行）》。

3.2.3.4　新购入基础设施项目评估

（1）需评估的情形

已上市的基础设施基金在满足要求、符合条件下，在存续期间可新购入基础设施项目。基金管理人应当聘请符合法律法规规定的律师事务所、资产评估机构、会计师事务所等专业机构就新购入基础设施项目出具意见。资产评估机构对拟购入的基础设施项目进行评估，并按照《公开募集基础设施证券投资基金指引（试行）》相关规定出具评估报告。

（2）新购入的基础设施项目以资产评估结果作为定价依据或参考的，资产评估机构应当按照资产评估相关准则和规范开展执业活动。基金管理人、财务顾问（如有）应当对资产评估机构的独立性、评估假设前提的合理性、评估方法与评估目的的相关性和交易价格的公允性发表意见，在招募说明书等文件中披露。

采取收益法等基于未来收益预期的方法对拟购入基础设施项目进行评估并作为定价参考依据的，基础设施基金应当在购入基础设施项目后两年内的年度报告中单独披露相关项目可供分配金额的实际数与预测数的差异情况，并由会计师事务所对此出具专项审核意见。

来源：

《上海证券交易所公开募集基础设施证券投资基金（REITs）规则适用指引第 3 号——新购入基础设施项目（试行）》；

《深圳证券交易所公开募集基础设施证券投资基金业务指引第 3 号——新购入基础设施项目（试行）》。

3.2.3.5　资产评估相关信息披露

（1）基金上市注册评估相关披露

基金招募说明书除按照法律法规要求披露相关信息外，还应当披露基础设施基金整体架构及拟持有特殊目的载体情况、基础设施项目尽职调查报告、财务顾问报告（如有）、基础设施项目评估报告，主要参与机构基本情况，包括名称、注册地址与办公地址、成立日期、通讯方式、法定代表人、主要业务负责人等信息。

基金管理人申请基础设施基金上市，应当向上交所、深交所提交基础设施项目评估报告、专项计划尽职调查报告等文件。

（2）基金存续期间评估相关披露

基金管理人应当按照法律法规及证监会相关规定，编制并披露基础设施基金定期报告和临时报告。定期报告包括年度报告、半年度报告、一至四季度报告，基础设施基金年度报告应当载有年度审计报告和评估报告，以及报告期内购入或出售基础设施项目情况。临时报告内容包括更换会计师事务所、律师事务所、资产评估机构、财务顾问、资产服务机构等专业机构，聘请资产评估机构对基础设施项目资产进行临时评估事项公告、出具的评估报告、第三方专业机构意见或者报告（如有）等评估事项。

会计师事务所在年度审计中应当评价基金管理人和资产评估机构采用的评估方法和参数的合理性。

基金管理人应当在年度报告中披露评估报告、评估报告摘要、基金管理人聘任资产评估机构以及评估报告内容的合规性说明。重要评估参数发生变化的，基金管理人应当在年度报告中披露变化前后参数选取情况、参数变化原因、对评估预测现金流以及评估价值的影响等。评估结果较最近一次评估结果差异在10%以上的，基金管理人应当在年度报告中披露变化原因。

基金管理人应当在年度报告中披露报告期内重要基础设施项目和基础设施项目整体实际产生现金流情况。重要基础设施项目或者基础设施项目整体实际产生的现金流较最近一次评估报告预测值差异在20%以上的，基金管理人应当在年度报告中披露差异金额、具体差异原因以及应对措施。

资产评估机构应当在年度评估报告中披露基础设施项目整体全周期现金流预测情况。

年度报告中对于投资性房地产：基础设施基金持有以公允价值进行后续计量的投资性房地产，基金管理人还应当按照下列要求在年度报告中进行披露：（一）报告期内投资性房地产计量方法变更为采用公允价值进行后续计量的，应当在年度财务报告"投资性房地产"科目附注中披露投资性房地产主要项目的原会计计量方法、原账面价值入账公允价值、计量方法变动时间、变动依据、对相关科目的影响金额等；（二）报告期内投资性房地产公允价值变动超过10%的，应当在年度报告中披露投资性房地产的变动原因以及金额；（三）报告期内投资性房地产公允价值变动或者计量模式转换产生的影响金额占基础设施基金最近一期经审计净利润或者净资产30%以上的，应当在年度报告中单独披露投资性房地产公允价值评估报告、评估说明或者市场价值调研报告。

基金管理人应当在年度报告中披露会计师事务所、资产评估机构、律师事务所（如有）、财务顾问（如有）等专业机构的名称和办公地址。

基金管理人应当在年度报告中披露会计师事务所、资产评估机构、律师事务所（如有）、财务顾问（如有）等专业机构下列履职情况信息：（一）报告期内提供服务或者出具报告情况；（二）报告期内其他规定或者约定的职责履行情况。

基金管理人应当在年度报告显著位置特别声明相关评估结果不代表基础设施项目资产的真实市场价值，也不代表基础设施项目资产能够按照评估结果进行转让。

（3）新购入基础设施项目评估相关披露

报告期内购入或者出售基础设施项目的，基金管理人应当在年度报告、中期报告中披露基础设施项目名称、交易方向、交易对手、交易金额、基础设施项目账面价值、基础设施项目评估价格以及评估方法（如有）等。

来源：

《公开募集基础设施证券投资基金指引（试行）》；

《公开募集基础设施证券投资基金运营操作指引（试行）》；

《上海证券交易所公开募集基础设施证券投资基金（REITs）规则适用指引第 1 号——审核关注事项（试行）（2024 年修订）》；

《上海证券交易所公开募集基础设施证券投资基金（REITs）规则适用指引第 6 号——年度报告（试行）》；

《上海证券交易所公开募集基础设施证券投资基金（REITs）规则适用指引第 7 号——中期报告和季度报告（试行）》；

《深圳证券交易所公开募集基础设施证券投资基金业务指引第 1 号——审核关注事项（试行）》；

《深圳证券交易所公开募集基础设施证券投资基金业务指引第 6 号——年度报告（试行）》；

《深圳证券交易所公开募集基础设施证券投资基金业务指引第 7 号——中期报告和季度报告（试行）》。

3.2.3.6 资产评估机构及评估人员相关责任

（1）为基础设施基金信息披露提供服务的会计师事务所、律师事务所、资产评估机构、财务顾问等专业机构及其人员，应当诚实守信、勤勉尽责，严格遵守法律法规、证券交易所业务规则和执业规范，按照规定和约定履行义务，保证出具的文件和专业意见及时、真实、准确、完整，不存在虚假记载、误导性陈述或者重大遗漏。

（2）原始权益人及其控股股东、实际控制人与关联方，管理人、托管人、会计师事务所、律师事务所、财务顾问（如有）、资产评估机构、外部管理机构（如有）等相关主体及其人员违反证券交易所的规定或者其所出具承诺的，证券交易所将按照相关规定对其采取自律监管措施或者纪律处分。

（3）资产评估机构和管理人未按照勤勉尽责原则切实履行相应职责，导致基础设施项目在基础设施基金存续期间运营实际值与预测值偏差较大，或者发生较大幅度资产减值的，证券交易所可以视情节轻重对其采取自律监管措施或者纪律处分。涉嫌违法违规的，证券交易所将上报中国证监会等主管部门查处。

（4）证券交易所可以根据自律管理工作需要，对基金管理人、资产支持证券管理人、基础设施项目运营管理机构、新购入基础设施项目的原始权益人等业务参与机构及其从业人员，持有份额不低于20%的第一大基础设施基金持有人、律师事务所、会计师事务所、资产评估机构、财务顾问（如有）等专业机构及其人员，采取日常监管措施。

来源：

《上海证券交易所公开募集基础设施证券投资基金（REITs）规则适用指引第1号——审核关注事项（试行）（2024年修订）》；

《深圳证券交易所公开募集基础设施证券投资基金业务指引第1号——审核关注事项（试行）》；

《上海证券交易所基金自律监管规则适用指引第2号——上市基金做市业务》。

4. 从事证券服务业务对质量控制和内部管理的特殊要求

4.1 总体要求

从事证券服务业务的资产评估机构应当符合下列要求：一是内部管理规范，已建立人员管理、财务管理、业务管理、技术标准和信息化建设等内部管理制度并且运行良好；二是质量控制体系健全并且运行良好；三是具备与从事证券服务业务相匹配的执业人员；四是按照资产评估机构职业风险基金管理的有关规定提取职业风险基金或者购买职业责任保险；五是资产评估机构及其相关人员诚信记录良好。

资产评估机构应当依法独立、客观、公正开展业务，建立健全质量控制制度，并指定一名取得资产评估师资格的本机构合伙人或者股东专门负责执业质量控制，保证评估报告的客观、真实、合理。

资产评估机构应当建立并保持有效的质量控制体系、独立性管理和投资者保护机制，恪守职业道德，遵守法律、行政法规、证监会的规定，严格执行评估准则或者其他评估规范，恰当选择评估方法，评估中提出的假设条件应当符合实际情况，对评估对象所涉及交易、收入、支出、投资等业务的合法性、未来预测的可靠性取得充分证据，充分考虑未来各种可能性发生的概率及其影响，形成合理的评估结论。

来源：

《资产评估法》第十七条；

《资产评估行业财政监督管理办法》；

《资产评估机构从事证券服务业务备案办法》；

《上市公司信息披露管理办法》。

4.2 具体规定

4.2.1 质量控制体系建设

为规范资产评估机构的业务质量控制行为，明确资产评估机构及其人员的质量控制责任，保护资产评估当事人合法权益和公共利益，中评协在财政部等部门的指导下，制定并于2010年12月印发了《评估机构业务质量控制指南》，要求自2012年1月1日起，具有证券评估业务资格的资产评估机构正式执行，其他评估机构参照执行。

2017年，中评协对《评估机构业务质量控制指南》进行修订，形成《资产评估机构业务质量控制指南》。《资产评估机构业务质量控制指南》规定，资产评估机构应当结合自身规模、业务特征、业务领域等因素，建立质量控制体系，保证评估业务质量，防范执业风险。

从事证券服务业务的资产评估机构应当质量控制体系健全并且运行良好。质量控制体系包括为实现质量控制目标而制定的质量控制政策，以及为政策执行和监控而设计的必要程序，通常由以下八个方面组成：

（1）质量控制责任：资产评估机构应当合理界定和细分质量控制体系中控制主体承担的质量控制责任，并建立责任落实和追究机制。控制主体通常包括：最高管理层、首席评估师、项目负责人、项目审核人员、项目团队成员以及资产评估机构其他人员，不同类别控制主体应当具备履行相应职责的能力和条件。

①最高管理层对业务质量控制承担最终责任。最高管理层应当在股东会（或者合伙人会议）授权的或者章程（或者合伙人协议）规定的范围内行使职权，并承担以下职责：第一，树立质量管理意识，让全体人员充分认识到业务质量控制的重要性，全员参与，以达到质量控制目标；第二，制定资产评估机构的服务宗旨，使全体人员理解服务宗旨的内涵，并评审其持续适宜性；第三，在相关职能部门层次上建立质量目标，质量目标应当具体、可测量和可实现，并与服务宗旨保持一致；第四，策划组织架构和质量控制体系，并对其进行定期评审，使其处于适宜、充分和有效的状态；第五，合理授权分支机构的业务权限，对分支机构的业务开展实施控制。

②首席评估师承担以下职责：第一，建立、实施和保持质量控制体系；第二，监控质量控制体系的运行情况，向最高管理层报告并提出改进的建议和方案；第三，组织制定机构内部的技术标准；第四，组织对业务疑难问题或者争议事项进行处理；第五，组织评估人员的业务培训；第六，促进全体人员不断提高业务质量意识；第七，承办最高管理层交办的其他工作。

③项目负责人承担以下职责：第一，评估计划的制订和组织实施；第二，评估业务实施中的协调和沟通；第三，按照程序报告与评估业务相关的重要信息；第四，组织复核项目团队人员的工作；第五，合理利用专家工作及工作成果；第六，组织编制资产评估报告，并审核相关内容；第七，在出具的资产评估报告上签名；第八，组织处理资产评估报告提交后的反馈意见；第九，组织整理归集资产评估档案。

④项目审核人员承担以下职责：第一，审核评估程序执行情况；第二，审核拟出具的资产评估报告；第三，审核工作底稿；

第四，综合评价项目风险，提出出具资产评估报告的明确意见。

⑤项目团队成员通常包括承担或者参与资产评估业务项目工作的资产评估专业人员、业务助理人员等。项目团队成员承担以下职责：第一，接受项目负责人的领导，了解拟执行工作的目标，理解项目负责人的工作指令；第二，按照资产评估机构质量控制政策和程序的要求从事具体评估业务工作，形成工作底稿；第三，汇报执行业务过程中发现的重大问题；第四，复核已经完成的工作底稿并接受审核。

⑥处于质量控制体系中的其他人员通常包括业务洽谈人员、业务部门负责人、分支机构负责人、人力资源管理人员、信息管理人员、档案管理人员、文秘人员等，资产评估机构应当明确该类人员的职责。

（2）职业道德：资产评估机构应当强调遵守资产评估职业道德准则的重要性，按照准则要求坚持独立、客观、公正的原则。资产评估机构可以采用管理层的示范、教育和培训、监控以及对违反资产评估职业道德准则行为的处理等方式予以强化，以利于全体人员遵守资产评估职业道德准则。

（3）人力资源：资产评估机构应当配置必需的人力资源，并根据业务的变化，对人力资源进行调整和更新。资产评估机构可以从人力资源规划、岗位职责和任职要求、招聘与选拔、教育与培训、绩效考评、薪酬制度等方面考虑制定人力资源政策和程序。在制定项目团队成员配备政策和程序时，可以重点考察项目团队成员是否具备必要的职业道德素质、专业知识和实践经验，以及遵守资产评估机构业务质量控制政策和程序的意识。资产评估机构聘请专家和外部人员协助工作的，其承担的工作也应符合项目质量要求。

证券评估机构应具备与从事证券服务业务相匹配的执业人员，鼓励资产评估师人数超过 40 人，过半数资产评估师连续执业三年以上；首席评估师、质量控制负责人具备十年以上资产评估经验并在本资产评估机构执业三年以上；过半数证券服务业务签名资产评估师和过半数证券服务业务项目审核人员具备连续五年以上证券服务业务资产评估经验。

（4）资产评估业务受理：在承接证券服务业务时，要充分考虑《证券法》有关规定、自身承担风险的能力与项目风险的匹配性。资产评估机构应当谨慎地选择客户和业务，在与委托人正式签订资产评估委托合同之前，对拟委托事项进行必要了解，并通过考虑与资产评估业务有关的要求、风险、胜任能力等因素，正确理解拟委托内容，初步识别和评价风险，以确定是否受理评估业务。业务洽谈人员在洽谈业务时，可以重点关注下列事项：①资产评估业务基本事项；②法律、行政法规、资产评估准则规定；③拟委托内容；④被评估单位的情况。

资产评估机构应当按规定建立执业风险评价制度。资产评估机构应当根据业务风险，包括来自委托人和其他相关当事人的风险、来自评估对象的风险、来自资产评估机构及其人员的风险、资产评估报告使用不当的风险等，对资产评估业务进行分类，并建立业务质量控制的分类管理制度，对一般风险业务、重大风险业务及涉及公众利益的业务制定有针对性的质量控制标准和程序。

当发生资产评估委托合同变更、中止、终止情形时，资产评估机构应当采取措施进行处置，并保持记录。采取的措施通常包括：①对变更、中止、终止的情形进行重新审核；②就拟采取的行动及原因与委托人沟通；③将信息传达到相关人员。

（5）资产评估业务计划：资产评估机构制定资产评估业务计划的控制政策和程序等，主要为了达成以下目的：一是项目团队成员了解工作内容、工作目标、重点关注领域；二是项目负责人有效组织和管理资产评估业务；三是管理层人员有效监控资产评估业务；四是使委托人和其他相关当事人了解资产评估计划的内容，配合项目团队工作。

资产评估机构制定资产评估业务计划控制政策和程序，通常可以按照计划编制的流程分别考虑：①在计划编制前对资产评估业务基本事项进一步明确；②资产评估计划编制和批准的参与者；③计划的内容和繁简程度；④计划的编制、审核和批准流程。资产评估机构应当要求资产评估项目负责人组织必要资源编制资产评估计划并开展后续工作，在编制资产评估计划时需考虑是否对委托人和其他相关当事人进行必要的业务指导，是否对项目团队成员进行适当的培训，并确定是否开展初步评估活动。

（6）资产评估业务实施和资产评估报告出具：资产评估机构制定资产评估业务实施和资产评估报告出具环节的控制政策和程序应当针对以下事项采取相应措施，以保证法律、行政法规和资产评估准则得以遵守，满足出具资产评估报告的要求。

①项目团队组建及工作委派：资产评估机构应当根据业务特征对每项资产评估业务委派项目负责人。项目负责人应当是具备履行职责所要求职业道德、专业知识、执业能力、实践经验的资产评估师。根据项目负责人的建议组建项目团队，明确项目团队成员的职责、权限分工。

②现场调查、评估资料收集、评定估算：根据不同特征资产（企业）的情况，考虑现场调查方案的可行性，评估资料的真实性、完整性和合法性，评估方法的恰当性和评估参数的合理性。

鼓励证券评估机构设立内部专门部门或者岗位，统一、集中处理银行函证业务。

③资产评估报告编制：主要考虑资产评估报告的合规性，具体要求参见《资产评估执业准则——资产评估报告》。

④利用专家工作及相关报告：资产评估机构在执行资产评估业务过程中，因涉及特殊专业知识和经验聘请专家个人协助工作或利用专业报告，以及根据法律、行政法规等要求引用单项资产

评估报告的行为，需符合《资产评估执业准则——利用专家工作及相关报告》要求。

⑤疑难问题或者争议事项的解决：相关控制政策和程序通常包括疑难问题的内部报告及处理、处理项目执行过程中的意见分歧。只有对分歧意见形成结论，资产评估机构才能出具资产评估报告。

⑥项目负责人的指导与监督：项目负责人应当对项目团队成员的工作进行指导与监督，相关控制政策和程序通常包括项目团队的组建和管理、业务时间进度、业务沟通、业务风险。

⑦内部审核：资产评估机构应当设置专门部门或者专门岗位实施资产评估业务的内部审核。出具证券评估报告应当履行至少三级内部审核程序，且项目审核人员和报告签名人员应当由不同的资产评估师分别担任。内部审核的政策和程序通常包括：内部审核流程，项目审核人员的专业能力要求，审核的时间、范围和方法。未经审核合格的事项不进入下一程序。资产评估机构还应当建立业务质量检查评价制度和业务质量责任追究机制。

⑧资产评估报告签发及提交：资产评估机构一旦发现已经提交的资产评估报告存在瑕疵、错误等问题时，为挽回不良影响，应当根据问题的严重程度或者潜在影响程度采取的相应措施。

（7）监控和改进：资产评估机构应当根据本机构的管理特点，对质量控制体系是否符合准则要求、是否符合本机构实际情况，是否达到了质量目标，以及是否得到有效的实施和保持等情况实施监控。监控措施通常包括：①收集、管理和利用不同渠道来源的相关信息，为评价和改进质量控制体系提供依据；②对质量控制体系运行的过程进行监控；③对质量控制体系的运行情况进行定期检查和评价。

资产评估机构应当根据监控和其他方面的信息对质量控制体系的适当性和有效性进行评价，并提出改进意见。对监控中发现的问题和隐患，质量控制体系中的相关控制主体应当采取适当的纠正和预防措施，并对所采取措施的有效性和效率进行评价。

规模较大的资产评估机构应当设置独立于执业系统的质量控制委员会，或者其他专门机构，与首席评估师配合，对质量控制体系运行情况实施监控，定期或者不定期评估质量控制体系运转效果，识别潜在风险，并提出改进意见，不断完善质量控制体系，确保质量控制体系有效执行。首席评估师可以提请质量控制委员会研究具体项目风险。

（8）文件和记录：资产评估机构应当根据重要性和必要性设计评估业务工作底稿、监控和改进记录、质量控制体系评审记录等内容，明确记录的标识、储存、保护、检索、保存期限和超期后处置要求，保持业务质量控制的相关记录，及时归档，并确保质量控制体系各过程中使用的文件均为有效版本，防止误用失效或者废止的文件和资料。

资产评估机构制定的质量控制政策和程序，应当形成书面文件，政策和程序的执行情况应当有适当的记录。

来源：

《资产评估机构从事证券服务业务自律监督管理办法》；

《资产评估机构业务质量控制指南》；

《资产评估机构内部治理指引》；

《资产评估机构首席评估师管理办法》。

4.2.2 内部管理制度建设

资产评估机构应当建立健全内部管理制度，对本机构的评估专业人员遵守法律、行政法规和评估准则的情况进行监督，并对其从业行为负责。内部管理制度包括资产评估业务管理制度、业务档案管理制度、人事管理制度、继续教育制度、财务管理制度等。从事证券服务业务的资产评估机构应当内部管理规范，已建立人员管理、财务管理、业务管理、技术标准和信息化建设等内部管理制度并且运行良好。

2024年，中国资产评估协会发布《资产评估机构内部治理指引》，该指引作为资产评估机构结合其组织形式、股权结构、规模大小、发展阶段、业务特征、企业文化等因素，建立内部治理机制的参考。有关人员管理、财务管理、风险管理、经营网络管理的要求如下：

（1）人员管理

股东会或合伙人会议（以下统称股东会）是资产评估机构的最高权力机构，依据有关法律法规和资产评估机构的章程行使职权。资产评估机构董事会或合伙管理委员会（以下统称董事会）对股东会负责，依据相关法律法规和章程行使职权。规模较小的资产评估机构可以不设董事会，只设一名执行董事或者执行事务合伙人。执行董事和执行事务合伙人的职权由章程约定。监事会是公司制资产评估机构的监督机构，对股东会负责，依据有关法律法规和章程行使职权。设董事会的资产评估机构应当设监事会。规模较小的资产评估机构可以不设监事会，只设1名或者2名监事。

章程应当明确高级管理人员的构成及职责范围。高级管理人员任职资格应当符合法律法规及行业规范规定。高级管理人员应当建立责任明确、程序清晰的组织结构，可以根据资产评估机构规模、业务及经营的特点设置职能部门。

资产评估机构应当根据《中华人民共和国劳动法》《中华人民共和国劳动合同法》的相关规定，与员工签订劳动合同、明确约定员工的工资福利、社会保险、劳动保护、辞退辞职条件与程序、劳动争议解决机制等事项。资产评估机构因工作需要招用退休人员的，应当按照《中华人民共和国民法典》相关规定，与其签订劳务合同，明确双方权利义务。资产评估机构不应招用与其

4. 从事证券服务业务对质量控制和内部管理的特殊要求

他用人单位尚未解除或者终止劳动合同（劳务合同）的人员。资产评估机构应当建立健全员工聘用管理和权益保障制度。在研究决策有关工资福利、劳动保护、社会保险等涉及员工切身利益的重大问题时，充分听取员工的意见和建议。资产评估机构应当结合业务特征、人员结构、发展战略等制定员工发展计划。遵循公开、公平、公正、规范的原则，制定员工的职级体系、任职条件、晋升条件、晋升程序及审批权限等制度。资产评估机构可以通过建立以岗前培训、继续教育和职业生涯开发为主要内容的员工培训制度和培训效果评价制度，建立和完善由培训理念、培训目标、培训计划、培训实施和培训考核等构成的培训体系。在制定培训制度时，按照相关规定，合理安排培训时间、培训方式、培训内容，保障员工培训质量，并为员工完成行业规定的继续教育任务提供必要支持。资产评估机构应当加强对资产评估师和其他从业人员的专业技术、证券知识、职业道德等方面的培训，充分发挥资产评估师防范执业风险的作用。资产评估机构可以通过考量评估专业人员的业务收入、执业质量、工作强度、工作效率、工作态度、职业道德、信用记录、专业能力、客户满意度、市场开拓能力、培训完成情况、理论研究、行业贡献等因素，建立适当的人力资源管理机制及科学合理的求才、用才、育才和留才机制，保障资产评估机构的人才稳定和健康发展。

资产评估机构可以建立管理层（含董事和高级管理人员，下同）和监事的绩效评价机制。对董事、监事的评价与激励由股东会决定；对高级管理人员的评价与激励由董事会决定。资产评估机构应当建立科学合理的员工薪酬制度，可以根据机构规模和员工岗位特点对不同的员工采用岗位工资制度、绩效工资制度或者混合工资制度。员工薪酬计划要与绩效评价相结合，员工绩效考评结果可以与员工的薪酬调整、职级升降挂钩；对于经调岗、培训等管理手段无法改善的绩效不佳情况的员工，审慎行使续聘或者辞退的用工管理权。资产评估机构可以建立薪酬与绩效相联系的激励机制，但应当避免将薪酬直接与具体评估项目挂钩。资产评估机构的股东会可以通过制定方案和制度，保持员工晋升到股东的通道持续畅通。

（2）财务管理

资产评估机构应当按照有关法律法规和资产评估机构自身发展需要，建立完善规范的内部财务制度。资产评估机构应当建立健全内部财务管理架构，岗位职责（包括董事会、监事会、高级管理人员），审批制度和管理流程，及重大财务支出的决策程序等相关制度。资产评估机构可以实行全面预算管理制度，做到决策规范、执行有效和监督到位，使内部财务管理工作规范化。资产评估机构应当建立健全货币资金、实物资产、对外投资、成本费用和内部薪酬分配的会计控制规范。资产评估机构管理层一般应当定期向董事会、股东会提交财务报告。

（3）风险管理

资产评估机构要充分认识面临的风险，结合自身情况，依法建立和完善风险防范机制。资产评估机构应当通过完善的内部治理结构、合理的股权设置、科学的决策机制、和谐的内部关系、有效的应对手段，有效识别风险、规避风险、控制风险，强化自身抵抗风险的能力。资产评估机构应当重视市场风险、财务风险、运营风险、声誉风险、道德风险等主要领域的风险识别。资产评估机构可以结合实际设置首席合规官岗位。首席合规官直接对股东会负责，对本机构内部治理机制建设和执行情况，及资产评估机构经营管理行为合规风险进行审查、监督和检查。有条件的资产评估机构可以设置危机处理部门或者岗位，统筹风险应对工作，降低损害，减少损失。资产评估机构应当依法提取职业风险基金或者购买职业责任保险，并根据自身情况，通过扩大积累,保持必要的资产流动性,提高抵御风险的能力。

(4) 经营网络管理

资产评估机构可以采取分支机构模式或者子公司模式扩大经营网络。资产评估机构应当加强对分支机构和子公司的管理,实施有效控制。

资产评估机构负责对分支机构进行业务指导、监督和协调,实现人员调配、财务安排、业务承接、技术标准、信息化建设的实质性一体化管理。资产评估机构应当建立对分支机构的授权管理制度,明确授权业务范围。对可能产生重大影响的业务或者事项,应当严格限制权限。分支机构应当在资产评估机构授权范围内,依法从事资产评估业务。资产评估机构可以建立对分支机构的执业质量检查和考核评价制度。定期或者不定期地对分支机构承办的业务进行检查。对于出具资产评估报告业务应当实行与资产评估机构统一的执业质量检查和考核评价制度。分支机构应当自觉接受资产评估机构的监督、检查与考核。资产评估机构应当建立与分支机构之间合理的利益分配机制,明确业务承揽方式和原则。分支机构应当按规定向资产评估机构报送各类报表及书面报告。在执业中发现的重大事项,应当及时向资产评估机构报告。

资产评估机构可以依法出资其他评估机构,形成母、子公司结构。母、子公司是各自独立运营的资产评估机构,母、子公司各自独立承担法律责任。母公司通过持有子公司一定比例的股份对子公司进行控制,母公司以出资额为限,对子公司负有限责任。母、子公司之间的合作应当有清晰的责权划分。母公司不得滥用母、子公司各自独立法人地位,混用其资产评估备案资质。

来源:

《资产评估法》第十七条;

《资产评估行业财政监督管理办法》;

《资产评估机构内部治理指引》；

《资产评估机构从事证券服务业务自律监督管理办法》。

4.2.3 职业风险防范机制

证券评估机构应当严格按照《中华人民共和国资产评估法》《资产评估机构职业风险基金管理办法》等规定，提取职业风险基金或者购买职业责任保险。鼓励证券评估机构职业风险基金余额与职业责任保险累计赔偿限额之和不低于500万元。

（1）资产评估机构建立职业风险基金管理制度的，按照财政部的具体规定提取、管理和使用职业风险基金。资产评估机构应当于每一个会计年度终了前，以本年度评估业务收入为基数，按照不低于5%的比例从管理费用中提取职业风险基金，并设立专户核算。

资产评估机构因赔付造成职业风险基金余额低于近5年评估业务收入总和5%的，应当于本会计年度终了前提取补足职业风险基金。

证券评估机构因补提职业风险基金导致净资产不足200万元的，股东或合伙人应当在三个月内注资补足净资产。

（2）资产评估机构购买职业责任保险的，应当与保险公司签订书面保险合同。保险合同除了符合有关法律规定外，还应当约定以下事项：①投保范围为资产评估机构的评估业务收入；②赔偿范围应当与《资产评估机构职业风险基金管理办法》第四条第一款规定的职业风险基金支出范围一致；③追溯期应当追溯至首次购买保险年度；④累计赔偿限额不得低于已购买保险年度评估业务收入总和的5%。

来源：

《资产评估法》第二十一条；

《资产评估行业财政监督管理办法》；

4. 从事证券服务业务对质量控制和内部管理的特殊要求

《资产评估机构职业风险基金管理办法》；

《资产评估机构从事证券服务业务自律监督管理办法》。

4.2.4 职业道德有关要求

资产评估机构及其资产评估专业人员开展资产评估业务应当遵守法律、行政法规和资产评估准则，坚持独立、客观、公正的原则，履行资产评估委托合同规定的义务，不得出具或者签署虚假资产评估报告或者有重大遗漏的资产评估报告。

资产评估机构及其资产评估专业人员应当诚实守信，勤勉尽责，谨慎从业，遵守职业道德规范，自觉维护职业形象，不得从事损害职业形象的活动。

（1）专业能力

资产评估机构及其资产评估专业人员应当具备相应的评估专业知识和实践经验，能够胜任所执行的证券评估业务，保持和提高专业能力，并如实声明其具有的专业能力和执业经验，不得对其专业能力和执业经验进行夸张、虚假和误导性宣传。当执行某项特定业务缺乏特定的专业知识和经验时，应当采取弥补措施，包括利用专家工作及相关报告等。

（2）独立性

资产评估机构不得受理与自身有利害关系的资产评估业务，不得分别接受利益冲突双方的委托，对同一评估对象进行评估；资产评估专业人员与委托人、其他相关当事人和评估对象有利害关系的，应当回避。

资产评估机构及其资产评估专业人员开展资产评估业务，应当识别可能影响独立性的情形，合理判断其对独立性的影响。资产评估机构可以针对具体评估业务特点采用适当的处理方式保持独立性，如：①对影响独立性和客观性的利益关系等因素进行分析和判断，最大限度地减少或者消除不利因素，直至放弃评估业务，以使对独立性和客观性的不利影响降至可接受水平；②要求内部相关人员就有关独立性的信息进行沟通，以确定是否存在违反独立性的情形；③排除影响资产评估专业人员做出独立专业判断的外部因素干扰。

（3）保密要求

资产评估机构及其资产评估专业人员应当遵守保密原则，对评估活动中知悉的国家秘密、委托人和其他相关当事人的商业秘密、所在资产评估机构的商业秘密负有保密义务，不得向他人泄露在评估活动中获得的不应当公开的信息以及资产评估结论，除非得到委托人的同意或者属于法律、行政法规允许的范围。资产评估专业人员及其他人员在为委托人和其他相关当事人服务结束或者离开所在资产评估机构后，应当按照有关规定或者合同约定承担保密义务。

（4）其他要求

资产评估机构及其资产评估专业人员不得以恶性压价、支付回扣、虚假宣传，或者采用欺骗、利诱、胁迫等不正当手段招揽业务，不得利用开展业务之便，为自己或者他人谋取不正当利益，不得向委托人或者其他相关当事人索要、收受或者变相索要、收受资产评估委托合同约定以外的酬金、财物等。资产评估机构不得允许其他资产评估机构以本机构名义开展资产评估业务，或者冒用其他资产评估机构名义开展资产评估业务；资产评估专业人员不得私自接受委托从事资产评估业务并收取费用，不得签署本人未承办业务的资产评估报告，也不得允许他人以本人名义从事资产评估业务，或者冒用他人名义从事资产评估业务；不得贬损或者诋毁其他资产评估机构及资产评估专业人员。

资产评估机构及其资产评估专业人员执行资产评估业务，应当保持公正的态度，以客观事实为依据，实事求是地进行分析和判断，拒绝委托人或者其他相关当事人的非法干预，不得直接以

4. 从事证券服务业务对质量控制和内部管理的特殊要求

预先设定的价值作为评估结论。

来源：

《资产评估基本准则》；

《资产评估职业道德准则》；

《资产评估机构业务质量控制指南》。

5. 法律责任与重要案例介绍

5.1 行政处罚类

5.1.1 行政处罚规定
5.1.1.1 未按规定备案
资产评估机构从事证券服务业务，应当报证监会和国务院有关主管部门备案，从事证券服务业务未报备案的，证监会依法以事实为依据，与违法行为的事实、性质、情节、社会危害以及当事人主观过错相当，予以责令改正，可以在法律、行政法规、规章规定的处罚幅度内处相应罚款，相关违法情况纳入证券市场诚信档案。

来源：

《证券法》第一百六十条、第二百一十三条、第二百一十五条；

《中国证监会行政处罚裁量基本规则》第三条、第六条。

5.1.1.2 未勤勉尽责、出具不实文件
资产评估机构及相关人员为证券的发行、上市、交易等证券业务活动制作、出具资产评估报告等文件，未勤勉尽责，所制作、出具的文件有虚假记载、误导性陈述或者重大遗漏的，综合考虑资本市场发展和投资者保护等因素，以事实为依据，与违法行为的事实、性质、情节、社会危害以及当事人主观过错相当，予以责令改正，没收业务收入，并在法律、行政法规、规章规定

的处罚幅度内处以业务收入一倍以上十倍以下的罚款，没有业务收入或者业务收入不足五十万元的，处以五十万元以上五百万元以下的罚款；情节严重的，并处暂停或者禁止从事证券服务业务。对直接负责的主管人员和其他直接责任人员给予警告，并处以二十万元以上二百万元以下的罚款，依法将有关市场主体遵守法律的情况纳入证券市场诚信档案。

来源：

《证券法》第一百六十三条、第二百一十三条、第二百一十五条；

《中国证监会行政处罚裁量基本规则》第三条、第六条。

5.1.1.3 内幕交易及利用未公开信息交易

资产评估机构及相关内幕信息知情人、非法获取内幕信息的人，从事内幕交易、泄露内幕信息、买卖或者建议他人买卖相关上市公司证券，或利用因职务便利获取的内幕信息以外的其他未公开的信息、从事与该信息相关的证券交易活动或明示、暗示他人从事相关交易活动，证监会责令依法处理非法持有的证券，没收违法所得，综合考虑资本市场发展和投资者保护等因素，并在法律、行政法规、规章规定的处罚幅度内处相应罚款；情节严重的，可以对有关责任人员采取证券市场禁入的措施；相关违法情况纳入证券市场诚信档案。

来源：

《证券法》第五十三条、第五十四条、第一百九十一条、第二百一十五条、第二百二十一条；

《中国证监会行政处罚裁量基本规则》第三条、第六条。

5.1.1.4 操纵证券市场

资产评估机构及相关人员操纵证券市场，影响或意图影响证券交易价格或者证券交易量的，证监会责令依法处理非法持有的证券，没收违法所得，并综合考虑资本市场发展和投资者保护等因素，在法律、行政法规、规章规定的处罚幅度内处相应罚款；情节严重的，在法律、行政法规、规章规定的处罚幅度内给予较重的处罚，可以对有关责任人员采取证券市场禁入的措施；相关违法情况纳入证券市场诚信档案。

来源：

《证券法》第五十五条、第一百九十二条、第二百一十五条、第二百二十一条；

《中国证监会行政处罚裁量基本规则》第五条、第六条。

5.1.1.5 编造、传播虚假信息或误导性信息

资产评估机构及相关人员编造、传播虚假信息或者误导性信息，扰乱证券市场的，没收违法所得，并在法律、行政法规、规章规定的处罚幅度内，根据不同违法行为类型的性质、构成、特点等情况，处以违法所得一倍以上十倍以下的罚款；没有违法所得或者违法所得不足二十万元的，处以二十万元以上二百万元以下的罚款。违反法律、行政法规或者证监会的有关规定，情节严重的，在法律、行政法规、规章规定的处罚幅度内给予较重的处罚，证监会可以对有关责任人员采取证券市场禁入的措施，并依法将有关市场主体遵守本法的情况纳入证券市场诚信档案。

来源：

《证券法》第五十六条、第一百九十三条、第二百一十五条、第二百二十一条；

《中国证监会行政处罚裁量基本规则》第五条、第六条。

5.1.1.6 未按规定保存文件资料

资产评估机构及有关责任人员未按照规定保存有关文件和资料的，责令改正，给予警告，并在法律、行政法规、规章规定的处罚幅度内，根据不同违法行为类型的性质、构成、特点等情况，处以十万元以上一百万元以下的罚款；泄露、隐匿、伪造、

篡改或者毁损有关文件和资料的，给予警告，并处以二十万元以上二百万元以下的罚款；情节严重的，在法律、行政法规、规章规定的处罚幅度内给予较重的处罚，处以五十万元以上五百万元以下的罚款，并处暂停、撤销相关业务许可或者禁止从事相关业务。对直接负责的主管人员和其他直接责任人员给予警告，并处以十万元以上一百万元以下的罚款，并依法将有关市场主体遵守本法的情况纳入证券市场诚信档案。

来源：

《证券法》第二百一十四条、第二百一十五条；

《中国证监会行政处罚裁量基本规则》第五条、第十一条。

5.1.1.7 不配合监管工作

资产评估机构及有关责任人员拒绝、阻碍证券监督管理机构及其工作人员依法行使监督检查、调查职权，涉及被检查、调查的单位和个人应当配合，如实提供有关文件和资料，不得拒绝、阻碍和隐瞒。违反法律、行政法规或者国务院证券监督管理机构的有关规定，由证监会责令改正，在法律、行政法规、规章规定的处罚幅度内处以十万元以上一百万元以下的罚款，并由公安机关依法给予治安管理处罚。情节严重的，在法律、行政法规、规章规定的处罚幅度内给予较重的处罚，国务院证券监督管理机构可以对有关责任人员采取证券市场禁入的措施，并依法将有关市场主体遵守本法的情况纳入证券市场诚信档案。

来源：

《证券法》第一百七十三条、第二百一十五条、第二百一十八条、第二百二十一条；

《中国证监会行政处罚裁量基本规则》第五条、第十一条。

5.1.2 行政处罚案例介绍

2022—2024年期间，资产评估机构从事证券服务违反规定，被证券监管部门给予行政处罚 1 家次、4 家次、2 家次，涉及相关的资产评估人员分别为 2 人次、7 人次、4 人次。主要违反了《证券法》第二百一十三条第三款所述"证券服务机构违反本法第一百六十三条的规定，未勤勉尽责，所制作、出具的文件有虚假记载、误导性陈述或者重大遗漏的"的情形。

5.1.2.1　交易类相关案例

详见附录 1－1－1、1－1－2。

5.1.2.2　财报类相关案例

详见附录 1－1－3、1－1－4。

5.1.2.3　其他类相关案例

详见附录 1－1－5。

5.1.2.4　财政部相关案例

详见附录 1－1－6、1－1－7。

5.2　行政监管措施类

5.2.1　行政监管措施规定

5.2.1.1　未按规定备案

资产评估机构从事证券服务业务，应当按照规定向证监会和财政部备案，违反法律、行政法规和证监会规定的，证监会可以采取责令改正、监管谈话、出具警示函等监管措施。

来源：

《证券服务机构从事证券服务业务备案管理规定》；

《资产评估机构从事证券服务业务备案办法》；

《上市公司信息披露管理办法》等。

5.2.1.2　未勤勉尽责

资产评估机构及其从业人员开展证券服务业务未履行诚实守信、勤勉尽责义务，违反证监会的有关规定、行业规范、业务规则的，由证监会采取责令改正、监管谈话、出具警示函等监管措施。

来源：

《上市公司信息披露管理办法》；

《上市公司重大资产重组管理办法》；

《非上市公众公司重大资产重组管理办法》等。

5.2.1.3　虚假记载或误导性信息

资产评估机构及相关人员从事证券服务业务，出具的文件有虚假记载、误导性陈述或者重大遗漏的，责令改正，证监会可视情节轻重，自确认之日起采取一定期限内不接受该机构出具的专项文件，一定期限内不接受相关签字人员出具的专项文件的监管措施。

来源：

《非上市公众公司监督管理办法》；

《非上市公众公司重大资产重组管理办法》；

《首次公开发行股票注册管理办法》等。

5.2.1.4　未配合监管工作

资产评估机构及相关人员应当配合证监会的监督管理，在规定的期限内提供、报送或者披露相关资料、信息，保证其提供、报送或者披露的资料、信息真实、准确、完整。违反规定的，证监会可以责令改正、监管谈话、出具警示函等监管措施。

来源：

《上市公司信息披露管理办法》等。

5.2.2　行政监管措施案例介绍

2022—2024 年期间，资产评估机构从事证券服务违反监管措施 19 家次、45 家次、29 家次，涉及相关的资产评估人员分别为 50 人次、88 人次、57 人次。其中未按规定备案涉及 7 家次，其余均为未履行诚实守信、勤勉尽责义务。

5.2.2.1 交易类相关案例

详见附录 1-2-1、1-2-2、1-2-3。

5.2.2.2 财报类相关案例

详见附录 1-2-4、1-2-5、1-2-6。

5.2.2.3 其他类相关案例

详见附录 1-2-7、1-2-8、1-2-9。

5.3 自律监管类

5.3.1 自律监管规定

5.3.1.1 证券交易场所自律监管规定

证券交易场所可以根据资产评估机构的违规行为对证券市场、上市公司、投资者以及证券监管工作造成影响的严重程度等，对其实施相应的监管措施或者纪律处分并记入诚信档案，并可根据情况通报证监会及其派出机构、地方政府和行业自律组织、在证券交易所网站予以公布等。自律监管措施和纪律处分可以单独或合并实施。

对资产评估机构实施的自律监管措施种类包括：口头警示、书面警示、约见谈话、要求中介机构或者要求聘请中介机构核查并发表意见、公开致歉、暂停受理或者办理相关业务等。对资产评估机构实施的纪律处分种类包括：通报批评、公开谴责、暂不受理专业机构或者其从业人员出具的相关业务文件、收取惩罚性违约金等。

证券交易场所或业务部门在实施自律监管措施或者纪律处分前可以进行现场检查，或者采取与有关人员进行谈话，发出问询、核查通知书等书面函件，调阅工作底稿等方式查明有关事实。

来源：

《上海证券交易所纪律处分和监管措施实施办法》；

《深圳证券交易所自律监管措施和纪律处分实施办法》；

《北京证券交易所自律监管措施和纪律处分实施细则》；

《全国中小企业股份转让系统自律监管措施和纪律处分实施细则》。

5.3.1.2　中评协自律惩戒规定

证券评估机构应当按照法律法规和行业规范的要求建立健全质量控制体系，出具证券评估报告应当履行至少三级内部审核程序。项目审核人员和报告签名人员应当由不同的资产评估师分别担任。证券评估机构违反上述规定的，中评协予以警告或者严重警告；情节严重的，予以通报批评或者公开谴责。证券评估机构未按规定进行业务报备或者披露信息且拒不改正的，中评协予以警告。

资产评估机构及资产评估专业人员在执业过程中违反国家法律、行政法规、资产评估准则和其他相关规定的，应予以自律惩戒。中评协根据情节轻重予以警告、严重警告、通报批评、公开谴责、除名，并记入会员信用档案。

来源：

《中国资产评估协会会员执业行为自律惩戒办法》；

《中国资产评估协会会员信用档案管理办法》；

《资产评估机构从事证券服务业务自律监督管理办法》。

5.3.2　自律监管案例介绍

5.3.2.1　证券交易场所自律监管案例

详见附录1-3-1、1-3-2。

5.3.2.2　中评协自律惩戒案例

详见附录1-3-3、1-3-4。

5.4 民事赔偿类

5.4.1 民事赔偿责任规定

资产评估机构为证券的发行、上市、交易等证券业务活动制作、出具资产评估报告等文件，应当勤勉尽责，对所依据的文件资料内容的真实性、准确性、完整性进行核查和验证。其制作、出具的文件有虚假记载、误导性陈述或者重大遗漏，给他人造成损失的，应当与委托人承担连带赔偿责任，但是能够证明自己没有过错的除外。

资产评估机构制作、出具的资产评估报告存在虚假陈述的，人民法院应当按照法律、行政法规、监管部门制定的规章和规范性文件，参考行业执业规范规定的工作范围和程序要求等内容，结合其核查、验证工作底稿等相关证据，认定其是否存在过错。资产评估机构依赖保荐机构或者其他证券服务机构的基础工作或者专业意见致使其出具的专业意见存在虚假陈述，能够证明其对所依赖的基础工作或者专业意见经过审慎核查和必要的调查、复核，排除了职业怀疑并形成合理信赖的，人民法院应当认定其没有过错。

来源：

《证券法》第一百六十三条；

《最高人民法院关于审理证券市场虚假陈述侵权民事赔偿案件的若干规定》。

5.4.2 民事赔偿案例介绍

近年来，证券市场虚假陈述侵权民事赔偿案件时有发生。资产评估机构作为案涉当事人被法院判决与委托人承担连带赔偿责任的情况也有了真实案例。目前,已有公开审判结果的民事赔偿案件,涉案资产评估机构均被判承担连带责任。本手册选取资产评估机构被判对委托人案涉债务的30%承担连带责任案件作为重要案例予以介绍,详见附录1-4。

5.5 刑事处罚类

5.5.1 刑事责任规定

【提供虚假证明文件罪】承担资产评估、验资、验证、会计、审计、法律服务、保荐、安全评价、环境影响评价、环境监测等职责的中介组织的人员故意提供虚假证明文件,情节严重的,处五年以下有期徒刑或者拘役,并处罚金;有下列情形之一的,处五年以上十年以下有期徒刑,并处罚金:

(1)提供与证券发行相关的虚假的资产评估、会计、审计、法律服务、保荐等证明文件,情节特别严重的;

(2)提供与重大资产交易相关的虚假的资产评估、会计、审计等证明文件,情节特别严重的;

(3)在涉及公共安全的重大工程、项目中提供虚假的安全评价、环境影响评价等证明文件,致使公共财产、国家和人民利益遭受特别重大损失的。

有前款行为,同时索取他人财物或者非法收受他人财物构成犯罪的,依照处罚较重的规定定罪处罚。

【出具证明文件重大失实罪】第一款规定的人员,严重不负责任,出具的证明文件有重大失实,造成严重后果的,处三年以下有期徒刑或者拘役,并处或者单处罚金。

来源:

《刑法修正案(十二)》第二百二十九条。

5.5.2 刑事处罚案例介绍

目前资本市场上暂无资产评估机构遭受刑事处罚的公开案例，但资本市场上已有对会计师事务所的刑事处罚案例。非证券评估业务领域，也有不少资产评估机构遭受刑事处罚的公开案例。

附录1 相关案例介绍

1-1 行政处罚相关案例

1-1-1 交易类相关案例（2024年）

中国证券监督管理委员会

行政处罚决定书〔2024〕××号

当事人：××××资产评估有限公司（以下简称××评估机构），住所：上海市……。

朱某，女，1993年11月出生，涉案项目签字评估师，住址：四川省成都市……。

陈某，男，1996年12月出生，涉案项目签字评估师，住址：四川省成都市……。

依据《中华人民共和国证券法》（以下简称《证券法》）有关规定，我会对××评估机构资产评估执业未勤勉尽责案进行了立案调查，依法向当事人告知了作出行政处罚的事实、理由、依据以及当事人依法享有的权利。应当事人××评估机构、朱某、陈某的要求举行了听证会，听取了当事人及其代理人的陈述和申辩。本案现已调查、办理终结。

经查明，××评估机构存在以下违法事实：

一、评估项目基本情况

2020年9月，××评估机构接受W股份有限公司（以下简称W公司）委托，对W公司拟转让B科技开发有限公司（以下简称B科技公司）部分股权所涉及的B科技公司股东全部权益价值进行评估，评估基准日为

2020年7月31日。2020年9月17日，××评估机构出具评估报告，采用收益法评估，B科技公司评估值为91 463万元，较账面所有者权益评估增值79 002.21万元，增值率634.01%，签字评估师为朱某、陈某，评估业务收入为316 981.12元。

二、××评估机构在评估过程中未勤勉尽责，出具的资产评估报告存在误导性陈述

（一）未充分核查验证评估中使用的资料，将虚假合同作为收入预测依据

××评估机构依据B科技公司提供的其与某工程机械研究设计院有限公司（以下简称某研究院）的《产品预采购合同》，预测2021年B科技公司对该项目的销售收入。经查，该合同为虚假合同。××评估机构未对该合同进行充分核查验证，未关注到合同在编号和印章方面存在明显异常，且未核查预付款支付情况。

（二）未对收益预测资料进行必要的分析、判断和调整，预测依据明显不充分

第一，××评估机构依据B科技公司提供的《设备预采购供货合同》《设备预采购合同》，预测B科技公司对北京某两家公司2020年8月至12月、2021年的销售收入。××评估机构在明知预采购合同仅是框架协议的情况下，直接按照预采购合同中的数量预测收入，未对生产制造进度计划图表及预付款进行核查，未考虑相关收入实现存在重大不确定性。

第二，××评估机构依据B科技公司提供的会议纪要及其子公司编写的某公交项目发展规划建议书草案预测2021年B科技公司对该公交项目的销售收入。但上述会议纪要相关销售内容仅为B科技公司单方面的预测，电子底稿中的建议书也是未完成的电子文档，未经提供方盖章确认，会议纪要和建议书均无法体现该客户的交易意向。××评估机构未采取访谈等措施核实客户交易意向，仅依据上述会议纪要和建议书预测大额收入，未考虑相关收入实现存在重大不确定性。

第三，××评估机构依据相关招标公告截图，预测2021年B科技公司对某项目的销售收入。但相关招标公告截图未体现采购数量，也未体现招标产品与B科技公司产品相关，更不能体现成交意向，××评估机构仅

依据招标公告截图预测大额收入,未考虑相关收入实现存在重大不确定性。

第四,××评估机构依据B科技公司提供的云南某项目《采购合同》,预测2021年B科技公司对该项目的销售收入。但前述采购合同签订于2016年,约定最晚交付日期为2017年,远早于评估基准日。事实上该合同2018年起未继续执行,××评估机构依据该合同预测B科技公司2021年对该项目的收入,明显不合理。

上述事项所涉B科技公司2021年预测收入共12 433.63万元,占2021年总预测收入的39.35%。由于××评估机构对B科技公司2022年及后续年度的预测收入均以2021年预测收入的销量和单价为基础,再乘以一定增长率计算得出,上述行为造成评估值高估,评估报告存在误导性陈述。

××评估机构的上述行为不符合《资产评估执业准则——企业价值》第二十三条、《资产评估执业准则——资产评估程序》第十四条、第十五条的规定。

三、存在数据引用及计算公式设置错误和评估底稿缺失等问题

一是××评估机构在测算评估值时存在误将相关合同550万元的销售总价错误引用为900万元、计算2021年船舶电容器收入时遗漏扣除增值税等10处计算错误。二是××评估机构依据"18号文件"预测2021年B科技公司对某海港拖轮项目销售总价,而评估底稿未收录该文件。

××评估机构的上述行为不符合《资产评估执业准则——资产评估程序》第十九条、《资产评估执业准则——资产评估档案》第六条和第七条的规定。

以上事实,有相关评估报告、评估说明、工作底稿、财务凭证和相关人员询问笔录等证据证明,足以认定。

我会认为,××评估机构的上述行为违反了《证券法》第一百六十三条的规定,构成《证券法》第二百一十三条第三款所述"证券服务机构违反本法第一百六十三条的规定,未勤勉尽责,所制作、出具的文件有虚假记载、误导性陈述或者重大遗漏"的情形。朱某、陈某为直接负责的主管人员。

听证过程中及听证会后,当事人××评估机构、朱某、陈某提出如下申辩意见:

第一,事先告知书以"电机车"等七个项目预测收入未实现为由,认定案涉评估报告存在误导性陈述的思路不符合评估基本原理,存在明显错误。

一是申辩人系对 B 科技公司整体股权价值进行评估,主要是结合宏观经济、行业状况以及被评估单位经营情况等多种因素,对其 2021 年盈利预测的合理性进行分析,而非对某个具体合同进行评估。2021 年 B 科技公司盈利预测数据与案涉七个项目之间没有必然的因果关系。案涉七个项目预测收入实现与否,均不影响申辩人的评估结论。即便没有该等项目资料,申辩人仍然可以得出同样的盈利预测合理性分析及评估结论。

二是事先告知书关于申辩人"未充分核查验证评估中使用的资料,将虚假合同作为收入预测依据"的认定,与事实不符。申辩人获取的《产品预采购合同》是由公司提供的,申辩人对于该等资料的真实性不承担责任。案涉《产品预采购合同》未加盖骑缝章不影响合同的成立和生效,不构成所谓"异常情况"。

三是事先告知书关于"评估值高估"的认定缺乏依据。同时,"数据引用及计算公式设置错误"等 10 处计算错误,对于评估结果没有重大影响,不应据此对申辩人作出处罚。

第二,在未以"评估报告存在误导性陈述"为由对 W 公司及 B 科技公司进行立案调查或行政处罚的情况下,不应直接对申辩人进行立案调查并作出处罚。

综上,××评估机构、朱某、陈某请求免于处罚。

经复核,我会对上述申辩意见不予采纳,理由如下:

第一,我会认定申辩人评估执业未勤勉尽责、出具的评估报告存在误导性陈述,事实清楚,证据充分。

一是根据在案证据,案涉 7 个项目相关材料系××评估机构预测 B 科技公司未来收入的重要依据,申辩人关于"2021 年 B 科技公司盈利预测数据与案涉七个项目之间没有必然的因果关系"的主张,与事实不符。其一,根据××评估机构的电子底稿,××评估机构预测 B 科技公司 2021

年收入共由 16 个项目构成，而案涉 7 个项目正是这 16 个项目的重要组成部分。同时，对 B 科技公司 2022 年及后续年度的预测收入，均以 2021 年预测收入的销量和单价为基础，再乘以增长率计算得出，案涉 7 个项目收入预测的可靠性直接影响评估结论。其二，申辩意见关于"即使没有该等项目资料，申辩人仍然可以得出同样的盈利预测合理性分析及评估结论"的主张，与事实不符。B 科技公司 2018 年、2019 年销售收入增长率分别为 17.57%、-4.71%，而××评估机构预测 B 科技公司 2021 年销售收入增长率高达 121.23%，既远高于历史增长率，也远高于评估说明中列示的可比公司的历史收入增长率。朱某在询问笔录中也称"2021 年的预测收入增长率的确远高于历史，如果没有这些资料做支撑，我们不会把收入增长率预测这么高"。

二是根据相关法律及执业准则规定，评估机构对评估中使用的资料负有核查验证义务。申辩人所谓评估机构不对企业提供资料的真实性负责的主张，不构成其未勤勉尽责的正当理由。其一，根据《证券法》第一百六十三条和《资产评估执业准则——资产评估程序》第十五条规定，资产评估专业人员应当对资产评估所依据的文件资料进行核查验证。《资产评估专家指引第 8 号——资产评估中的核查验证》指出，资产评估专业人员对企业提供的投资协议、公司章程、公司制度、股权买卖协议或者回购协议等资料进行核查，应当查看相关印章、签字是否清晰、完整。其二，案涉某研究院合同在印章和编号方面均存在异常，且与同期签订的其他同类合同明显不符。申辩人应当关注到这些异常并采取进一步措施验证其真实性，而朱某在笔录中承认"没有关注到这些情况""没有特别关注某研究院相关合同的真实性，默认都是真实的"。其三，申辩人应当关注相关预采购合同执行情况而未关注。××评估机构的评估假设之一为"被评估单位目前持有的客户的预采购合同能够按约定执行"，评估结论基于该假设而作出。案涉某研究院合同显示签订日期是 2020 年 7 月 4 日，并约定"合同签订后 7 个工作日内支付 30%的预付款"。申辩人开展评估工作的时点晚于前述预付款支付时间，××评估机构有条件通过核查预付款支付情况来验证合同真实性。而根据朱某的笔录，其"没有核查过预付款支付情况，不清楚该合同是否实际执行"。

三是 2021 年的收入预测是后续全部年度收入预测的主要依据，对评估值有至关重要的影响，而申辩人在预测 2021 年收入时存在多项未勤勉尽责情形，所涉 7 个项目预测收入占 2021 年总预测收入的 39.35%，导致 2021 年以及后续全部年度的预测收入明显偏高，造成评估值高估。同时，本评估项目中存在的 10 处计算错误，对评估结果分别产生了大小不等、方向不同的影响。而在一个评估项目中出现 10 处之多的计算错误，足以说明申辩人在执行该项目时未勤勉尽责。

第二，申辩人所提对 W 公司和 B 科技公司的处理情况属于案外因素，并非对申辩人行政处罚的前置条件。××评估机构作为专业评估机构，依法独立执业，保证评估报告的客观、真实、合理是其基本法定义务。根据《证券法》第二百一十三条第三款，××评估机构在评估执业中未勤勉尽责，出具的评估报告存在误导性陈述，理应依法承担法律责任，我会对其进行处罚具有相应的事实和法律依据，处理并无不当。

根据当事人的违法事实、性质、情节与社会危害程度，依据《证券法》第二百一十三条第三款的规定，我会决定：

一、对××评估机构责令改正，没收业务收入 316 981.12 元，并处以 633 962.24 元罚款；

二、对朱某、陈某给予警告，并分别处以 20 万元罚款。

上述当事人应自收到本处罚决定书之日起 15 日内，将罚没款汇交中国证券监督管理委员会开户银行：中信银行北京分行营业部，账号：7111010189800000162，由该行直接上缴国库，并将注有当事人名称的付款凭证复印件送中国证券监督管理委员会行政处罚委员会办公室备案。当事人如果对本处罚决定不服，可在收到本处罚决定书之日起 60 日内向中国证券监督管理委员会申请行政复议（行政复议申请可以通过邮政快递寄送至中国证券监督管理委员会法治司），也可在收到本处罚决定书之日起 6 个月内直接向有管辖权的人民法院提起行政诉讼。复议和诉讼期间，上述决定不停止执行。

中国证监会

2024 年 9 月××日

1-1-2 交易类相关案例（2023 年）

中国证券监督管理委员会
行政处罚决定书〔2023〕××号

当事人：××××资产评估有限责任公司（以下简称××评估机构），系 A 股份有限公司（以下简称 A 公司）收购 B 投资发展有限公司（以下简称 B 公司）评估项目资产评估机构，住所：北京市……

张某某，男，1990 年 8 月出生，系 A 公司收购 B 公司评估项目评估报告签字评估师，住址：山西省……

崔某某，男，1988 年 6 月出生，系 A 公司收购 B 公司评估项目评估报告签字评估师，住址：山西省……

依据《中华人民共和国证券法》（以下简称《证券法》）的有关规定，我局对××评估机构对 A 公司收购 B 公司评估项目执业未勤勉尽责行为进行了立案调查、审理，并依法向当事人告知了作出行政处罚的事实、理由、依据及当事人依法享有的权利。应当事人××评估机构、张某某和崔某某的要求，我局举行了听证会，听取了××评估机构、张某某、崔某某及其代理人的陈述和申辩。本案现已调查、审理终结。

经查明，××评估机构存在以下违法事实：

一、评估项目基本情况

2021 年 6 月 8 日，××评估机构与 A 公司子公司 C 有限公司（以下简称 C 公司）签订《资产评估委托合同》，约定××评估机构对 A 公司拟收购 B 公司股东全部权益价值进行评估并出具报告，评估服务收费 12 万元（含税，税率 6%）。2021 年 7 月 28 日，××评估机构出具《A 公司收购股权所涉及的 B 公司股东全部权益价值评估项目资产评估报告》（×××评报字〔2021〕第 0202××号，以下简称《评估报告》），签字资产评估师为张某某、崔某某。

二、评估工作存在的问题

（一）《评估报告》存在虚假记载

《评估报告》特别事项中记载，"经评估人员现场走访景德镇市浮梁县国土资源局相关部门负责人，了解到该地块由于自身发展规划未确定的原因导致该土地一直未开发，相关部门对该地块后续开发的态度为待开发时与企业协商具体开发条件，若达成一致企业可继续对该地块正常建设开发"。在上述走访中，被访谈人反馈其无权限回复，也未对B公司土地是否可以正常开发等问题作出明确答复，《评估报告》中上述记载缺乏客观依据，构成虚假记载。《评估报告》所述土地于2021年6月4日被当地人民政府批复同意无偿收回。

（二）未保持应有的职业谨慎，未合理评估、应对项目存在的重大业务风险，重要评估程序未有效执行

1. 2021年4月28日，B公司原股东李某持有的B公司99%股份工商登记变更为A公司。在××评估机构承接业务前，评估标的已完成股权转让工商变更。××评估机构在开展评估工作过程中，在已关注到评估标的股权已完成工商登记变更的情况下，未对该异常情况保持应有的职业谨慎，未充分识别、评估B公司项目风险。

2. ××评估机构在执业过程中，对B公司账面唯一资产即前述土地，取得了《国有建设用地土地使用权出让合同》、出让款缴纳收据、《国有建设用地使用权出让合同变更协议》等资料，关注到B公司该土地长期未办理使用权证、自2012年以来一直未按约定开发，并被当地政府作为闲置土地对外公示的情况下，未进一步核实评估闲置土地存在被无偿收回的重大风险以及该事项对评估结论产生的影响。

3. ××评估机构将访谈当地主管部门作为上述土地评估的重要程序。在实际执行过程中，未核实被访谈人员身份，未形成访谈记录，未对访谈结果在《评估报告》中作出真实记载，访谈流于形式。

上述违法事实，有资产评估报告、资产评估工作底稿、资产评估委托合同及收费凭证、相关公告、询问笔录等证据证明，足以认定。

××评估机构的上述行为，不符合《资产评估基本准则》（财资〔2017〕43号）第四条、第五条，《资产评估执业道德准则》（中评协〔2017〕30号）第四条、第十六条，《资产评估执业准则——资产评估程序》（中评协〔2018〕36号）第六条、第十五条、第十六条第二款，《资产评估执业准则——资产评估报告》（中评协〔2018〕35号）第四条、第

七条,《资产评估执业准则——企业价值》(中评协〔2018〕38号)第五条、第七条,《资产评估对象法律权属指导意见》(中评协〔2017〕48号)第四条、第八条第一款、第八条第四款的相关规定,违反了《证券法》第一百六十三条的规定,构成《证券法》第二百一十三条第三款所述的违法行为。签字评估师张某某、崔某某是××评估机构上述违法行为直接负责的主管人员。

××评估机构、张某某、崔某某及其代理人在陈述申辩材料及听证过程中提出:

第一,《评估报告》特别事项关于访谈的记载构成虚假记载的事实不成立。一是评估底稿及相关访谈录音中被访谈人谈话中没有"其无权限回复"的内容;二是由国土部门对该土地是否可以正常开发等问题作出明确回复超出其法定职权;三是被访谈人提及该土地的开发必须在取得土地使用权证后,国土部门可协调取得权证后的开发。

第二,关于《评估报告》所述土地于2021年6月4日被当地人民政府批复同意无偿收回的事实对《评估报告》的影响。一是不能仅依据政府内部批复时间就认定该土地使用权立即被无偿收回的法律事实。二是不能认定土地被当地人民政府收回的法律行为时间是在××评估机构做出的《评估报告》之前。××评估机构在评估过程中未获知上述信息,根据访谈录音被访谈人也未告知。三是当地人民政府批复同意无偿收回的是D投资发展有限公司的闲置土地,与《评估报告》所涉土地使用权人B公司无直接联系。

第三,对"未保持应有的职业谨慎,未合理评估、应对项目存在的重大业务风险,重要评估程序未有效执行"的认定错误。一是评估标的股权已完成工商登记变更,但股权转让协议未约定股权转让价格,《评估报告》评估目的系为委托人收购目标公司股权提供价值参考,上述相关约定与现行法律规定并无冲突。二是已按评估准则要求履行公开信息渠道查询、访谈等必要核查验证程序,已充分关注闲置土地被无偿收回风险。三是已核实被访谈人身份。《评估报告》所涉土地位于现场走访区域,属于被访谈人职权管辖范围。

综上,××评估机构、张某某、崔某某认为不应对其行政处罚。

经复核，对于当事人提出的陈述申辩意见，我局认为：

第一，关于虚假记载事实。××评估机构评估底稿中无访谈相关记录。根据××评估机构访谈人员询问笔录，被访谈人反馈因管辖权限，对××评估机构访谈所涉土地是否可以正常开发等问题均未作出明确回复。××评估机构在听证会后提交的访谈录音（以下简称访谈录音）证实了上述情况。评估报告特别事项中关于访谈的记载与访谈实际情况不符。

第二，根据××评估机构取得的《国有建设用地使用权出让合同变更协议》等评估底稿，《评估报告》所涉土地使用权系 B 公司经当地国土部门同意自 D 投资发展有限公司受让取得，与当地人民政府批复同意无偿收回的土地为同块宗地。同时，访谈录音显示被访谈人对于访谈问题多次表示该土地不属于其管辖，并明确告知管辖部门。对访谈所涉土地是否可能被收回问题，被访谈人在录音中并未作出回应。

第三，对"在承接业务前评估标的已完成工商变更登记"这一异常情况，××评估机构未将其作为评估业务风险迹象，未按《资产评估准则》要求对业务风险等进行综合分析和评价，未充分识别、评估 B 公司项目风险。针对被访谈人反馈无权限回复、未对访谈问题作出明确答复情况，××评估机构未执行进一步程序，未进一步核实评估闲置土地存在被无偿收回的重大风险。

综上，对于当事人的陈述申辩意见我局不予采纳。

根据当事人违法行为的事实、性质、情节与社会危害程度，依据《证券法》第二百一十三条第三款的规定，我局决定：

一、对××评估机构责令改正，没收业务收入 11.32 万元，并处以 50 万元罚款。

二、对张某某、崔某某给予警告，并分别处以 20 万元罚款。

上述当事人应自收到本处罚决定书之日起 15 日内，将罚没款汇交中国证券监督管理委员会，开户银行：中信银行北京分行营业部，账号：7111010189800000162，由该行直接上缴国库，并将注有当事人名称的付款凭证复印件送我局备案。当事人如果对本处罚决定不服，可在收到本处罚决定书之日起 60 日内向中国证券监督管理委员会申请行政复议，也可在收到本处罚决定书之日起 6 个月内直接向有管辖权的人民法院提起行政诉讼。复议和诉讼期间，上述决定不停止执行。

浙江监管局
2023 年 11 月×× 日

1−1−3 财报类相关案例（2024 年）

中国证券监督管理委员会黑龙江监管局

行政处罚决定书〔2024〕×× 号

当事人：××××资产评估有限责任公司（以下简称××评估机构），住所：北京市大兴区……。

朱某某，男，1968 年 2 月出生，××评估机构涉案项目签字评估师，住址：北京市大兴区……。

张某某，男，1968 年 5 月出生，××评估机构涉案项目签字评估师，住址：河北省三河市……。

依据《中华人民共和国证券法》（以下简称《证券法》）的有关规定，我局对××评估机构资产评估违法行为进行了立案调查，依法向当事人告知了作出行政处罚的事实、理由、依据及当事人依法享有的权利，应当事人××评估机构、朱某某、张某某的要求，本局于 2024 年 8 月 7 日举行了听证会，听取了××评估机构及其代理人、朱某某、张某某的陈述和申辩。本案现已调查、办理终结。

经查明，××评估机构存在以下违法事实：

一、评估项目基本情况

2022 年 3 月 29 日，C 工程有限公司（以下简称 C 有限公司）与××评估机构签订资产评估委托合同，C 有限公司委托××评估机构对京蓝科技股份有限公司合并报表层面分摊了商誉后 C 有限公司业务资产组的可回收价值进行评估，评估收费 9 万元（含 6%增值税，实际收入 84 905.66 元）。2022 年 4 月 24 日，××评估机构出具《京蓝科技股份有限公司拟对合并 C 有限公司形成的商誉进行减值测试涉及的环境治理业务资产组可回收金额资产评估报告》(××评估机构评报字〔2022〕第 01-378 号),签字评估师为朱某某、张某某。

二、××评估机构未勤勉尽责,出具的资产评估报告存在虚假记载

(一)未对收入预测执行必要的核查程序

××评估机构对 C 有限公司 2022 年营业收入的预测包括以前年度项目合同额的存量收入以及 2022 年度新增项目的增量收入,同时适当考虑了在手订单、跟单项目转化为在手订单的可能性和行业增速等因素进行预测。预测结果为 C 有限公司 2022 年实现收入 6.99 亿元,除在手订单 1.97 亿元外,剩余预测收入 5.02 亿元依据公司正在跟踪的 10 个项目。对于该 10 个跟踪项目,××评估机构未取得相关项目资料,未见执行必要的核查程序,对 10 个跟踪订单项目转化为在手订单的概率没有提出质疑,评估底稿中未记录各年收入增长率的确定依据,未分析对评估结论的影响程度并在评估报告中予以披露。

××评估机构的上述行为不符合《资产评估执业准则——企业价值》(中评协〔2018〕38 号)第七条的规定。

(二)折现率参数选取不合理

一是目标资本结构选取不合理。××评估机构采用目标资本结构计算折现率,目标资本结构选取可比公司的平均资本结构。但可比公司的平均资本结构为 73.97%,与评估基准日 C 有限公司实际资本结构 5.36% 及前期采用的资本结构 0 差异巨大,未进行适当调整;在 C 有限公司已明显缺乏融资能力的情况下,采用的目标资本结构缺乏合理性。

二是可比公司选取不适当。××评估机构出具的评估报告中,可比公司选择标准条件之一为"近年盈利公司"。但实际选择的可比公司却包含一家已公开披露业绩亏损预告且 2021 年净利润为负的上市公司,该公司不符合评估过程设定的选取条件。

××评估机构的上述行为不符合《资产评估执业准则——企业价值》(中评协〔2018〕38 号)第七条、第二十三条第三款、第二十六条和《监管规则适用指引——评估类第 1 号》基本要求中"执行延续性评估项目时,应当关注不同基准日折现率测算的合理性,特别是具体参数等较前次

评估基准日发生明显变化的，应当在资产评估报告中充分说明理由"、贝塔系数中"应当综合考虑可比公司与被评估企业在业务类型、企业规模、盈利能力、成长性、行业竞争力、企业发展阶段等多方面的可比性，合理确定关键可比指标，选取恰当的可比公司，并应当充分考虑可比公司数量与可比性的平衡"的规定。

(三) 未审慎利用审计机构函证结果

××评估机构对于货币资金及其他往来科目执行函证程序时采用了审计机构的函证结果，但未执行必要的程序对审计机构函证结果的可靠性、合理性进行核查验证，未对获取的回函进行整理统计，未对函证回函金额以及占相应科目余额的比例进行分析，未对其充分性进行评价。

××评估机构的上述行为不符合《资产评估执业准则——资产评估程序》（中评协〔2018〕36号）第七条、第十五条和《资产评估执业准则——企业价值》（中评协〔2018〕38号）第七条的规定。

(四) 独立性风险控制程序不到位

评估工作底稿中项目组独立性声明部分缺少参与项目的成员签名。

××评估机构的上述行为不符合《资产评估执业准则——资产评估程序》（中评协〔2018〕36号）第七条和《资产评估职业道德准则》（中评协〔2017〕30号）第十一条的规定。

上述违法事实，有评估报告、评估工作底稿、情况说明、相关人员询问笔录等证据证明，足以认定。

××评估机构的上述行为违反了《证券法》第一百六十三条"证券服务机构为证券的发行、上市、交易等证券业务活动制作、出具审计报告及其他鉴证报告、资产评估报告、财务顾问报告、资信评级报告或者法律意见书等文件，应当勤勉尽责，对所依据的文件资料内容的真实性、准确性、完整性进行核查和验证。其制作、出具的文件有虚假记载、误导性陈述或者重大遗漏，给他人造成损失的，应当与委托人承担连带赔偿责任，但是能够证明自己没有过错的除外"的规定，构成《证券法》第二百一十三条第三款所述"证券服务机构违反本法第一百六十三条的规定，未勤勉尽责，所制作、出具的文件有虚假记载、误导性陈述或者重大遗漏的"的情形。签字评估师朱某某、张某某是直接负责的主管人员。

××评估机构及其代理人、朱某某、张某某在申辩材料和听证过程中提出：

其一，对 10 个跟踪项目的预测履行了程序，主要是与企业沟通，提供了含有具体要求的预测表格，企业筛选后确认的项目提供给××评估机构。10 个项目不能孤立看待，预测工作站在更宏观的市场角度综合考虑。由于被评估企业行业特点无法获取资料。增长率是比较保守的数值，不需阐述理由。

其二，从市场参与者的角度和最佳利用原则出发，采用目标资本结构进行测算，符合相关准则的规定，也是行业通常做法。评估人员忽略了其中一家可比公司的业绩预告，认为剔除亏损因素，该公司符合其他三项条件，且与上年减值测试的可比公司一致。评估专业人员在选择可比公司时，一般考虑可比公司与被评估企业在业务类型、企业规模、盈利能力、成长性、行业竞争力、企业发展阶段等多方面的可比性，更多关注行业及业务。该可比公司对评估结果的影响较小。

其三，货币资金、经营性往来不在本次评估范围内，对收集的审计机构函证结果履行了纸质原件核对、原件扫描、分析该函证行为的目的、核实函证基准日、通过询问方式了解审计机构的函证控制程序等核查验证程序。

其四，独立声明中报告签字人及内审审核人均有签字，符合相关准则规定。未签字的人员南某良非项目组成员，仅从事打印装订底稿工作，未在独立性声明上签字不违反独立性要求。

综上，××评估机构请求减轻或免除处罚，朱某某、张某某请求免除处罚。

针对当事人及其代理人的申辩意见，经复核，我局认为：

第一，根据《资产评估执业准则——企业价值》（中评协〔2018〕38号）第七条，《资产评估专家指引第 8 号——资产评估中的核查验证》（中评协〔2019〕39 号）第一条、第五条、第九条第二款第二项规定，资产评估专业人员应当依法对资产评估活动中使用的有关文件、证明和资料的真实性、准确性、完整性进行核查和验证。因法律法规规定、客观条件限制无法实施核查验证的事项，资产评估专业人员应当在工作底稿中予以说明，分析其对评估结论的影响程度，并在资产评估报告中予以披露。评估工作底稿中无10个跟踪项目核查验证的相关资料，未对无法实施核查验证的事项予以说明，亦未对评估结论的影响程度进行分析；无与企业沟通等核查验证程序记录，无法证明是否进行询问以及具体询问内容；相关人员询问笔录显示没有项目具体资料、没有走访核实跟踪订单涉及的客户、供应商。在案证据证明评估过程中未对收入预测依据的10个跟踪项目资料的真实性、准确性、完整性进行核查验证，不符合上述规定要求。

第二，根据《监管规则适用指引——评估类第1号》关于资本结构的规定和《资产评估专家指引第12号——收益法评估企业价值中折现率的测算》（中评协〔2020〕38号）第十八条规定，如果采用目标资本结构，取值可以参考可比公司或者行业资本结构水平，并分析企业真实资本结构与目标资本结构的差异及相关影响，考虑是否需要采取过渡性调整等措施。相关人员询问笔录显示"2021年评估时采用了可比公司的目标资本结构是事务所统一要求使用的模板，过程中未考虑其他因素"。本案中，目标资本结构与真实资本结构差异明显巨大，在案证据证明评估过程中未对差异及影响进行分析并适当调整，不符合上述规定要求。

根据《监管规则适用指引——评估类第1号》相关规定，执行延续性评估项目时，应当关注不同基准日折现率测算的合理性，特别是具体参数等较前次评估基准日发生明显变化的，应当在资产评估报告中充分说明理由。确定贝塔系数时应当综合考虑可比公司与被评估企业在业务类型、企业规模、盈利能力等多方面的可比性。相关人员询问笔录显示"主要考虑到公司业务内容比较相似，关于可比公司选取，评估行业没有明确要求，我们尽量保持与前期历史一致""一般情况是不选取可比公司是亏损的情况""当时仅看了规模，主要认为业务规模上比较可比，关于可比公司亏损的情况当时没有考虑的那么细致"。在案证据证明评估过程中未考虑可比公司与被评估企业在盈利能力方面的可比性，未关注可比公司相关情况并进行核查验证，评估报告中亦未对具体参数较前次评估基准日发生明显变化充分说明理由，不符合上述规定要求。

第三，根据《资产评估执业准则——资产评估程序》（中评协〔2018〕36号）第七条、第十五条，《资产评估执业准则——企业价值》（中评协

〔2018〕38号）第七条，《资产评估专家指引第8号——资产评估中的核查验证》（中评协〔2019〕39号）第一条、第五条规定，资产评估专业人员应当依法对资产评估活动中使用的有关文件、证明和资料的真实性、准确性、完整性进行核查和验证。因法律法规规定、客观条件限制无法实施核查验证的事项，资产评估专业人员应当在工作底稿中予以说明，分析其对评估结论的影响程度，并在资产评估报告中予以披露。评估报告显示，评估涉及营运资金的测算，使用了函证记录的相关数据。评估工作底稿中无对审计机构函证结果履行了核查验证程序的记录和资料。在案证据证明评估过程中未对使用资料的真实性、准确性、完整性进行核查和验证，不符合上述规定要求。

第四，根据《资产评估职业道德准则》（中评协〔2017〕30号）第十一条规定，"资产评估机构及其资产评估专业人员开展资产评估业务，应当采取恰当措施保持独立性"，《资产评估执业准则——资产评估程序》（中评协〔2018〕36号）第七条规定，"资产评估专业人员应当记录评估程序履行情况，形成工作底稿"。相关人员询问笔录显示"项目组由吴某轩、南某良及两名签字评估师组成""由我和南某良核查了凭证、历史的合同，形成了底稿记录"。在案证据证明南某良参与了资料收取、核查、整理等工作，申辩意见中"仅从事打印装订底稿工作"与事实不符。项目组成员亦认为南某良为项目组成员，存在一定独立性风险。南某良未在独立性声明上签字，体现评估过程中未采取恰当措施保持独立性，且评估工作底稿存在瑕疵，不符合上述规定要求。

综上，我局对当事人及其代理人的申辩意见不予采纳。

根据当事人违法行为的事实、性质、情节与社会危害程度，依据《证券法》第二百一十三条第三款的规定，我局决定：

责令××评估机构改正，没收业务收入84 905.66元，并处以60万元罚款；

对朱某某、张某某给予警告，并分别处以30万元罚款。

上述当事人应自收到本处罚决定书之日起15日内，将罚没款汇交中国证券监督管理委员会开户银行：中信银行北京分行营业部，账号：7111010189800000162，由该行直接上缴国库，并将注有当事人名称的付款凭证复印件送中国证券监督管理委员会行政处罚委员会办公室备案。当事人如果对本处罚决定不服，可在收到本处罚决定书之日起60日内向中国证券监督管理委员会申请行政复议（行政复议申请可以通过邮政快递寄送至中国证券监督管理委员会法治司），也可在收到本处罚决定书之日起6个月内直接向有管辖权的人民法院提起行政诉讼。复议和诉讼期间，上述决定不停止执行。

黑龙江证监局

2024年8月××日

1-1-4　财报类相关案例（2023年）

中国证券监督管理委员会

行政处罚决定书〔2023〕××号

当事人：××××资产评估有限公司（以下简称××评估机构），

住所：北京市……

金某，男，1967年1月出生，涉案项目签字评估师，

住址：河南省……

丁某，女，1987年6月出生，涉案项目签字评估师，

住址：河南省……

依据《中华人民共和国证券法》（以下简称《证券法》）有关规定，我会依法对××评估机构资产评估执业未勤勉尽责案进行了立案调查、审理，并依法向当事人告知了作出行政处罚的事实、理由、依据以及当事人依法享有的权利。应当事人××评估机构、金某、丁某的要求，我会举行听证会听取了当事人的陈述和申辩。本案现已调查、审理终结。

经查，××评估机构具体违法事实如下：

一、评估项目基本情况

2020年4月，××评估机构接受G股份有限公司（以下简称G股份公司）委托，对G股份公司固定资产和存货的价值进行评估，评估基准日

为 2019 年 12 月 31 日。2020 年 4 月 25 日，××评估机构就 G 股份公司的 1 162 台人造钻石专用设备（以下简称压机）出具《G 股份公司固定资产减值测试评估项目资产评估报告》（以下简称《固定资产评估报告》），就 G 股份公司的报废及闲置、技术落后设备出具《G 股份公司部分固定资产减值测试评估项目资产评估报告》（以下简称《部分固定资产评估报告》），就 G 股份公司及其子公司 H 有限公司的部分存货出具《G 股份公司存货资产减值测试评估项目资产评估报告》（以下简称《存货评估报告》），签字评估师均为金某、丁某，评估业务收入为 247 524.75 元。

二、××评估机构在评估过程中未勤勉尽责

（一）未充分核查压机重置成本的重要计算参数

××评估机构在评估压机设备时，将压机重量作为计算压机重置成本的重要参数。××评估机构根据 G 股份公司提供的电子表格的数据确认压机重量，未获取经 G 股份公司盖章确认的书面材料，未对各型号压机的重量进行充分核查。××评估机构依据上述电子表格认定的 800 型压机重量与评估底稿中 G 股份公司盖章确认的《六面顶压机改造情况说明》中 800 型压机的重量不符，其未就此作进一步核查。

上述行为不符合《资产评估执业准则——资产评估程序》（中评协〔2018〕36 号）第十四条第二款、第十五条，《资产评估基本准则》（财资〔2017〕43 号）第十五条的规定。

（二）未充分核查人造钻石专用设备的改造费用

G 股份公司委估资产中有 739 台压机存在 2 次改造的记录，第一次由 L 材料有限公司进行改造，每台压机的改造费用为 45 万元。第二次由 R 有限公司进行改造，每台压机的改造费用为 55 万元。经我会另案查明，G 股份公司上述改造业务均为虚构。××评估机构未对上述改造情况进行充分核查验证，未收集设备改造的发票等相关资料，即将 G 股份公司虚构的 739 000 000 元改造费用纳入了重置成本。

上述行为不符合《资产评估基本准则》（财资〔2017〕43 号）第十三条，《资产评估执业准则——资产评估程序》（中评协〔2018〕36 号）第十二条、第十五条，《资产评估执业准则——机器设备》（中评协〔2017〕39 号）第十四条、第二十条第一项的规定。

（三）未充分核查部分设备存在状态及权属

G股份公司委估报废设备中有2台微波等离子体化学气相沉积系统（以下简称微波设备），由G股份公司向L有限公司（以下简称L有限公司）采购，设备账面价值为88 701 822元。经我会另案查明，G股份公司与L有限公司的微波设备采购交易为虚构交易。

《部分固定资产评估报告》记载委估资产权属依据包括发票等相关资料，但××评估机构未获取微波设备购置发票，也未在评估报告中说明权属资料不完整的情况。评估底稿中微波设备采购合同记载的生产厂商和型号与××评估机构在现场调查时拍摄的设备铭牌上的生产厂商和型号不符。而××评估机构在并不能辨认盘点对象是否为该微波设备的情况下，即制作了记载实盘数量与账面数量相符的盘点表，未实施有效的现场调查程序，导致将G股份公司虚增的固定资产纳入评估范围。

上述行为不符合《资产评估基本准则》（财资〔2017〕43号）第十三条和《资产评估执业准则——资产评估程序》（中评协〔2018〕36号）第十二条第一款，《资产评估执业准则——机器设备》（中评协〔2017〕39号）第十四条，《资产评估执业准则——资产评估报告》（中评协〔2018〕35号）第四条、第五条的规定。

（四）未充分核查部分存货存在状态及权属

评估底稿记载共有2 056件《大公报创刊号》金画、400件"大公报创刊号"和3 444件《香港回归二十周年》纪念金册等镀金工艺品存放于××一号云仓储运有限公司仓库（以下简称××一号云仓）。××评估机构未对上述存货进行现场调查和盘点数量，也未向一号云仓进行函证，仅通过线上远程查看后，即根据G股份公司提供的销售合同、仓储合同变更说明、记账凭证和部分发票等材料，对上述存货的数量和权属予以认可。

上述行为不符合《资产评估基本准则》（财资〔2017〕43号）第十三条和《资产评估执业准则——资产评估程序》（中评协〔2018〕36号）第六条、第十二条、第十五条的规定。

（五）评估报告记载的评估方法与实际评估方法不符

《固定资产评估报告》记载对于委估资产采用成本法评估，通过重置价值乘以成新率确定公允价值，再扣减处置费用确定可回收价值。其中现场勘查成新率是"通过检查设备的实际使用状况，根据打分法综合确定其成新率"。而××评估机构在计算成新率时并未使用打分法，评估底稿也未见打分法的相关记录。

上述行为不符合《资产评估执业准则——资产评估报告》（中评协〔2018〕35号）第四条、第五条的规定。

（六）评估报告未说明关于专家工作的内容

××评估机构聘请专家刘某强（非××评估机构员工）对G股份公司委估设备进行评估，测算压机等设备的评估值等评估工作主要由刘某强完成。××评估机构未综合分析评判专家的专业能力，未在《部分固定资产评估报告》《固定资产评估报告》中说明聘请专家工作的内容，评估底稿中也未见对刘某强专业能力的分析记录和刘某强的资格证件、身份信息等资料。

上述行为不符合《资产评估执业准则——利用专家工作及相关报告》（中评协〔2017〕35号）第六条、第九条、第二十八条的规定。

以上事实，有相关评估报告、评估说明、工作底稿、财务凭证和相关人员询问笔录等证据证明，足以认定。

我会认为，××评估机构的上述行为违反了《证券法》第一百六十三条的规定，构成《证券法》第二百一十三条第三款所述"证券服务机构违反本法第一百六十三条的规定，未勤勉尽责，所制作、出具的文件有虚假记载、误导性陈述或者重大遗漏"的情形。金某、丁某为直接负责的主管人员。

听证过程中及听证会后，当事人××评估机构、金某和丁某提出了以下申辩意见：

首先，申辩人在评估执业中不存在未勤勉尽责的情形。

第一，关于未充分核查压机重置成本的重要计算参数问题。G股份公司提供的《六面顶压机改造情况说明》文件中显示重量是"66.7T"，而同样由G股份公司提供的《设备材质及参数表》电子表格的数据800型压机重量为"约60吨"，申辩人虽忽略了让G股份公司对《设备材质及参数表》盖章确认，未能关注到两数据的差异，工作存在疏漏，但整个处理过程并无不妥。一是《六面顶压机改造情况说明》主要是为了说明压机改造前后技术参数的不同,其中只标明800型压机主机重量,且为参考值,而《设备材质及参数表》列示了各型号压机的整机重量,与申辩人测算的目的、要求吻合。二是根据现场观察,结合以往经验,申辩人判断800型压机从外观和体积估测是与"约60吨"的重量是大致相当的。三是结合行业专家意见、外部数据验证,选用"800型压机约60吨"的参数符合实际情况,计算过程合理公允。

第二,关于未充分核查人造钻石专用设备的改造费用问题。申辩人对人造钻石专用设备改造费用进行了必要的核实,也执行了相应的程序,虽然可能存在不足之处,但不至于上升到"未勤勉尽责"的程度。一是申辩人充分询问了设备改造动因,查询并获取了技术改造合同、记账凭证、验收单、压机改造情况说明等书面资料,在审核后未发现异常。二是《资产评估执业准则——机器设备》等规定并未将发票作为必须核查验证的程序,压机改造事项的确认不能以有无发票进行确定。三是账面价值的确认属于审计机构的执业范围,在之前年度审计机构已对账面价值确认的情况下,申辩人没有理由质疑其真实性。即使改造费用中有4.06亿发生在2019年度,G股份公司及其审计机构也未进行任何说明。

第三,关于未充分核查部分设备存在状态及权属问题。一是委托人根据自己的账面记载向评估机构申报了两台报废设备,评估人员在企业人员陪同下到现场盘点、查勘设备,发现指认设备无法确认是否为微波设备,最终以设备预计的金属回收价格作为评估值。在此背景下评估人员对设备型号、厂商的核对,对评估结论根本没有影响。二是微波设备的权属不应以有无发票进行确定,评估人员在现场查勘后确认了占有,核查完合同支付凭证后确认了购买和付费的情况下,并没有证据或表象显示权属存在瑕疵需要披露。三是相关资产是否纳入减值测试范围应是审计机构、被审计企业确定,评估范围的调整并非评估机构的执业范围。四是评估结论中对微波设备已大额减值,无论此项资产有无虚假入账问题,本次评估都未导致虚增资产的后果。

第四,关于未充分核查部分存货存在状态及权属问题。一是本次评估业务发生于2020年三四月份即新冠疫情暴发刚刚复工之际,申辩人在对企业的绝大多数存货进行了高比例抽样盘点未发现管理异常后,针对××一号云仓的存货，通过查阅近年度审计报告及视频查勘进行核验。申辩人执行了必要的评估程序。二是很多存货系抵账商品，欠款单位没有开票的主动性和能力，G 股份公司当时没有获取发票也属正常。对于合同存管期限已过的事实申辩人确实没有重视，但从视频查勘等程序执行，印证了这部分存货确实存在。三是该部分存货账面价值 8 703.32 万元，评估值仅为 984.27 元，评估机构并不存在虚增存货的情况，反而是据实大幅计提了减值。

第五，关于评估报告记载的评估方法与实际评估方法不符问题。申辩人在确定压机设备成新率时实际使用了打分法。因委估的压机设备在生产线上工作状态下通有高压电，不可能整体"停车"供评估人员逐个勘察，工程师及评估人员对其他型号压机进行初步查勘后，认为压机整体上有过改造且使用率低，通常情况下低水平开工率的机器使用设备勘察法取得的成新率一般等于或高于年限法，申辩人出于谨慎性原则为不高估成新率，默认年限成新率与勘察成新率相同，并不是评估方法叙述与实际操作不一致。刘某强说没有对压机进行打分，实质是年限成新率与查看打分获得的成新率是一致的，签字评估师以及本公司质控在刘某强工作成果上做过上述分析也认可此判断，才直接采用了其工作成果。

第六，关于评估报告未说明关于专家工作的内容问题。申辩人前期未将对外聘专家刘某强的身份资料、资格证件入档处理，披露和留痕方面有失误。但刘某强只是在设备评估经验相对丰富，并无专家聘书或认定证书，也非人造金刚石行业的具有特殊知识的个人，能否称为《资产评估执业准则——利用专家工作及相关报告》当中的"因涉及特殊专业知识和经验，聘请某一领域中具有专门知识、技能和经验的个人协助工作"所指专家有待商榷。且报告中没有披露利用专家工作的内容，最终应该没有对报告使用者产生任何误导。

其次，涉案行为超过处罚时效。资产评估报告出具日为 2020 年 4 月 25 日。2022 年 4 月 27 日证监会调查人员到现场开展调查，2022 年 11 月申辩人收到证监会立案通知。调查起始日和立案通知日均已超过 2 年处罚时效规定。

最后，本案对当事人量罚过重。××评估机构及签字评估师均为初次违规。会计机构在使用涉案资产评估报告后，仍然对涉及的存货、设备出具了无法发表意见的审计结论，即申辩人评估执业行为没有造成危害后果。本案与既往处罚案例相比量罚过重。

综上，××评估机构、金某和丁某申请我会免除或减轻处罚。

经复核，我会对申辩人上述申辩意见不予采纳，理由如下：

首先，根据在案证据，足以认定××评估机构评估执业未勤勉尽责。

第一，申辩人未充分核查压机重置成本的重要计算参数。根据刘某强等人询问笔录及评估底稿，参与评估项目人员均未关注到《六面顶压机改造情况说明》中的压机重量与计算参数存在不一致，也未对压机重量进行核查验证。申辩人称其从外观和体积估测800型压机重量与"约60吨""大致相当"，并无底稿记录支撑。再者，申辩人针对压机重量的相关解释前后不一，且均缺乏评估底稿证据支持，其主张难以成立。

第二，申辩人未充分核查人造钻石专用设备的改造费用。刘某强等人在询问笔录中称，现场勘查时看不出来压机是否经过改造，也未核查压机改造前后生产出来的产品是否有区别，系依据财务凭证、账面价值将改造费用纳入重置成本。我会认为，正因××评估机构未在现场勘查中核实压机改造情况和数量，其对财务凭证、合同等资料的核验更应审慎。而根据相关人员询问笔录及评估底稿，××评估机构并未对压机巨额改造费用没有发票的异常情况作进一步核实，也不清楚发票缺失的原因，我会认定其对纳入重置成本的改造费用核查不充分并无不当。至于申辩人提出的审计机构未对该资产账面价值提出异议，并不足以作为其不充分履行资产评估程序的免责理由。

第三，关于当事人未充分核查部分设备存在状态及权属。一是根据相关人员询问笔录及评估底稿，负责现场监盘微波设备人员无法确定盘点对象是否为微波设备，且现场拍摄照片中设备铭牌上的生产厂商、型号与采购合同明显不符。××评估机构实施的现场调查程序明显不到位，不能确认微波设备实际存在，申辩意见所述"评估人员现场勘查后确认了占有"与事实不符。二是发票是关于机器设备权属的重要证明资料。××评估机构在评估报告中记载权属依据为"华晶股份公司提供的设备、存货购置合同、发票等相关资料"，但其未获取微波设备的发票，也未披露重要权属资料缺失的情况。综合以上事实，××评估机构未遵循《资产评估执业准则——机器设备》（中评协〔2017〕39号）第十四条"执行机器设备评估业务，应当对机器设备进行现场逐项调查或者抽样调查，确定机器设备是否存在、明确机器设备存在状态并关注其权属"的规定。同时，我会认为，一项资产系真实采购、真实存在，之后因为种种原因计提减值，和一项资产系虚构采购、根本不存在，之后通过减值消化，对报告使用者的意义完全不同。申辩人提出的评估结论未导致虚增资产等意见不足以构成免责理由。

第四，关于当事人未充分核查部分存货存在状态及权属。一是××评估机构在未对存放于一号云仓的存货进行现场调查、未对存货的具体数量进行盘点、也未向一号云仓函证的情况下，仅通过线上远程查看了上述存货后，即根据从G股份公司获取的销售合同、仓储合同变更说明、记账凭证、入库单、部分照片和部分发票，对上述资产的数量和权属予以认可。二是××评估机构获取的资料存在明显缺失和异常，包括6 000余万元存货未见发票，仓储合同到期日明显早于评估基准日等，××评估机构获取的资料不足以证明上述存货在评估基准日的数量和权属。综上，××评估机构未对上述存放于一号云仓的存货进行现场调查，且采取的措施并不能弥补现场调查程序的缺失，其对上述存货的现状及权属的核查不到位。至于申辩人称其评估结论为大幅减值，未导致虚增存货，同样不足以构成免责理由。

第五，申辩人称其在确定压机设备成新率时实际使用了打分法，缺乏相应证据支持。一是刘某强在询问笔录中称其未对压机打分，对于型号为1 000型和650型压机的成新率在年限法计算的成新率的基础上再向下修正3%，其他压机采用的成新率的是年限法计算的成新率，没有对其他压机的成新率做修正。宁某伟在询问笔录中称无法对这些压机做出近距离的观察，所以实际计算综合成新率时只考虑折旧的影响。同时，评估底稿并无对压机勘查打分的记录，底稿中成新率的计算过程也与刘某强的询问笔录相符，并未体现对现场勘查成新率的考虑。二是评估底稿中无压机使用率数据和论证，申辩意见所述"使用率低"并无相应依据，"出于谨慎性原则为了不高估成新率，默认年限成新率与勘察成新率相同"的解释反而说明××评估机构未对压机做现场勘查打分并据此计算成新率。

第六,××评估机构提供的刘某强简历和任职资格资料为事后补充,均未在评估底稿中,不能证明其在执行G股份公司资产评估项目时对专家专业能力的分析评判情况。再者,丁某、金某等人在询问笔录中称,由于××评估机构的评估人员并不具备评估G股份公司委估设备的能力,因此聘请专家刘某强对G股份公司委估设备进行评估,测算压机等设备的评估值等评估工作主要由刘某强完成。如申辩人认为其所聘专家刘某强实际不具有行业专家资质或能力,则说明××评估机构不具备执行该业务的专业能力,不应受理该业务。

综合以上事实,我会认为,××评估机构在执行G股份公司2019年年报资产减值评估项目时,存在未核查验证重要计算参数、未充分核查委估资产及评估资料等未勤勉尽责情形,出具的评估报告存在误导性陈述,构成《证券法》第二百一十三条第三款所述情形。

其次,本案并未超过行政处罚时效。申辩人所述其签收立案告知日或接受现场调查开始日均非本案违法行为发现日。××评估机构评估执业违法行为与G股份公司2019年年报信息披露违法行为相关联,发现G股份公司相关违法时间同时可认定为发现××评估机构违法线索时间。我会于2020年即对G股份公司信息披露违法行为展开现场调查,且于2020年11月20日调取了申辩人出具的评估报告与评估工作底稿等证据。申辩人关于本案已超过行政处罚时效的主张不能成立。

最后,我会量罚并无不当。××评估机构在执行G股份公司2019年年报资产减值评估项目中存在多项未勤勉尽责情形,导致将G股份公司虚增的资产纳入评估范围,将G股份公司虚构的改造费用纳入评估值,申辩人辩称其无主观过错,以及相关违法行为未产生危害后果,与事实不符。我会已充分考虑其违法行为的性质、情节和危害后果,量罚并无不当。

根据当事人的违法事实、性质、情节与社会危害程度,依据《证券法》第二百一十三条第三款的规定,我会决定:

一、对××评估机构(北京)资产评估有限公司责令改正,没收业务收入247 524.75元,并处以742 574.25元罚款;

二、对金某、丁某给予警告,并分别处以20万元罚款。

上述当事人应自收到本处罚决定之日起 15 日内，将罚款汇交中国证券监督管理委员会，开户银行：中信银行北京分行营业部，账号：7111010189800000162，由该行直接上缴国库，并将注有当事人名称的付款凭证复印件送中国证券监督管理委员会行政处罚委员会办公室备案。当事人如果对本处罚决定不服，可在收到本处罚决定书之日起 60 日内向中国证券监督管理委员会申请行政复议，也可在收到本处罚决定书之日起 6 个月内直接向有管辖权的人民法院提起行政诉讼。复议和诉讼期间，上述决定不停止执行。

中国证监会

2023 年 12 月××日

1-1-5　其他类相关案例（2023 年）

中国证券监督管理委员会河北监管局

行政处罚决定书〔2023〕××号

当事人：××××评估有限公司（以下简称××评估公司或公司），住所：北京市朝阳区……

依据《中华人民共和国证券法》（以下简称《证券法》）的有关规定，我局对××评估公司从事证券服务业务未备案违法行为进行了立案调查、审理，并依法向当事人告知了作出行政处罚的事实、理由、依据及当事人依法享有的权利。当事人未提出陈述、申辩意见。本案现已调查、审理终结。

经查明，当事人存在以下违法事实：

CX 股份有限公司（以下简称 CX 股份）是股票在全国中小企业股份转让系统挂牌转让的公司。××评估公司于 2022 年 4 月 5 日接受 CX 股份的委托开展评估业务，并于 2022 年 4 月 25 日出具《CX 股份有限公司商誉减值测试涉及的华韵保定建筑设计有限公司包含商誉资产组的可收回金额项目资产评估报告》（××评字〔2022〕第 AK××号）。××评估公司开展的上述业务属于《证券服务机构从事证券服务业务备案管理规定》(证监会公告〔2020〕52号,以下简称《备案管理规定》)第六条第一项规定的证券服务业务,但××评估公司未按照《备案管理规定》第十条的要求向中国证监会备案。

上述违法违规事实,有资产评估委托合同、资产评估报告、询问笔录等证据证明。

××评估公司的上述行为违反《证券法》第一百六十条第二款的规定,构成《证券法》第二百一十三条第二款所述的违法行为。

根据当事人违法行为的事实、性质、情节与社会危害程度,依据《证券法》第二百一十三条第二款的规定,我局决定:

对×××评估有限公司责令改正,并处以5万元罚款。

上述当事人应自收到本处罚决定书之日起15日内,将罚没款汇交中国证券监督管理委员会,开户银行:中信银行北京分行营业部,账号:7111010189800000162,由该行直接上缴国库,并将注有当事人名称的付款凭证复印件送我局备案。当事人如果对本处罚决定不服,可在收到本处罚决定书之日起60日内向中国证券监督管理委员会申请行政复议,也可在收到本处罚决定书之日起6个月内向有管辖权的人民法院提起行政诉讼。复议和诉讼期间,上述决定不停止执行。

河北监管局
2023年11月××日

1-1-6 财政部相关案例(2024年)

财政部行政处罚决定书

财监法〔2024〕××号

某某资产评估房地产土地估价事务所(有限合伙):

根据《中华人民共和国资产评估法》等法律的规定,财政部组织检查组于2024年5月至6月对你所执业质量等情况开展了检查。检查发现的主要问题和行政处罚决定如下：

一、检查发现的主要问题

（一）执业质量存在的问题。

1. 你所出具的《A 公司并购 B 公司所涉及的以财务报告为目的的商誉减值测试项目资产评估报告》（××评报字〔2023〕第××号）存在以下问题：

（1）错误采用超出评估范围的现金流，导致评估结论包含评估范围以外资产的价值。

该报告表述的资产组范围和 A 公司相关公告披露的资产组范围均不包含长期投资，你所资产评估专业人员实际预测的现金流包含投资收益，导致评估结论包含评估范围以外资产的价值，评估结论差异 41 599.15 万元（在其他条件不变的情况下，造成高估），差异率 42.8%。

（2）现金流测算未扣减基准日营运资金。

该报告表述"评估范围包括组成资产组或资产组组合的固定资产、无形资产和长期待摊费用"，不包含营运资金。你所资产评估专业人员在实际测算中未扣减基准日营运资金，导致评估结论差异 18 558.39 万元（在其他条件不变的情况下，造成高估），差异率 19.09%。

（3）资产减值损失预测缺少分析判断依据。

你所资产评估专业人员在使用收益法测算时，未分析历史年度资产减值损失的形成原因，直接在预测未来现金流中扣减资产减值损失 2 000 万元/年。

（4）资本性支出和折旧摊销金额不匹配，未进行合理性分析。

你所资产评估专业人员预测该项目永续期年资本性支出金额为 128.37 万元，永续期年折旧摊销金额为 735.98 万元，折旧摊销金额是资本性支出金额的 5.73 倍，资产评估报告和评估工作底稿中均无相关合理性分析。

2. 你所出具的《C 公司拟进行股权收购所涉及的 D 公司股东全部权益价值项目资产评估报告》（××评报字〔2023〕第××号）存在以下问题：

（1）永续期折现值计算公式错误。

你所资产评估专业人员使用收益法测算时，采用的永续期折现值计算公式为"详细预测期最后一年自由现金流/折现率×[1−1/(1+折现率)^

详细预测期最后一年折现期]",正确的计算公式应为"永续期自由现金流/折现率/(1+折现率)^详细预测期最后一年折现期",导致评估结论差异 751 万元(在其他条件不变的情况下,造成低估),差异率 31.44%。

(2) 折现率计算中可比公司选取不合理,且未披露选取的标准和过程。

你所资产评估专业人员在该项目的折现率参数取值中,选取的 3 家可比公司所属行业均为新能源汽车行业,与被评估单位所属的工程设计行业不相符,选取公司均不具可比性,且评估说明未披露可比公司的选取标准和选取过程。

3. 你所出具的《E 公司拟股权转让所涉及的 F 公司股东全部权益价值项目资产评估报告》(××评报字〔2023〕第××号)存在以下问题:

(1) 永续期现值系数计算公式错误。

你所资产评估专业人员在永续期现值系数计算时,采用的公式为"(1/折现率)×[1-1/(1+折现率)^详细预测期最后一年折现期]",正确的公式应为"(1/折现率)×[1/(1+折现率)^详细预测期最后一年折现期]",导致评估结论差异 3 656.51 万元(在其他条件不变的情况下,造成低估),差异率 14.89%。

(2) 永续期资本性支出未计算全部存量设备的更新投入。

被评估企业基准日固定资产余额 594.45 万元,其中机器设备 502.50 万元、电子设备 2.54 万元、运输设备 72.31 万元、其他设备 17.10 万元。永续期资本性支出仅计算电子设备的更新投入 15 万元/年,未计算其他固定资产的更新投入,资本性支出预测不合理。

依据《资产评估行业财政监督管理办法》第四十六条,财政部认定上述事项构成重大遗漏,违反了《中华人民共和国资产评估法》第二十条,《资产评估执业准则——企业价值》第五条、第二十三条、第二十六条,《资产评估执业准则——资产评估档案》第十一条,《以财务报告为目的的评估指南》第五条等有关规定。

(二) 机构内部治理存在的问题。

指定不符合《中华人民共和国资产评估法》规定的人员从事评估业务。你所 2022 年 3 月 26 日出具《G 公司拟股权收购所涉及的 H 公司股东全部权益价值资产评估报告》（××评报字〔2022〕第××号），签字资产评估师许××、彭××，委托合同金额13万元。检查发现，该评估项目由你所指定当时在××资产评估事务所（特殊普通合伙）深圳分所执业的资产评估师曾××负责业务开发、收集资料、评定估算等工作，你所支付曾××该评估项目服务费11.10万元，占委托合同金额的85.38%。

上述事项违反了《中华人民共和国资产评估法》第二十条的规定。

上述事实，有检查报告、当事人签证和反馈意见等证据予以证实。

二、行政处罚决定

依据《中华人民共和国资产评估法》第四十七条的规定，财政部决定给予你所警告、责令停业六个月、没收违法所得34.90万元并处违法所得五倍罚款174.50万元的行政处罚。

你所应在收到本处罚决定书之日起十五日内与财政部深圳监管局联系，凭财政部深圳监管局开具的电子《非税收入一般缴款书》，通过中央财政非税收入收缴代理银行，将违法所得和罚款缴入中央国库，并将缴款凭证等相关材料书面报送财政部监督评价局。

如不服本处罚决定，可以在接到本决定书之日起六十日内，依法向财政部申请行政复议；或者在接到本决定书之日起六个月内，依法向北京市第一中级人民法院提起行政诉讼。除法律另有规定外，行政复议和行政诉讼期间，本处罚决定不停止执行。

财　政　部

2024年11月××日

1-1-7　财政部相关案例（2024年）

财政部行政处罚决定书

财监法〔2024〕××号

某某房地产土地资产评估咨询有限公司：

根据《中华人民共和国资产评估法》等法律的规定，财政部组织检查组于 2024 年 6 月对你公司执业质量等情况开展了检查。检查发现的主要问题和行政处罚决定如下：

一、检查发现的主要问题

（一）执业质量方面存在的问题。

1. 你公司出具的《A 公司拟对合并 B 公司形成的商誉进行减值测试涉及的包含商誉的相关资产组评估项目资产评估报告》（×× 〔2023〕资第 ×× 号）存在以下问题：

（1）评估档案缺乏重要资产现场调查记录。评估档案宗地调查表中，44 项土地使用权只有 3 项有宗地调查表，且表中区域环境、其他条件等项目无调查记录。无宗地调查表的 41 项土地使用权面积占比为 69.73%。

（2）部分重要参数缺少分析测算的依据和过程。一是机器设备评估档案中无购置价取价来源记录，涉及机器设备 4 715 项、账面价值 34.97 亿元；二是以"账面价值加资金成本"确定在建工程公允价值时，未就在建工程开工日期至评估基准日期间是否存在价格变动、停工闲置等因素对公允价值的影响进行分析调整，涉及在建工程账面价值 20.77 亿元；三是采用收入分成法评估 B 公司专利及生产资质时，预测该公司 2023 至 2027 年度收入增长率分别为 202.04%、22.16%、13.44%、6.30%、13.31%，缺少收入增长率分析、确定过程。

（3）无形资产分成率计算基数影响因素考虑不完整。采用收益法评估专利技术及生产资质类无形资产公允价值时，一是未分析可比公司是否存在非经营性收入、成本和费用，没有考虑上述项目是否对可比公司无形资产分成率的计算口径和结果产生影响；二是分成率选取可比公司全部无形资产的分成率，未分析专利技术以及生产资质类无形资产占全部无形资产的贡献比例。

2. 你公司出具的《C 公司拟收购 D 公司股权所涉及其股东全部权益价值评估项目资产评估报告》（×× 〔2023〕资 ×× 号）存在以下问题：

评估假设无有效依据，明显不合理。该报告采用资产基础法对 D 公司股东全部权益价值进行评估，评估结论 21 609.22 万元，CLH 41（HK）Limited（以下简称 CLH 公司）为 D 公司股东及债权人。该报告使用"如果 CLH 公司与买方根据《股权转让意向书》第二条约定的交易对价完成股权转让，CLH 公司同意放弃对 D 公司的目标债权。假设本次交易可以完成，CLH 公司同意放弃对 D 公司的目标债权人民币 59 302 888.93 元，因此本次评估将相应的其他应付款款项 59 302 888.93 元视为 CLH 公司同意放弃，评估结果为零"作为评估假设。检查发现，评估档案收集的《股权转让意向书》并没有 CLH 公司同意放弃对被评估企业目标债权的明确表述，且无双方签章，涉及金额 59 302 888.93 元，相当于评估结论对应数值的 27.44%。

依据《资产评估行业财政监督管理办法》第四十六条，财政部认定上述事项构成重大遗漏，违反了《中华人民共和国资产评估法》第二十条，《资产评估执业准则——资产评估档案》第十一条，《资产评估执业准则——无形资产》第二十二条，《资产评估执业准则——企业价值》第五条、第六条等有关规定。

（二）机构内部治理存在的问题。

以虚构交易套取费用，私设账簿。自 2019 年起，你公司在法定代表人朱××和会计金××个人账户、E 公司法人账户等核算经济业务，通过虚构经济业务事项、公司收入不入法定账户等形式，套取资金至上述账外资金账户，涉及收入金额 18 342 324.11 元，已支出 18 069 350.69 元，结余 272 973.42 元。支出主要用途为发放公司员工工资及奖金、支付业务费用、支付股东工资及经营费用、购买汽车、退还保证金、日常经营支出等。

上述事项违反了《中华人民共和国会计法》第九条、第十六条、第十七条的规定。

上述事实，有检查报告、当事人签证和反馈意见等证据予以证实。

二、行政处罚决定

依据《中华人民共和国资产评估法》第四十七条、《中华人民共和国会计法》第四十三条的规定，财政部决定给予你公司警告、罚款 10 万元的行政处罚。

你公司应在收到本处罚决定书之日起十五日内与财政部浙江监管局联系，凭财政部浙江监管局开具的电子《非税收入一般缴款书》，通过中央财政非税收入收缴代理银行，将罚款缴入中央国库，并将缴款凭证等相关材料书面报送财政部监督评价局。

如不服本处罚决定，可以在接到本决定书之日起六十日内，依法向财政部申请行政复议；或者在接到本决定书之日起六个月内，依法向北京市第一中级人民法院提起行政诉讼。除法律另有规定外，行政复议和行政诉讼期间，本处罚决定不停止执行。

财　政　部
2024年11月××日

1-2　行政监管措施相关案例

1-2-1　交易类相关案例（2024年）

**关于对××××资产评估有限公司、陈某、王某
采取出具警示函措施的决定**

××××资产评估有限公司、陈某、王某：

根据《上市公司现场检查规则》（证监会公告〔2022〕21号）等规定，我局派出检查组对MS股份有限公司（以下简称MS股份）进行了现场检查，并对××××资产评估有限公司（以下简称××评估机构）执行的MS股份子公司SH有限（以下简称SH有限）收购广西HQ有限公司股东全部权益价值资产评估项目进行了延伸检查。经查，××评估机构在执业中存在以下问题：

一、将新增建设土地使用费纳入计算依据存在错误。根据财政部、国土资源部、中国人民银行《关于调整新增建设用地土地有偿使用费政策等问题的通知》（财综〔2006〕148号）规定，新增建设用地土地有偿使用费，由市、县人民政府按照国土资源部或省、自治区、直辖市国土资源管理部门核定的当地实际新增建设用地面积、相应等别和征收标准缴纳；严禁市、县人民政府和有关部门将新增建设用地土地有偿使用费转嫁由用地单位缴纳。××评估机构将新增建设土地使用费按每平方米土地21元纳入土地价值计算，导致评估值增加678 890.17元。上述行为违反了《资产评估执业准则——不动产》第二十七条的规定。

二、资金成本计算依据存在错误。根据中国人民银行的相关规定，自 2019 年 8 月 20 日起，中国人民银行授权全国银行间同业拆借中心于每月 20 日公布贷款市场报价利率（LPR），取消中国人民银行贷款基准利率这一标准。××评估机构在评估基准日时采用的银行贷款基准利率已取消，而计算建筑物资金成本使用的利率 4.75% 仍为银行贷款基准利率，高于基准日贷款市场报价利率（LPR），导致评估值增加 165 317 元。上述行为违反了《资产评估执业准则——资产评估程序》第十三条、第十五条、第十七条的规定。

三、房屋建筑物成新率计算存在错误。根据评估报告，相关办公楼建成于 2015 年，于 2019 年、2020 年先后进行了装修。××评估机构在评估过程中应针对办公楼建成时间与房屋装修时间不同，将房屋主体结构与房屋装修根据各自经济使用年限分别计算成新率再综合汇总，但评估报告却采用 2020 年作为建成日期统一进行计算成新率，导致评估值虚高。上述行为违反了《资产评估执业准则——资产评估方法》第二十条的规定。

四、在建工程计算未考虑自身停工原因以及行业严重过剩等内外因素所引起的减值。××评估机构在分析在建工程续建的可能性时，未能充分考虑在建工程真实停工原因和未来规划等因素，未能客观判断是否需要扣除可能存在的实体性贬值、功能性贬值和经济性贬值等情况，导致评估值虚高。上述行为违反了《资产评估执业准则——资产评估方法》第二十条和《资产评估执业准则——不动产》第二十五条、第二十九条、第三十二条的规定。

××评估机构的上述行为不符合《资产评估执业准则》的有关要求，违反了《上市公司信息披露管理办法》（证监会令第 182 号，下同）第四十五条、第四十七条等相关规定。陈某、王某作为相关评估项目的签字评估师，对上述违规行为负有主要责任。

根据《上市公司信息披露管理办法》第五十五条的规定，我局决定对××评估机构、陈某、王某采取出具警示函的行政监管措施。你们应认真吸取教训，严格遵照相关法律法规和资产评估准则的规定做好整改工作，进一步加强内部管理，健全质量控制制度，于收到本行政监管措施决定书

30日内向我局报送整改报告。

如果对本监督管理措施不服，可以在收到本决定书之日起60日内向中国证券监督管理委员会提出行政复议申请；也可以在收到本决定书之日起6个月内向有管辖权的人民法院提起诉讼。复议与诉讼期间，上述监督管理措施不停止执行。

广东证监局
2024年2月××日

1-2-2 交易类相关案例（2024年）

关于对××××资产评估有限公司及侯某某、刘某、陈某某采取出具警示函措施的决定

××××资产评估有限公司及侯某某、刘某、陈某某：

根据《中华人民共和国证券法》有关规定，我局对你们执行的MK股份公司（以下简称MK股份）拟收购公司股权所涉及的AM科技有限公司股东全部权益资产评估项目（××××评报字〔2022〕××号）、BY发展股份有限公司（以下简称*ST某公司）拟对应收账款减值测试所涉及的KM矿业有限公司股东全部权益价值评估项目（××××评报字〔2022〕×××号）进行了专项核查。经查，你们在评估执业中存在以下问题：

一、MK股份项目

1. 盈利预测依据不充分，收益法评估中预测期收入增长幅度较大，评估中未就相关产品上市日期、预测销售数量及单价获取充分依据。

2. 评估报告披露不规范，一是评估假设披露不充分，收入预测对应的核心产品在评估基准日尚未获批上市，收入预测前提为2023年该产品获批上市，该重要假设前提未在评估假设中充分披露；二是未充分收集、披露评估对象历史交易情况。

3. 评估程序履行不到位，一是访谈程序执行不到位，访谈记录签字人未提供到现场的证据；二是评估中未核实收入预测产品对应的商标、专利是否归属被评估单位、是否在有效期内；三是未充分记录被评估单位的资

产、财务分析和调整情况。

4. 底稿和其他问题，一是评估明细表中基本户账号与底稿"基本存款账户信息"不一致；二是工作底稿未按规范编制，所有工作底稿未编制成册、未编制页码；三是评估工作主要依赖外聘人员，签字评估师未到项目现场；四是底稿中未见可比公司的选取依据，未见被评估单位与可比公司分析比较的资料。

上述情形不符合《资产评估执业准则——企业价值》第六条、第七条、第十一条、第二十三条、第二十六条、第四十六条，《资产评估执业准则——资产评估程序》第十二条、第十五条、第四十四条，《资产评估执业准则——利用专家工作及相关报告》第九条、第十条的有关规定。

二、*ST 某公司项目

1. 评估结论不完整，成本法评估中对被评估单位的负债考虑不完整，未充分考虑采矿权新增储量对应的未缴纳出让收益的影响。

2. 评估报告披露不规范，评估目的依据不充分，评估报告披露"被评估单位的股东与委托人存在商品交易关系，以持有的被评估单位的股权质押给委托人"，但评估中未获得股权质押合同。

3. 评估程序履行不到位，一是未到现场核查验证，无现场工作底稿；二是未取得评估基准日储量报告，评估中所依据的储量核实报告日期分别为 2014 年 3 月、2020 年 8 月出具，与评估基准日 2021 年 12 月 31 日存在差异。

上述情形不符合《资产评估执业准则——企业价值》第六条、第七条、第十一条、第三十七条，《资产评估执业准则——资产评估程序》第十三条的有关规定。

你们的上述行为违反了《上市公司信息披露管理办法》（证监会令第 182 号）第四十五条、第四十七条的规定，根据《上市公司信息披露管理办法》第五十五条的规定，我局决定对你们采取出具警示函的行政监管措施，并记入证券期货市场诚信档案。你们应关注执业风险，及时采取措施加强质量管理，确保执业质量，并于收到本决定书之日起 30 日内向我局提交书面报告。

如果对本监督管理措施不服，可以在收到本决定书之日起 60 日内向中国证券监督管理委员会提出行政复议申请,也可以在收到本决定书之日起6个月内向有管辖权的人民法院提起诉讼。复议与诉讼期间,上述监督管理措施不停止执行。

中国证监会北京监管局
2024 年 5 月××日

1-2-3 交易类相关案例(2023 年)

中国证券监督管理委员会山东监管局
行政监管措施决定书〔2023〕××号

××××资产评估(北京)有限责任公司及资产评估师王某某、蔡某某:

我局对××评估机构执业的 Q 股份公司拟收购 S 科技有限公司(以下简称 S 有限公司)股权涉及的 S 有限公司股东全部权益价值项目(××××评报字〔2022〕第 2××号)进行了检查。经查,××评估机构在执业中存在以下问题:

一、报告披露不符合准则规定

S 有限公司 2021 年、2022 年 1 月至 9 月份实现收入分别比 2020 年、2021 年增长 37.19%、-28.8%,截至评估基准日尚未实现盈利。××评估机构以 2022 年 9 月 30 日为评估基准日对 S 有限公司 2023 年至 2027 年预测收入增长率分别为 66.25%、55.41%、46.96%、27.81%、16.67%,且在预测期首年实现扭亏为盈,上述预测趋势与 S 有限公司历史业绩和现实经营状况存在重大差异,且××评估机构未按照《资产评估执业准则——企业价值》第二十三条的规定,对上述差异在资产评估报告中予以披露,并对产生差异的原因及其合理性进行说明。

二、评估参数预测依据不足

(一)收入预测方面。评估说明中企业所处行业分析引用 Yole 数据,2018 年至 2026 年全球 MEMS 声学传感器市场规模年均复合增长率 6.24%。××评估机构结合行业发展趋势及企业自身规模和市场占用率,预估 S 有限公司未来年度各细分市场可保持 15%—20%/25% 的增长，但评估结论中详细预测期（2023—2027 年）收入增长率分别为 66.25%、55.41%、46.96%、27.81%、16.67%，未见××评估机构对 S 有限公司未来远高于行业增长率的预测进行合理性分析，未对预估增长率与实际预测增长率的差异进行说明，评估底稿中亦未见 S 有限公司改善收入状况所采取的具体措施等支撑材料，预测依据不充分。

（二）成本预测方面。S 有限公司历史期间毛利率发生较大变化，未见××评估机构对影响毛利率的关键因素进行分析与验证。详细预测期 S 有限公司毛利率逐年增长，在预测产品售价基本不变的情况下，底稿中未见××评估机构对成本构成要素的变化趋势进行分析并获取相关的支撑资料，毛利率的预测依据不足。

（三）费用预测方面。职工薪酬中未对业务大幅增长而人员基本未增长的情况进行合理性分析。研发费用预测中，××评估机构预测 2023 年研发费用占营业收入比重较历史期间下降，且以后年度逐年降低，工作底稿中未对降低的原因及 S 有限公司现有技术较竞争对手的优势进行有效论证分析，也未见与之相关的支撑材料，研发费用的预测依据不充分。

上述情形不符合《资产评估基本准则》第五条、第十五条，《资产评估执业准则——资产评估程序》第十五条、第十七条、第十九条，《资产评估执业准则——企业价值》第二十三条及《资产评估执业准则——资产评估档案》第十一条的规定。

三、核查验证程序不规范

一是××评估机构对委托加工物资评估申报明细表中数量与询证函回函记录的数量不一致的情况，未进行差异性分析。二是评估说明中对 S 有限公司的行业现状与发展前景分析引用了 Yole 数据，但注明的资料来源与工作底稿中记录的信息查询载体不一致。上述情形不符合《资产评估基本准则》第五条、第十五条，《资产评估执业准则——资产评估程序》第十三条、第十五条及第十七条的规定。

四、工作底稿存在错误

××评估机构在评估中使用了审计机构的函证结果，但评估底稿中 S 有限公司提供的《利用审计函证的说明》系向另一家资产评估机构出具的。上述情形不符合《资产评估基本准则》第五条、《资产评估执业准则——资产评估档案》第六条及第七条的规定。

上述行为不符合《资产评估基本准则》《资产评估执业准则》的有关要求,违反了《上市公司信息披露管理办法》(证监会令第182号)第四十五条、第四十七条的规定。按照《上市公司信息披露管理办法》(证监会令第182号)第五十五条的规定,我局决定对××评估机构及签字评估师王某某、蔡某某采取出具警示函的监督管理措施,并记入证券期货市场诚信档案数据库。

如果对本监督管理措施不服,可以在收到本决定书之日起60日内向中国证券监督管理委员会提出行政复议申请,也可以在收到本决定书之日起6个月内向有管辖权的人民法院提起诉讼。复议与诉讼期间,上述监督管理措施不停止执行。

山东监管局
2023年4月××日

1-2-4 财报类相关案例(2024年)

关于对××××资产评估土地房地产估价有限公司及程某某、钟某某采取出具警示函措施的决定

××××资产评估土地房地产估价有限公司、程某某、钟某某:

经查,你公司接受D科技有限公司(以下简称D公司)委托,对其股东全部权益价值进行评估,执业过程中存在以下问题。

一、营业收入预测缺乏充分依据且未关注期后事项

你公司在收益法评估中,简单将D公司2022年前三季度的收入平均值作为2022年第四季度收入预测值,缺乏充分依据。且未充分关注基准日至评估报告日期间的实际经营情况,并考虑期后事项可能对评估结果产生的影响,致使2022年四季度收入预测值与实际值之间存在高达50%的偏差,亦对以后年度预测值产生重大影响。以上情形不符合《资产评估执业准则——企业价值》第二十三条的规定。

二、营运资金预测中，个别项目计算错误

你公司在评估基准日最低现金保有量测算中，2022年1月至9月的付现成本未扣除折旧摊销金额3 301.51万元。以上情形不符合《资产评估执业准则——企业价值》第五条、《资产评估执业准则——资产评估程序》第十九条的规定。

三、未谨慎识别非经营性资产、负债和溢余资产

你公司仅在《基准日溢余资产、非经营性资产及有息负债分析表》中简单列示各会计科目中溢余资产、非经营性资产、有息负债评估值，未对科目明细及具体构成进行分析判断，谨慎识别非经营性资产、负债和溢余资产并在底稿中记录识别过程。以上情形不符合《资产评估执业准则——企业价值》第十三条、第十四条的规定。

四、企业所得税预测不严谨

你公司在企业所得税预测中，未结合被评估单位实际，考虑研发费用加计扣除税收优惠政策对所得税费用的影响。以上情形不符合《资产评估执业准则——企业价值》第五条、《资产评估执业准则——资产评估程序》第十九条的规定。

以上行为不符合《资产评估执业准则》的有关规定，违反了《上市公司信息披露管理办法》（证监会令第182号）第四十五条、第四十七条的规定。程某某、钟某某作为该评估项目的签字评估师，对上述违规行为负有主要责任。按照《上市公司信息披露管理办法》第五十五条的规定，我局决定对你公司及程某某、钟某某采取出具警示函的监督管理措施。你们应认真吸取教训，严格遵照相关法律法规和资产评估准则要求做好整改工作，加强质量管理，确保评估执业质量，并于收到本决定书之日起15个工作日内向我局提交书面整改报告。

如对本监督管理措施不服，可以在收到本决定书之日起60日内向中国证券监督管理委员会提出行政复议申请，也可以在收到本决定书之日起6个月内向有管辖权的人民法院提起诉讼。复议与诉讼期间，上述监督管理措施不停止执行。

湖南证监局

2024年4月××日

1-2-5 财报类相关案例（2024年）

关于对××××资产评估有限公司及张某某、刘某某采取出具警示函措施的决定

××××资产评估有限公司、张某某、刘某某：

根据《中华人民共和国证券法》有关规定，我局对你们执行的 ZL 股份有限公司（以下简称 ZL 科技）以财务报告为目的商誉减值测试所涉及的 ZL 科技并购 ZL 发展有限公司（以下简称 ZL 发展）形成的商誉相关资产组评估项目（××××评报字〔2023〕第 A-×××号）进行了检查。经查，你们在执业过程中存在以下问题：

一、部分收入预测未见分析或计算过程

（一）评估工作底稿记录了系统集成类业务 2023 年收入预测总金额，并说明了该金额由在手订单和预计能签订订单构成，但未见对系统集成类业务 2023 年收入预测总金额的具体分析和计算过程。

（二）评估工作底稿显示，系统集成业务中，个别在手合同项目协议有效期跨越了 2023 和 2024 两个年度；部分潜在项目预计签约日期接近年末。未见对系统集成业务在手订单和潜在订单合同的有效期、履约进度以及各订单收入归属年度等进行分析。

（三）对天津园区数据中心预测租赁单价与合同约定不符，未对差异原因进行分析说明。

上述问题不符合《资产评估执业准则——资产评估程序》第十七条、第十九条，《资产评估执业准则——资产评估方法》第十一条，《资产评估执业准则——资产评估档案》第十一条第（三）项规定。

二、部分收入成本预测依据不足

（一）评估工作底稿显示，系统集成业务在手合同订单包括已签约维保项目，但底稿中未见各维保项目的明细及相关合同。

（二）评估工作底稿显示，系统集成业务潜在订单中存在涉密项目，因而无法提供涉密项目接洽事项及具体方案，并根据历史年度经验预估了潜在订单转为在手订单的转化比例。经查，项目组对非涉密项目仅获取了

部分项目介绍资料（如 PPT 等），未见商务接洽相关资料，未见分析潜在订单转为在手订单转化比例的确定依据，未见分析潜在订单合理性和可实现性。

（三）经查，对于数据中心业务收入预测中，未见对建成年月、预计运营时间、已签订租赁合同、历史期出租率和历史租赁单价等进行介绍和分析。对部分地区数据中心 2024 年及以后年度出租率显著增长的原因，未见分析说明。

（四）评估工作底稿显示，系统集成业务在手订单中个别金额占比较大合同约定的成本率，显著高于项目组预测的系统集成业务在详细预测期的成本率，未见分析和评估上述订单成本率较高情况对预测成本率的影响。

上述问题不符合《以财务报告为目的的评估指南》第五条，《资产评估执业准则——资产评估程序》第十五条、第十七条，《资产评估执业准则——资产评估方法》第十一条、第十四条，《资产评估执业准则——资产评估档案》第十一条第（三）项规定。

三、部分计算过程有误

（一）对 ZL 发展与中国电信开展的某 IDC 服务运营合作项目，部分收入预测计算过程中，未见按照合同双方约定的分成比例计算收入分成。

（二）评估工作底稿《五年预测期折旧、摊销及资本性支出计算详表》中，个别项目"启用日期"项记录错误，导致某数据中心更新支出计算错误。

上述问题不符合《资产评估执业准则——资产评估程序》第十七条和第十九条规定。

四、部分资本性支出评估依据不足

评估工作底稿显示，2023 年预计资本性支出中包括部分数据中心新增设备支出。经查，未见对部分数据中心预计新增大额支出项目所涉及的投资计划、已签订合同、项目进度情况等资料进行收集，未见对上述支出资金来源可靠性以及项目在 2023 年度能够完成的可实现性作出必要分析。

上述问题不符合《以财务报告为目的的评估指南》第五条、第二十八条,《资产评估执业准则——资产评估程序》第十五条、第十七条规定。

××××资产评估有限公司上述行为违反《上市公司信息披露管理办法》第四十五条第一款、第四十七条规定,张某某、刘某某作为评估项目的签字评估师,违反了《上市公司信息披露管理办法》第四十五条第一款规定。按照《上市公司信息披露管理办法》第五十五条规定,我局决定对××××资产评估有限公司、张某某、刘某某采取出具警示函的监督管理措施。你们应充分吸取教训,严格遵照相关法律法规和资产评估准则规定,切实提高执业质量。

如果对本监督管理措施不服,可以在收到本决定书之日起60日内向中国证券监督管理委员会提出行政复议申请,也可以在收到本决定书之日起6个月内向有管辖权的人民法院提起诉讼。复议和诉讼期间,上述监督管理措施不停止执行。

天津证监局
2024年11月××日

1-2-6 财报类相关案例(2023年)

中国证券监督管理委员会山东监管局
行政监管措施决定书〔2023〕1××号

××××资产评估所(特殊普通合伙)及谭某某、罗某某、赵某某:

根据《证券法》相关要求,我局对××评估所执行的H科技股份有限公司2021年、2022年商誉减值测试涉及的H控股公司(以下简称H控股公司)资产组组合可收回金额评估项目进行了检查。经查,××评估所主要存在以下问题。

一、营业收入及成本评估方面

(一)2021年商誉减值测试评估

1.××评估所未对预测的主营业务收入、毛利率数据与H控股公司历史数据存在差异的原因及合理性进行充分分析说明。

2. 未结合历史期固定成本和变动成本构成、变动成本影响因素等对 H 控股公司销售类业务变动成本合理性进行分析说明。

上述行为不符合《资产评估执业准则——资产评估程序》第十七条、《资产评估执业准则——资产评估方法》第十一条、《以财务报告为目的的评估指南》第二十八条的相关规定。

（二）2022 年商誉减值测试评估

1. ××评估所预测的 H 控股公司各类业务 2023 年增长趋势变动较大，但未按照业务类型对收入预测的合理性进行分析说明。

2. ××评估所在预测营业成本和毛利率时，未能充分考虑各类业务毛利率差异较大等实际情况对不同业务类型分别进行分析预测。

3. 2022 年毛利率预测方式与 2021 年不一致，××评估所未说明两次评估预测方式不一致的原因及合理性。

上述行为不符合《资产评估执业准则——资产评估程序》第十七条，《资产评估执业准则——资产评估方法》第十一条，《以财务报告为目的的评估指南》第二十三条、第二十八条、第三十七条的相关规定。

二、税金及附加评估方面

1. 2021 年、2022 年商誉减值测试评估时，××评估所按照历史期平均税率预测增值税进项税额，而未根据预测成本及对应税率进行测算，××评估所未对采用上述评估方法的合理性进行分析说明。

2. 2021 年、2022 年商誉减值测试评估时，××评估所对印花税预测方式不一致，××评估所未说明两次评估预测方式不一致原因及合理性。

上述行为不符合《资产评估执业准则——资产评估程序》第十七条，《资产评估执业准则——资产评估方法》第十一条，《以财务报告为目的的评估指南》第二十三条、第二十八条、第三十七条的相关规定。

三、管理费用、销售费用评估方面

1. 2021 年商誉减值测试评估时，未对 H 控股公司收入预测增长的情况下，预测的销售人员数量、人均工资及职工薪酬下降的合理性进行充分分析说明。

2. 2022 年商誉减值测试评估时，未对 H 控股公司管理人员大幅减少的合理性进行充分分析说明。

上述行为不符合《资产评估执业准则——资产评估程序》第十七条、《资产评估执业准则——资产评估方法》第十一条、《以财务报告为目的的评估指南》第二十八条的相关规定。

四、营运资金评估方面

1. 2021 年商誉减值测试评估时，预测的 H 控股公司详细预测期营运资金周转率与历史期差异较大，××评估所未对其合理性进行充分分析说明。

2. 2022 年商誉减值测试评估时，预测的 H 控股公司营业收入与回款速度同时增加，与公司实际情况不符，××评估所未对其合理性进行充分分析说明。

3. 两次评估预测的 H 控股公司营运资金周转率差异较大，××评估所未对差异原因及合理性进行充分分析说明。

上述行为不符合《资产评估执业准则——资产评估程序》第十七条、《资产评估执业准则——资产评估方法》第十一条、《以财务报告为目的的评估指南》第二十八条的相关规定。

五、折现率评估方面

1. 2021 年、2022 年商誉减值测试评估时，××评估所按照息税前利润与 15% 所得税税率计算税后现金流，但 H 控股公司子公司所得税率均为 25%，××评估所未对采用 15% 所得税税率合理性进行分析说明。

2. 2021 年、2022 年商誉减值测试评估时，××评估所在计算 H 控股公司税前折现率时未考虑研发费用加计扣除税收政策对所得税的影响。

上述行为不符合《资产评估执业准则——资产评估程序》第十七条、《资产评估执业准则——资产评估方法》第十一条、《以财务报告为目的的评估指南》第三十四条的相关规定。

××评估所上述行为违反了《上市公司信息披露管理办法》（证监会令第 182 号）第四十五条、第四十七条的规定。按照《上市公司信息披露管理办法》（证监会令第 182 号）第五十五条的相关规定，我局决定对××评估所采取出具警示函的监督管理措施并记入证券期货市场诚信档案数据库。

××评估所应严格遵照相关法律法规规定，及时采取措施加强内部管理，建立健全质量控制体系，确保执业质量。××评估所应当在收到本决定书之日起15个工作日内向我局报送书面整改报告。

如果对本监督管理措施不服，可以在收到本决定书之日起60日内向中国证券监督管理委员会提出行政复议申请，也可以在收到本决定书之日起6个月内向有管辖权的人民法院提起诉讼。复议与诉讼期间，上述监督管理措施不停止执行。

山东监管局

2023年12月××日

1-2-7　其他类相关案例（2024年）

关于对××××资产评估有限公司及方某、周某、王某某、刘某某、李某某、刘某某、刘某、徐某某、郑某某、周某某采取出具警示函措施的决定

××××资产评估有限公司及方某、周某、王某某、刘某某、李某某、刘某某、刘某、徐某某、郑某某、周某某：

经查，我局发现你公司及相关人员在内部治理、质量控制体系、独立性及……项目存在以下问题：

一、内部治理方面

一是职业风险基金计提和职业责任保险购买情况不符合规定。二是分公司内部治理未统一。各非直属分公司财务核算和人事自行管理，如四川分公司独立核算、自负盈亏，通过缴纳固定比例"管理费"方式向总公司缴纳费用，分公司日常费用支出无需总公司复核；分公司自行制定人员薪酬利益分配标准，员工薪酬与岗位级别挂钩，除总经理和副总经理外，其余人员岗位级别由分公司自行确定。三是四川分公司1名项目经理在其他土地评估机构登记执业。

上述情形不符合《资产评估机构职业风险基金管理办法》第五条、第十一条，《评估机构内部治理指引》第五十七条、第六十九条、第七十五条的规定。

二、质量控制体系方面

一是质控体系未严格一体化。总公司质控部仅对内部部门及直属分公司承做项目进行质控复核，对于非直属分公司的项目直接委派管理层作为质控复核人；安徽分公司质量复核人员薪酬发放、绩效考核均由分公司管理。二是部分业务委托合同签订不规范，业务委托合同未签订日期。三是部分项目管理类底稿制作不规范，相关程序编制日期存在错误或矛盾。四是个别制度未制定实施细则，《分公司评估报告审核授权管理制度》中未对分公司满足三级审核人员的具体要求作出明确规定。五是内部执业质量检查发现的项目问题，未正式书面发文反馈分公司及采取规范的追责程序。

上述情形不符合《评估机构内部治理指引》第七十五条、第八十八条的规定。

三、独立性方面

一是个别项目独立性声明不完整，遗漏相关人员。二是2名执业人员在执业期间交易或持有客户股票。

上述情形不符合《中华人民共和国证券法》第四十二条，《资产评估职业道德准则》第十一条、第十二条的规定。

四、执业质量方面

……

你们上述行为违反了《上市公司信息披露管理办法》（证监会令第182号）第四十五条、第四十七条的规定。根据《上市公司信息披露管理办法》第五十五条的规定，我局决定对你们采取出具警示函的行政监管措施，并记入证券期货市场诚信档案。你公司及相关人员应严格遵照相关法律法规，及时采取措施加强内部管理，建立健全质量控制体系，确保执业质量。你公司应在收到本决定书之日起30日内向我局提交书面整改报告。

如果对本监督管理措施不服，可以在收到本决定书之日起60日内向中国证券监督管理委员会提出行政复议申请，也可以在收到本决定书之日起6个月内向有管辖权的人民法院提起诉讼。复议与诉讼期间，上述监督管理措施不停止执行。

安徽证监局

2024年1月××日

1-2-8　其他类相关案例（2024年）

关于对××××资产评估有限公司
采取出具警示函措施的决定

××××资产评估有限公司：

根据《中华人民共和国证券法》（以下简称《证券法》）有关规定，我办对你公司内部治理、质量控制、独立性及以下项目进行了检查：……。经查，你公司存在以下问题：

一、内部治理、质量控制及独立性存在的问题

（一）内部治理存在的问题

1. 职业风险基金计提情况和职业责任保险购买情况不符合《资产评估机构职业风险基金管理办法》（财企〔2009〕26号）第五条、第十一条的规定。

2. 分公司未按照内部规定的标准承接业务。陕西分公司在2021年业务收入未达标的情况下，于2022年承接了B类和C类项目，不符合你公司内部制度《分公司管理办法细则》中分公司承接B类业务和C类业务年收入应达到最低标准的规定。上述情形不符合《评估机构内部治理指引》（中评协〔2010〕121号）第九十二条的规定。

3. 未执业分公司风险保证金未足额缴存。未执业的吉林、湖南、山西、贵州、厦门和海南分公司未缴存风险保证金，不符合你公司内部制度《分公司管理办法细则》中分公司需向总部一次性缴存风险保证金的规定。上述情形不符合《评估机构内部治理指引》（中评协〔2010〕121号）第九十条的规定。

4. 分公司未按修订后的内部制度结算管理费用。辽宁分公司与总部结算的2021年管理费用不符合你公司内部制度《分公司管理办法细则》中收取管理费用的相关规定。上述情形不符合《评估机构内部治理指引》（中评协〔2010〕121号）第九十条的规定。

（二）质量控制存在的问题

1. 证券服务业务信息报备存在错误。填报的业务明细表存在出具报告

日填报错误的情形。上述情形不符合《证券服务机构从事证券服务业务备案管理规定》第十九条第三款的规定。

2. 部分内部制度未备案。2022年以来新制订和修订多个内部管理制度，但未按规定完成备案。上述情形不符合《证券服务机构从事证券服务业务备案管理规定》第十六条的规定。

3. 部分业务分类错误。部分项目涉及上市公司，但被分类为A4类，不符合你公司内部制度《业务分类管理办法》关于业务分类原则的规定。上述情形不符合《资产评估机构业务质量控制指南》第三十条的规定。

4. 风险管理和质量控制委员会会议纪要不完整。部分会议纪要未记录讨论事项，参会人员未签名，未见最终决议。上述情形不符合《资产评估机构业务质量控制指南》第五条的规定。

5. 业务承接程序模板内部制度未及时更新。业务承接程序中，"评估业务信息调查表""评估业务三项评价表""专业胜任能力评价表"等表格模板已修订并执行，但你公司内部制度未更新。上述情形不符合《资产评估机构业务质量控制指南》第四十六条的规定。

6. 复核程序不到位，部分项目经复核后仍存在明显错误，三级复核未按复核要点进行且未达目标。部分项目已经复核完毕，但仍存在报告格式错位，评估增值率未更新等明显错误；部分项目已经二级复核，但仍存在明显计算错误，不符合你公司内部制度的复核目标。上述情形不符合《资产评估机构业务质量控制指南》第四十条的规定。

7. 业务档案管理不规范。一是部分项目档案归档日超过归档期限要求。二是证券业务完成情况表未按内部规定及时归档、分类和保管。上述情形不符合《资产评估机构业务质量控制指南》第四十七条的规定。

8. 执业质量检查未按照内部制度执行。2022年执业质量检查中，未按照内部制度编制《检查交换意见书》且未由被检查部门签署书面反馈意见，未按要求对被检查项目打分并作出相应处理，不符合你公司内部制度《执业质量检查办法》的相关规定。上述情形不符合《资产评估机构业务质量控制指南》第四十三条、第四十四条、第四十五条的规定。

（三）独立性存在的问题

1. 未执行内幕信息知情人登记管理制度，未建立内幕信息知情人档案。上述情形不符合《关于上市公司内幕信息知情人登记管理制度的规定》第八条第二款的规定。

2. 执业人员的亲属在执业期间持有委托人或者其他相关当事人的股票。上述情形不符合《资产评估职业道德准则》第十一条、第十二条的规定。

3. 未按内部制度要求签署入职及年度的独立性声明。你公司内部制度规定本公司人员应于入职时及以后的每个年度年初签署遵守独立性政策和程序的声明，质量监管部负责检查，实际上未得到执行。另外，部分项目校对审核人未签署《项目组成员独立性声明书》。上述情形不符合《资产评估职业道德准则》第十一条、第十二条的规定。

4. 未按内部制度要求执行所持股票申报工作，未填写股票交易自查报告。你公司内部制度规定每年 1 月 1 日和 7 月 1 日对所有员工及亲属进行所持股票的申报工作，但存在股票申报表不完整，且个别人员申报情况与实际不符的情形。另外你公司存在项目组成员未填写股票交易自查报告的情形。上述情形不符合《资产评估职业道德准则》第十一条、第十二条的规定。

二、项目执业质量存在的问题

……

上述情形不符合《资产评估执业准则——资产评估程序》第十九条，《资产评估执业准则——资产评估方法》第十一条的规定。

你公司的上述行为违反了《上市公司信息披露管理办法》（证监会令第 182 号）第四十五条、第四十七条的规定。根据《上市公司信息披露管理办法》（证监会令第 182 号）第五十五条的规定，我办决定对你公司采取出具警示函的监督管理措施。

现提醒你公司关注以下事项：一是严格遵照相关法律法规、《资产评估执业准则》及相关执业规范的规定，及时采取措施加强内部管理，健全质量控制制度，确保评估执业质量。二是督促相关执业人员加强对证券期货相关法律法规的学习，勤勉尽责履行评估工作义务。你公司应当在收到本决定书之日起 30 日内向我办提交书面整改报告。如果对本监督管理措施不服，可以在收到本决定书之日起 60 日内向中国证监会提出行政复议申请，也可以在收到本决定书之日起 6 个月内向有管辖权的人民法院提起诉讼。复议与诉讼期间，上述监督管理措施不停止执行。

中国证监会深圳专员办
2024 年 1 月××日

1-2-9 其他类相关案例（2024 年）

关于对××××资产评估有限公司及孙某某、戴某某、王某某采取出具警示函措施的决定

××××资产评估有限公司及孙某某、戴某某、王某某：

经查，我局发现你们在质量控制体系、……存在以下问题：

一、质量控制体系方面

一是个别项目未有效执行公司《业务分类管理制度》关于业务分类的规定。二是内部审核流程不规范，部分项目合同出具时间、报告出具时间早于审批通过时间。三是评估报告、评估说明等存在表述错误。四是评估底稿关于税金及附加、销售费用、管理费用、研发费用、财务费用等相关核查验证底稿记录不充分。

上述情形不符合《资产评估机构业务质量控制指南》第三十条、第四十条，《资产评估执业准则——资产评估程序》第十三条，《资产评估执业准则——资产评估档案》第六条、第七条，《资产评估执业准则——资产评估报告》第四条的规定。

二、××××项目

……

上述情形不符合《资产评估执业准则——资产评估程序》第七条、第十三条、第十九条、第二十五条，《资产评估执业准则——资产评估报告》第四条，《资产评估执业准则——企业价值》第二十三条，《资产评估执业准则——资产评估档案》第六条，《以财务报告为目的的评估指南》第二十八条的规定。

上述行为违反了《上市公司信息披露管理办法》（证监会令 182 号）

第四十五条第一款、第四十七条的规定。根据《上市公司信息披露管理办法》第五十五条的规定，我局决定对××××资产评估有限公司及孙某某、戴某某、王某某采取出具警示函的行政监管措施，并记入证券期货市场诚信档案。你们应严格遵照相关法律法规，及时采取措施建立健全质量控制体系，确保执业质量，并于收到本决定书之日起30日内向我局提交书面整改报告。

如果对本监督管理措施不服的，可以在收到本决定书之日起60日内向中国证券监督管理委员会提出行政复议申请，也可以在收到本决定书之日起6个月内向有管辖权的人民法院提起诉讼。复议与诉讼期间，上述监督管理措施不停止执行。

江西证监局
2024年12月××日

1-3 自律监管相关案例

1-3-1 深交所监管措施案例（2025年）

关于对××××资产评估有限责任公司及评估师王某、张某某的监管函

公司部监管函〔2025〕第××号

××××资产评估有限责任公司、王某、张某某：

根据中国证券监督管理委员会黑龙江监管局出具的《关于对××××资产评估有限责任公司、王某、张某某采取出具警示函措施的决定》（〔2024〕12号）查明的事实，××××资产评估有限责任公司（以下简称××评估机构）接受ZD环境工程有限公司（以下简称ZD公司）委托，对JL科技股份有限公司（以下简称*ST某公司）2022年年报合并ZD公司形成商誉的相关资产组可收回金额进行评估，执业过程中存在以下问题：

一是目标资本结构选取不合理。××评估机构在ZD公司商誉减值测

试中，采用目标资本结构计算折现率，目标资本结构采用可比公司的平均资本结构，而可比公司 2022 年的平均资本结构为 109.66%，与 ZD 公司 2022 年评估基准日实际资本结构的 2.81% 差异巨大，且 *ST 某公司及其实控人已于 2021 年 7 月被确认为失信被执行人，ZD 公司已明显缺乏融资能力，××评估机构认为 ZD 公司可以实现目标资本结构缺乏合理性。以上情形不符合《资产评估执业准则——企业价值》（中评协〔2018〕38 号）第二十三条、第二十六条以及《监管规则适用指引——评估类第 1 号》第五项"资本结构"的相关规定。

二是利用审计机构函证结果不审慎。××评估机构对货币资金及其他往来科目执行函证程序时直接采用了审计机构的函证结果，未执行必要的评估程序对审计机构函证结果的可靠性、合理性进行核查验证，未对函证回函结果进行复核分析，未对其充分性进行评价。以上情形不符合《资产评估执业准则——资产评估程序》（中评协〔2018〕36 号）第七条、第十五条和《资产评估执业准则——企业价值》（中评协〔2018〕38 号）第七条的规定。

三是评估报告内容存在遗漏。第一，××评估机构未将 2022 年 ZD 公司 2 142.42 万元银行存款被冻结的情况作为可能影响评估工作的重大事项在评估报告中披露；第二，××评估机构未将 ZD 公司向北京中关村科技融资担保有限公司提供反担保的情况在评估报告中披露，该担保用于 *ST 某公司时任副总裁殷某某向上海浦东发展银行股份有限公司北京分行申请 2 000 万元贷款。以上情形不符合《资产评估执业准则——资产评估程序》（中评协〔2018〕36 号）第十二条、《资产评估执业准则——资产评估报告》（中评协〔2018〕35 号）第二十五条的规定。

四是评估工作程序执行不到位。在出具评估报告之后，××评估机构才向 ZD 公司获取"资产评估明细表"并归入工作底稿，以上情形不符合《资产评估执业准则——资产评估程序》（中评协〔2018〕36 号）第七条的规定。

××评估机构作为 *ST 某公司 2022 年年报中 ZD 公司项目的评估机构，王某、张某某作为该评估项目的签字评估师，未能勤勉尽责，违反了本所《股票上市规则》（2022 年修订）第 1.4 条、第 2.1.1 条和第 2.1.4

条的规定。

我部提醒，请严格遵守相关法律法规、资产评估执业准则以及本所业务规则的规定，高度重视质量管理，扎实开展评估工作，确保评估执业质量。

特此函告

深圳证券交易所
上市公司管理一部
2025年3月××日

1-3-2 深交所监管措施案例（2024年）

关于对××××资产评估有限公司、丁某某、邱某的监管函

创业板监管函〔2024〕第××号

××××资产评估有限公司、丁某某、邱某：

根据中国证券监督管理委员会深圳监管局出具的《关于对××××资产评估有限公司及资产评估师丁某某、邱某采取出具警示函措施的决定》（行政监管措施决定书〔2024〕××号）载明的事实，你们在SZ精密技术股份有限公司（以下简称Z公司或公司）2021年度财务报告中收购GT科技有限公司（以下简称GT公司）相关商誉及资产组的资产评估业务中，存在以下问题：

一、评估执业时收集资料不充分，现场调查程序执行流于形式

在连续多年执行相关资产评估业务的情况下，未对GT公司核心管理层发生的重大变更事项保持应有的职业谨慎，且未对相关情况进行核查验证，审慎评估相关影响。上述情形不符合《资产评估执业准则——资产评估程序（2018）》第五条、第十二条、第十三条、第十五条和《以财务报告为目的的评估指南（2017）》第五条的相关规定。

二、对重要评估参数的评估复核不到位

在评估报告出具前未能获取GT公司2022年1月至2月实现收入数据，

未结合其核心管理层重大变化、经营状况、历史业绩和业务发展趋势等因素审慎复核重要评估参数2022年收入增长率的预测依据是否充分。上述情形不符合《资产评估执业准则——企业价值（2018）》第七条、第二十三条和《资产评估执业准则——资产评估方法（2019）》第十一条及《以财务报告为目的的评估指南（2017）》第五条、第二十八条的相关规定。

××××资产评估有限公司为Z公司收购GT公司事项出具相关资产评估报告，丁某某、邱某为资产评估报告的签字资产评估师，你们的上述相关行为不符合《资产评估执业准则》等有关要求，违反了我所《创业板股票上市规则（2020年12月修订）》第1.4条的规定。请你们充分重视上述问题，吸取教训，及时整改，杜绝上述问题的再次发生。

特此函告。

深圳证券交易所
创业板公司管理部
2024年5月××日

1-3-3　中评协自律惩戒案例（2024年）

自律惩戒决定书

中评协办〔2024〕××号

某资产评估有限公司：

根据《中华人民共和国资产评估法》等法律的规定，财政部监督评价局与中国资产评估协会（以下简称中评协）成立联合检查组，于2024年5—6月对你公司2023年执业质量等情况开展了检查。检查发现的主要问题和自律惩戒决定如下：

一、检查发现的主要问题

（一）业务报备弄虚作假。

2024年5月27日，你公司根据联合检查组要求提供了发文登记本，显示2023年共出具资产评估报告64份。该发文登记本为造假删减版，仅对完成了业务报备的 64 份报告进行了记载；5 月 31 日，你公司提供了第二个版本发文登记本，显示 2023 年出具资产评估报告 120 份，依旧为造假删减版。经查，你公司 2023 年实际出具资产评估报告共计 373 份，2 次采取伪造发文登记本的方式，故意不报、瞒报资产评估报告共计 309 份。

上述问题不符合《中国资产评估协会资产评估业务报备管理办法》第三条的规定。

上述事实，有检查报告、检查工作底稿、当事人签证和反馈意见等相关证据予以证实。

（二）《上饶市 A 有限公司拟股权转让事宜所涉及的上饶 B 有限公司股东全部权益价值资产评估报告》（××资评字〔2023〕第×××号）。

容积率选择错误。该项目评估"C 以西地块"土地使用权市场价值时，依据《国有建设用地使用权出让合同》设定的土地面积和建筑面积，得出的容积率为 2。但在评定测算时，采用的容积率 1.87，容积率选择错误。仅考虑此事项，导致评估结论差异 1 749.34 万元（在其他条件不变的情况下，造成评估结论低估），差异率为 5 632.47%。

上述问题不符合《资产评估执业准则——企业价值》第五条的规定。

以上事实，有签字资产评估师及被检查机构确认的评估检查工作底稿等证据证明。

二、自律惩戒决定

根据《中国资产评估协会资产评估业务报备管理办法》（中评协〔2021〕30 号）第十六条和《中国资产评估协会会员执业行为自律惩戒办法》（中评协〔2024〕8 号）第二十八条的规定，经中评协惩戒委员会会议审议，决定：

对你公司予以公开谴责的行业自律惩戒。

如不服本自律惩戒决定，可以在收到本决定书之日起 5 个工作日内向中评协提出书面申诉。申诉期间，本自律惩戒决定不停止执行。

中国资产评估协会

2024 年 10 月××日

1-3-4 中评协自律惩戒案例（2024年）

自律惩戒决定书

中评协办〔2024〕××号

俞某某、张某某：

根据《中华人民共和国资产评估法》等法律的规定，财政部监督评价局与中国资产评估协会（以下简称中评协）成立联合检查组，于2024年5—6月对你们所在的上海××资产评估有限公司2023年执业质量等情况开展了检查。检查发现的主要问题和自律惩戒决定如下：

一、检查发现的主要问题

检查发现，你们签署的《A有限公司以财务报告为目的所涉及的B股份有限公司股东全部权益公允价值资产评估报告》（××评报字〔2023〕第××××号）存在以下问题：

1. 未扣除少数股东权益。收益法采取合并报表口径进行预测和计算，未扣除少数股东权益。合并报表少数股东权益情况如下：2022年合并口径所有者权益为74 105.89万元、少数股东权益为11 008.28万元，少数股东权益占比14.85%。2021年合并口径所有者权益为83 847.50万元、少数股东权益为11 720.81万元，少数股东权益占比13.98%。

2. 收益法评估中漏评一年内到期的非流动资产、长期应收款、合同资产等价值。收益法采取合并报表口径进行预测和计算。一年内到期的非流动资产为1 872.37万元、长期应收款为10 923.47万元、合同资产为4 815.74万元，上述资产共计17 611.58万元，占合并口径资产总计117 831.79万元的14.95%。

上述问题不符合《资产评估基本准则》第五条和《以财务报告为目的的评估指南》第五条的规定。

以上事实，有签字资产评估师及被检查机构确认的评估检查工作底稿等证据证明。

二、自律惩戒决定

根据《中国资产评估协会会员执业行为自律惩戒办法》（中评协〔2024〕

8号）第十七条的规定，经中评协惩戒委员会会议审议，决定：

对你们予以通报批评的行业自律惩戒。

如不服本自律惩戒决定，可以在收到本决定书之日起 5 个工作日内向中评协提出书面申诉。申诉期间，本自律惩戒决定不停止执行。

中国资产评估协会

2024 年 10 月××日

1-4 民事赔偿相关案例

××××资产评估有限公司、××××集团股份有限公司等证券虚假陈述责任纠纷民事二审民事判决书

（2020）粤民终××××号（略）

上诉人（一审原告）：陈某勇等 30 人。

上列 30 名上诉人共同的委托诉讼代理人：许某，上海××××律师事务所律师。

上列 30 名上诉人共同的委托诉讼代理人：于某婷，上海××××律师事务所律师。

上诉人（一审原告）：彭某贺等 26 人。

上列 26 名上诉人共同的委托诉讼代理人：臧某丽，北京××××律师事务所律师。

上列 26 名上诉人共同的委托诉讼代理人：刘某，北京××××律师事务所律师。

被上诉人（一审被告）：××××资产评估有限公司。住所地：上海市……。

法定代表人：梅某民，总经理。

委托诉讼代理人：李某敏，北京市××××律师事务所上海分所律师。

委托诉讼代理人：孙某娟，北京市×××律师事务所上海分所律师。

一审被告：××××集团股份有限公司。住所地：江苏省……，办公地址：广东省……。

法定代表人：丁某红。

一审被告：庄某1，男，196×年××月××日出生，汉族，身份证住址：广东省……。

一审被告：庄某2，男，196×年××月××日出生，汉族，身份证住址：广东省……。

一审被告：陈某昌，男，197×年××月××日出生，汉族，身份证住址：浙江省……。

一审被告：蒋某杰，男，196×年××月××日出生，汉族，身份证住址：广东省……。

上诉人陈某勇等30人、彭某贺等26人因与被上诉人××××资产评估有限公司（以下简称Y评估公司）、一审被告××××集团股份有限公司（以下简称B公司）、庄某1、陈某昌、庄某2、蒋某杰等证券虚假陈述责任纠纷系列案，不服广东省深圳市中级人民法院一审判决，向本院提起上诉。本院于2020年7月××口立案后，依法组成合议庭进行了审理，并于2020年9月××日进行了法庭调查。上诉人陈某勇等30人的委托诉讼代理人于某婷、上诉人彭某贺等26人的委托诉讼代理人刘某、被上诉人Y评估公司的委托诉讼代理人李某敏参加法庭调查。本案现已审理终结。

陈某勇等30人上诉请求：撤销一审判决第三项，改判Y评估公司对B公司所负全部债务承担连带赔偿责任。事实与理由：（一）Y评估公司与B公司等构成共同侵权，应该承担连带赔偿责任。根据《最高人民法院关于审理证券市场因虚假陈述引发的民事赔偿案件的若干规定》第二十七条与《中华人民共和国证券法》第一百七十三条，证券服务机构应当勤勉尽责，对所依据的文件资料的真实性、准确性、完整性进行核查和验证。其制作、出具的文件有虚假记载、误导性陈述或者重大遗漏，给他人造成损失的，应当与发行人、上市公司承担连带赔偿责任，但是能够证明自己没有过错的除外。根据中国证券监督管理委员会（以下简称证监会）对Y评估公司的处罚决定书，Y评估公司仅要求虚假陈述者深圳市×××电子有限公司（以下简称Q电子公司）对虚假协议确认，在合同没有公章或者骑缝章、合同缺失的情况下，仍然将相关资产纳入评估，是严重违反执业准则的行为。Y评估公司作为专业证券服务机构，在重大上市公司收购案的资产评估过程中发现重大、异常情况，未按照其执业准则，审慎、勤勉地执行充分适当的评估程序，对于B公司等虚假陈述行为的发生具有不可推卸的责任，Y评估公司未举证证明其对此没有过错，依法应与B公司、庄某1等承担连带赔偿责任。（二）按照执业准则，Y评估公司对于Q电子公司等提供虚假协议、意向性协议虚增评估值等违法行为应当知道，应认定其明知。即使参考《最高人民法院关于审理涉及会计师事务所在审计业务活动中民事侵权赔偿案件的若干规定》相关规定，Y评估公司的行为也完全符合该规定第五条第二款规定的情形，足以认定其对于Q电子公司等违法行为应当知道。根据证监会的处罚决定，B公司、庄某1等与Y评估公司的虚假陈述行为的主要方面基本吻合，足以认定构成共同侵权，故可将Y评估公司和B公司等的共同虚假陈述行为视为一个整体，对外统一承担连带赔偿责任。至于Y评估公司和B公司等之间内部责任的分摊比例，不影响其对外应承担的赔偿责任范围。

彭某贺等26人上诉请求：撤销一审判决第三项，改判Y评估公司对B公司所负全部债务承担连带赔偿责任。事实和理由：（一）一审判决第三项适用《最高人民法院关于审理证券市场因虚假陈述引发的民事赔偿案件的若干规定》第二十四条的规定，判令Y评估公司对B公司所负债务的30%部分承担补充赔偿责任，系适用法律错误，并且该判决结果违反《中华人民共和国证券法》第一百七十三条，应予纠正。《最高人民法院关于审理证券市场因虚假陈述引发的民事赔偿案件的若干规定》第二十四条明确说明需要遵守《中华人民共和国证券法》第一百六十一条和第二百零二条的规定。而该司法解释制定于2003年，当时应该适用的是1998年制定的《中华人民共和国证券法》。而《中华人民共和国证券法》于2005年作出了修改，修改内容之一就是加大了中介机构的民事责任，删除了1998年《中华人民共和国证券法》第一百六十一条和第二百零二条，取而代之的是第一百七十三条。该司法解释第二十四条因与修订后的《中华人民共和国证券法》第一百七十三条相冲突而失效。（二）根据新法优先于旧法、上位法优先于下位法的原则，本案应当适用《中华人民共和国证券法》第一百七十三条。该条法律规定不再区分中介机构是故意还是过失，只要存在过错均承担连带赔偿责任。而 Y 评估公司作为专业证券服务机构，未能勤勉尽责，对出具文件所依据的资料的真实性未进行必要的核查和验证，已经被证监会作出处罚，说明其存在过错，应该承担连带赔偿责任。

Y 评估公司辩称，一审判决认定事实清楚，适用法律正确，依法应予维持。事实和理由：（一）一审判决关于 Y 评估公司应对 B 公司所负债务的 30% 部分承担补充赔偿责任的认定正确。陈某勇等 30 人、彭某贺等 26 人要求 Y 评估公司承担连带赔偿责任的主张缺乏事实和法律依据，不能成立。1. 在主观过错和侵权行为层面，Y 评估公司不存在与 B 公司恶意串通，故意出具不实报告的主观过错和共同侵权行为，依法不应承担连带赔偿责任。2. 证监会对 Y 评估公司作出的行政处罚，涉及的是 Y 评估公司的评估程序是否适当，是否违反评估准则等行政管理规范，并没有认定 Y 评估公司知道上市公司虚假记载的信息披露违法行为，也不涉及 Y 评估公司对于投资者的交易损失具有连带责任的主观过错。不能基于证监会对 Y 评估公司作出处罚决定，就认定 Y 评估公司存在应该承担连带赔偿责任的主观过错。3. 从公平角度而言，Y 评估公司不应该承担连带赔偿责任。证监会认定 Q 电子公司提供虚假协议，导致评估值虚增，庄某 1 及其一致行动人主导整个收购事项，是主要负责人员，构成共同侵权，依法应与上市公司承担连带赔偿责任。然而，Y 评估公司作为收购方原江苏××集团股份有限公司（以下简称 Z 公司）聘请的评估机构，其收取的评估费与评估值没有必然联系，没有高估评估值的主观动机，不存在主导收购的地位和蓄意造假的行为，不应与庄某 1 及其一致行动人承担同等的连带赔偿责任。4. 在行业影响层面，如果一旦评估机构受到证监会的行政处罚，那么就需要对虚假陈述造成的投资者损失承担连带赔偿责任，将导致评估机构可能因为一单评估业务就面临巨额赔偿甚至破产的风险，将引发证券服务机构破产潮，不利于划分不同市场主体在证券市场的责任和分工。（二）本案中，无论从虚假陈述行为内容、主观过错程度还是对投资者的影响程度看，Y评估公司应该承担的责任比例均不应超过30%。首先，Y评估公司作为重组评估机构，其所负有的注意义务和应负责任范围应限于其工作范围和专业领域。根据证监会《行政处罚事先告知书》，Q电子公司虚假意向性协议导致评估值虚增的数额约为2.7亿元，虚增比例仅为9.48%。即使按照一审判决的思路，从虚假协议的数量占比来看，评估依据的Q电子公司相关意向性合同一共有28份，其中有9份存在造假情况，合同数量占比也不超过30%。其次，案涉重大资产重组中，Y评估公司的过错主要体现在对于虚假意向性协议未予充分关注和审核，相较于Q电子公司及其实控人对于相关交易信息真实性、准确性、完整性所负有的法定义务，Y评估公司作为评估机构的过错程度相对较轻。最后，对于投资者决策及其损失而言，Q电子公司和庄某1的欺诈行为是直接原因和主要原因，而Y评估公司出具不实报告只是间接原因和次要原因，Y评估公司应承担不超过30%的赔偿责任，一审法院对Y评估公司责任比例的认定正确。

陈某勇等30人、彭某贺等26人向一审法院起诉请求：B公司、实际控制人庄某1及其一致行动人陈某昌、庄某2、蒋某杰等因证券虚假陈述，被证监会以〔2017〕××××号《行政处罚决定书》认定并处罚，Y评估公司因相关评估证券违法行为被证监会以〔2018〕××××号《行政处罚决定书》认定并处罚，故请求判令B公司、庄某1、庄某2、陈某昌、蒋某杰、Y评估公司连带赔偿由此造成陈某勇等30人、彭某贺等26人的损失，并承担案件受理费。

一审法院认定事实：已生效的魏某群诉B公司、庄某1、陈某昌、庄某2、蒋某杰证券虚假陈述责任纠纷案判决【广东省深圳市中级人民法院（2017）粤××××民初××××号、广东省高级人民法院（2018）粤民终××××号】认定，案涉B公司证券虚假陈述行为的实施日为2014年10月30日，揭露日为2016年12月29日，对应的基准日为2017年4月11日。从揭露日2016年12月29日至基准日2017年4月11日，B公司股票基准价为13.32元。揭露日至基准日之间B公司股票下跌未受沪深证券市场系统风险影响，投资者投资损失与B公司虚假陈述行为之间存在因果关系。

2018年11月××日，证监会经调查作出〔2018〕××××号《行政处罚决定书》,认定Y评估公司存在以下违法事实:一、评估项目基本情况。2014年5月20日,Y评估公司与Z公司(2015年5月X日更名为B公司)签订资产评估业务约定书,受托对Q电子公司截至2014年3月31日的股东全部权益价值进行评估,约定评估服务收费100万元。2014年10月10日,Y评估公司出具了《江苏×××集团股份有限公司重大资产出售及发行股份购买资产所涉及的深圳市×××电子有限公司股东全部权益价值评估报告》(××××评报字〔2014〕沪第×××号)。按照收益法评估,评估后Q电子公司股东全部权益价值为288 314万元,评估增值262 596.77万元,增值率1 021.09%。梅某民作为首席评估师在《评估报告》签字,李某和龚某璐作为注册评估师在《评估报告》签字,Y评估公司收取评估费100万元。二、Y评估公司未对作为未来销售预测的意向性协议适当关注并实施有效的评估程序,导致评估值高估,对市场和投资者产生严重误导。Y评估公司评估人员在进行收益测算工作时,基于Q电子公司汽车夜视前装系列产品无历史销售情况,对其估值主要是依据Q电子公司和汽车厂商签订的带有销售数量的意向性协议。2013年9月至2014年年底,Q电子公司针对汽车夜视前装系列产品与28家汽车厂商签订了意向性协议,其中,预测2015年、2016年销售数量的协议合计12份,所涉预测销售数量共计114 800套。经查,Q电子公司伪造了与××××汽车股份有限公司签订的《××××项目夜视系统试装协议》、与重庆××××汽车股份有限公司签订的《技术合作意向书》等多份意向性协议或意向性协议附件。Y评估公司对上述意向性协议仅要求Q电子公司签署了承诺所提供的资料真实、完整的《承诺函》,在部分意向性协议存在主协议未约定预计采购数量而仅在附件中约定、且附件未加盖合作厂商公章或骑缝章等不合理情况下,未对Q电子公司作为未来销售预测的意向性协议适当关注并实施有效的评估程序,导致Q电子公司汽车夜视前装系列产品未来销售收入的预测明显不合理,进而导致评估值高估,对市场和投资者产生严重误导。以上行为违反《资产评估准则——企业价值》第七条、第九条以及《资产评估准则——评估程序》第十九条、第二十三条的规定。三、评估底稿中缺失部分合同评估资料及评估记录。在评估项目的工作底稿中,Y评估公司制作的《汽车前装项目进度表》包含23个项目合同,但后附项目合同仅有15份，8份缺失。评估底稿中也未见有关核对协议原件评估程序的记录。该行为违反《资产评估准则——工作底稿》第七条的规定。以上事实，有相关公告、《评估报告》、相关协议、评估工作底稿、汽车厂商出具的相关说明、Q电子公司业务员出具的相关说明、相关人员询问笔录、支付凭证等证据证明，足以认定。Y评估公司对Q电子公司全部股权项目进行资产评估时，未勤勉尽责，不符合《资产评估准则——企业价值》《资产评估准则——评估程序》《资产评估准则——工作底稿》的相关规定，导致出具的《评估报告》存在误导性陈述，违反《中华人民共和国证券法》第二十条第二款"为证券发行出具有关文件的证券服务机构和人员，必须严格履行法定职责，保证其所出具文件的真实性、准确性和完整性"和《中华人民共和国证券法》第一百七十三条"证券服务机构为证券的发行、上市、交易等证券业务活动制作、出具审计报告、资产评估报告、财务顾问报告、资信评级报告或者法律意见书等文件，应当勤勉尽责，对所依据的文件资料内容的真实性、准确性、完整性进行核查和验证"的规定，构成《中华人民共和国证券法》第二百二十三条所述"证券服务机构未勤勉尽责，所制作、出具的文件有虚假记载、误导性陈述或者重大遗漏"的情形。首席评估师梅某民、注册资产评估师李某、龚某璐在《评估报告》上签字，是对上述行为直接负责的主管人员。根据当事人违法行为的事实、性质、情节与社会危害程度，依据《中华人民共和国证券法》第二百二十三条的规定，对Y评估公司作出责令改正，没收评估业务收入100万元，并处以300万元罚款的处罚；对梅某民、李某作出给予警告，并分别处以5万元罚款的处罚；对龚某璐作出给予警告，并处以3万元罚款的处罚。

到庭当事人均同意由一审法院调取交易数据并确定损失计算方法，经一审法院调取陈某勇等人交易信息，按照"先进先出+加权平均法"、以基准价13.32元计算投资差额损失（为计算方便及统一，交易手续费一审法院酌定以交易金额的万分之三标准计算，利息以银行同期活期存款利率计算，一审法院认定赔偿金额详见一审判决）。

一审法院认为，本案是证券虚假陈述责任纠纷。B公司在2014年底至2015年初破产重整过程中，旗下Q电子公司向Y评估公司提供了4份虚假协议及 5 份含有虚假附件的协议，致使拟注入资产评估值虚增较大，构成《中华人民共和国证券法》第六十三条、第六十八条规定的所披露信息有虚假记载的违法行为，并受到证监会〔2017〕××××号《行政处罚决定书》的行政处罚，构成了虚假陈述。上述虚假陈述行为属于虚假记载的故意行为，受到了管理部门的从严处罚。根据一审法院（2017）粤×××民初××××号、广东省高级人民法院（2018）粤民终××××号生效判决的理由，对一审法院统一计算的损失（赔偿金额详见一审判决），陈某勇等人请求 B 公司及庄某1、庄某2、陈某昌、蒋某杰等直接责任人或一致行动人承担连带赔偿责任，一审法院予以支持。

本案争议的焦点问题是 Y 评估公司应否为 B 公司的上述债务承担赔偿责任以及承担何种性质的赔偿责任。一审法院分述如下：

第一，现代证券市场交易的涉众性、标准化、虚拟化和即时性特征，使其高度依赖充分有效的信息披露，而市场又存在信息不对称和非均衡等固有缺陷，因此，一个充分有效的市场，必须确保信息披露的真实性、准确性和完整性。证券市场围绕信息服务的专业分工越来越细，市场主体的重大交易、投资者特别是中小投资者的投资决策越来越依靠中介机构提供的专业意见和信息，越来越离不开对专业中介机构的信赖，而市场监管法律法规体系也相当部分围绕信息披露建立。可以说包括评估审计机构在内的各类专业中介机构作为市场"看门人"角色对证券市场公平有效运行至关重要。《中华人民共和国证券法》第一百七十三条与第二百二十三条对专业机构出具资产评估报告的勤勉义务以及对所依据的文件资料内容的真实性、准确性、完整性进行核查和验证的义务作出了规定。《最高人民法院关于审理证券市场因虚假陈述引发的民事赔偿案件的若干规定》对中介机构违反上述义务的责任进行了进一步明确。为了确保证券市场的审计评估机构认真履职，监管机构还制定了《资产评估准则》等相关业务指引提出具体要求。另外，从中介机构的工作特点和成本考量，为了保障中介机构能够充分适当履行职责，也不应对中介机构苛以过重乃至于超出其职责范围的注意义务，而是需要保持一定的平衡。否则，动辄得咎必然会打破市场各方的责任边界，走向良好目的的反面，也不利于市场投资者的理性成长。重温这些常识，是因为一审法院认同专业中介服务机构对与其有关的证券虚假陈述行为是否承担民事赔偿责任、承担何种性质的民事赔偿责任，应该取决于不同行为的性质、主观过错种类和过错程度，责任与过错应该相适应。

第二，《中华人民共和国证券法》第一百七十三条规定："证券服务机构为证券的发行、上市、交易等证券业务活动制作、出具的文件有虚假记载、误导性陈述或者重大遗漏，给他人造成损失的，应当与发行人、上市公司承担连带赔偿责任，但是能够证明自己没有过错的除外。"陈某勇等人据此主张Y评估公司承担连带赔偿责任。Y评估公司抗辩称该条应采取目的性限缩的法律解释方法，适用范围仅限定于证券服务机构故意或者推定故意的场合。一审法院认为，《最高人民法院关于审理证券市场因虚假陈述引发的民事赔偿案件的若干规定》第二十四条规定，专业中介服务机构及其直接责任人违反《中华人民共和国证券法》（1998年颁布）第一百六十一条和第二百零二条的规定虚假陈述，给投资人造成损失的，就其负有责任的部分承担赔偿责任。《最高人民法院关于审理证券市场因虚假陈述引发的民事赔偿案件的若干规定》第二十七条规定，证券承销商、证券上市推荐人或者专业服务机构，知道和应当知道发行人或者上市公司虚假陈述，而不予纠正或者不出具保留意见的，构成共同侵权，对投资人的损失承担连带责任。《中华人民共和国证券法》（1998年颁布）第一百六十一条的具体规定为："为证券的发行、上市或者证券交易活动出具审计报告、资产评估报告或者法律意见书等文件的专业机构和人员，必须按照执业规则规定的工作程序出具报告，对其所出具报告内容的真实性、准确性和完整性进行核查和验证，并就其负有责任的部分承担连带责任。"此处责任性质虽然仍规定为连带责任，但强调是对"其应负有责任的部分"而非全部连带责任。不难看出，《最高人民法院关于审理证券市场因虚假陈述引发的民事赔偿案件的若干规定》制定时，根据当时《中华人民共和国证券法》的具体规定对证券服务机构民事责任类型作了明确区分。2005年《中华人民共和国证券法》修改后，原第一百六十一条的上述规定被修改后的第一百七十三条内容所取代，具体规定中未再区分中介机构故意或过失情况。因此，在司法解释没有修改的情况下，《最高人民法院关于审理证券市场因虚假陈述引发的民事赔偿案件的若干规定》第二十四条规定与现行《中华人民共和国证券法》第一百七十三条是否存在对应关系不乏争议。但是，2007年颁布的《最高人民法院关于审理涉及会计师事务所在审计业务活动中民事侵权赔偿案件的若干规定》的第五条和第六条，不仅对会计师事务所审计业务中故意和过失侵权造成利害关系人损失的赔偿责任作出了不同规定，而且比《最高人民法院关于审理证券市场因虚假陈述引发的民事赔偿案件的若干规定》更为明确地列举规定了认定故意和过失的不同情形。一审法院认为，虽然会计师事务所审计业务和评估业务侧重有所不同，相应判断会计师执行职务时谨慎注意义务的侧重也应有所不同，但没有本质区别。《最高人民法院关于审理涉及会计师事务所在审计业务活动中民事侵权赔偿案件的若干规定》对认定会计师事务所的民事责任类型和大小具有重要参考适用价值。该司法解释立法意旨与《最高人民法院关于审理证券市场因虚假陈述引发的民事赔偿案件的若干规定》基本一脉相承，依照该司法解释规定，如果中介机构承担连带赔偿责任，需要有与发行人或者上市公司恶意串通等知道或应当知道的故意，构成共同侵权。而在过失的情况下，人民法院应根据其过失的大小确定其赔偿责任。根据2009年颁行的《中华人民共和国侵权责任法》第八条的规定，应承担连带责任的共同侵权是指二人以上共同实施侵权行为。理论上，共同侵权行为通常表现为主观上行为人之间有意思联络或者多个行为人之间对侵权行为知道或者应当知道。《中华人民共和国侵权责任法》第十一条规定："二人以上分别实施侵权行为造成同一损害，能够确定责任大小的，各自承担相应的责任；难以确定责任大小的，平均承担赔偿责任。"综上，考察相关法律规定的沿革背景，一审法院认为，判断中介机构的责任类型时应考量其过错性质，才符合立法意旨。

第三，就本案而言，证监会〔2018〕××××号《行政处罚决定书》认定，Y评估公司出具《江苏××××新材料集团股份有限公司重大资产出售及发行股份购买资产所涉及的深圳市××××电子有限公司股东全部权益价值评估报告》时未对作为未来销售预测的意向性协议适当关注并实施有效的评估程序，导致评估值高估，对市场和投资者产生严重误导，而且评估底稿中缺失部分合同评估资料及评估记录，违反《资产评估准则》的相关规定，构成《中华人民共和国证券法》第二百二十三条规定的"证券服务机构未勤勉尽责，所制作、出具的文件有虚假记载、误导性陈述或者重大遗漏"的情形，并据此进行了处罚。统观整个过程，Y评估公司受Z公司的委托对拟注入资产Q电子公司的估值进行专业评估，其估值主要是依据Q电子公司和汽车厂商签订的带有销售数量的意向性协议。对意向性协议造假的始作俑者是Q电子公司及庄某1等实际控制人，Y评估公司及其评估会计师虽未勤勉尽责，但本案并不能认定Y评估公司或其评估会计师与B公司共同串通作假，相关证据也尚不足以认定Y评估公司及其评估人员明知Q电子公司及庄某1等人作假而故意出具不实报告，故陈某勇等人主张适用《最高人民法院关于审理证券市场因虚假陈述引发的民事赔偿案件的若干规定》第二十七条规定，请求Y评估公司承担连带赔偿责任，一审法院不予支持。

第四，如前所述，根据证监会〔2018〕××××号《行政处罚决定书》的调查认定，Y评估公司及其评估人员在对Q电子公司评估进行收益测算工作时，基于Q电子公司汽车夜视前装系列产品无历史销售情况，对其估值主要是依据Q电子公司和汽车厂商签订的带有销售数量的意向性协议，仅要求Q电子公司签署了承诺所提供的资料真实、完整的《承诺函》，在部分意向性协议存在主协议未约定预计采购数量而仅在附件中约定、且附件未加盖合作厂商公章或骑缝章等不合理情况下，未对Q电子公司作为未来销售预测的意向性协议适当关注并实施有效的评估程序，导致Q电子公司汽车夜视前装系列产品未来销售收入的预测明显不合理。一审法院认为，类似本案这种，Y评估公司作为专业机构，在凭借专业知识、经验和技术已经或可以发现疑问的情况下，却没有进一步进行基本的现场走访、查证和核验程序，而仅仅向相关对象发询证函，要求其出具"承诺书"来确认或保证真实。这无异于要求造假者保证真实，进而让市场本来寄予厚望的郑重职责沦为一种例行公事式的游戏。原本因成本考量和职业保障需要，法律和市场对专业中介机构应有的宽容，已经逐步演变成底线一退再退的放任，以至于市场出现了不少让舆论哗然的严重造假行为，也能在专业人士层层"把关"下发生并通过。统观本案Q电子公司在Z公司借壳重整过程中的造假行为及Y评估公司在本案评估中全部违规行为，结合本案虚假陈述行为给市场带来的严重后果，一审法院认为，Y评估公司作为专业机构的违规行为虽然尚不能认定为故意，但构成较大过失，存在较大的过错。对于Y评估公司有关其在本案评估中完成了基本的评估程序，不存在严重失职性，故对于陈某勇等人的交易损失不存在主观过错的抗辩，一审法院不予采纳。根据《最高人民法院关于审理证券市场因虚假陈述引发的民事赔偿案件的若干规定》的相关规定，参照《最高人民法院关于审理涉及会计师事务所在审计业务活动中民事侵权赔偿案件的若干规定》第六条的具体规定，Y评估公司应就其负有责任的部分承担赔偿责任。

第五，关于Y评估公司赔偿责任的性质和范围。理论上，一般将共同责任划分为按份责任、连带责任和补充责任。按份责任是指由多数人按照法律规定或合同约定各自承担特定份额的责任。连带责任是由于违反连带债务或共同侵权行为而产生的民事责任。补充责任，是指在应承担责任主责任人的财产不足给付时，补充责任人对不足部分予以补充的责任。不难看出，责任产生的原因和当事人之间的法律关系决定着责任的具体承担方式。就补充责任而言，既强调了共同责任中多个责任主体的主从顺位，也反映了多个责任主体之间过错性质和程度的不同。从实践看，补充责任人要么与主责任人之间存在某种法律上的监督管理或利益支配关系，要么对主责任人的债务不履行行为具有一定的过错。在侵权性的补充责任中，补充责任人承担的是过错补充责任。最高人民法院法函〔1998〕13号"关于会计师事务所为企业出具虚假验资证明应如何承担责任问题"的复函（现行有效）指出："在民事责任的承担上，应当先由债务人负责清偿，不足部分，再由会计师事务所在其证明资金的范围内承担赔偿责任。"这是关于侵权性补充责任的直接规定，会计师事务所出具虚假验资报告，存在过错自不待言，对虚假验资企业对外债务清偿不足部分，批复要求验资会计师事务所在其"证明资金的范围内"承担赔偿责任，不难看出，此时会计师事务所承担的是有限的补充责任。综上，根据民法公平原则和权利与义务、过错与责任相一致的一般原则，如前所述，本案虚假陈述行为是B公司、庄某1等一致行动人故意做假，共同侵权，属于主责任人和连带责任人，对投资者损失应承担连带清偿责任；Y评估公司在评估过程中，疏忽大意，把关不严，使本来可以避免的或者减少的损失得以发生或者扩大，属于补充责任人，对投资者损失应承担补充赔偿责任。

Y评估公司还抗辩称，基于处罚决定认定的事实，存在造假合同对应虚增B电子公司估值为2.7亿元，占整个公司估值28.8亿元的大约9.48%；评估报告对Q电子公司未来收入预测误差、对B公司股价和投资者损失的影响比例不超过10%，故其只应在不超过10%范围内承担补充赔偿责任。一审法院认为，即使Y评估公司主张属实，但虚增估值占比也仅仅只是一个因素。从造假合同的数量占比来看，评估依据的Q电子公司相关意向性合同一共有28份，其中有9份存在造假情况，占比近30%；案涉虚假陈述行为的市场影响非常恶劣，造成了股票持续跌停。如前所述，市场中介机构的严格履行职责，对投资者的投资决策具有重要影响。综合考量Y评估公司行为的过错程度、虚增估值占比、对市场的影响及其与投资者所遭受损失的因果关系等因素，一审法院酌定Y评估公司对B公司因虚假陈述应赔偿陈某勇等人损失30%的部分承担补充赔偿责任。

一审法院判决：一、B公司应于判决生效之日起十日内向陈某勇等人赔偿损失合计14 169 701.79元；二、庄某1、陈某昌、庄某2、蒋某杰对上述第一项B公司所负债务承担连带赔偿责任；三、Y评估公司对上述第一项B公司所负债务的30%部分承担补充赔偿责任；四、驳回陈某勇等人的其他诉讼请求。各案一审案件受理费数额，由陈某勇等人负担数额，由B公司、庄某1、陈某昌、庄某2、蒋某杰连带负担数额，由Y评估公司补充负担数额详见一审判决附表。

本院二审对一审法院查明的事实予以确认。

本院认为，本案是证券虚假陈述侵权责任纠纷。根据双方当事人的二审诉辩意见，本案争议焦点为：Y评估公司应当为B公司所负案涉债务承担何种责任。

根据《最高人民法院关于适用〈中华人民共和国民法典〉时间效力的若干规定》第一条第二款的规定："民法典施行前的法律事实引起的民事纠纷案件，适用当时的法律、司法解释的规定，但是法律、司法解释另有规定的除外。"案涉证券虚假陈述侵权行为发生于2014年10月30日，应当适用当时有效的《中华人民共和国证券法》（2005年修订）、《中华人民共和国侵权责任法》《最高人民法院关于审理证券市场因虚假陈述引发的民事赔偿案件的若干规定》等法律、司法解释。

一、关于Y评估公司应承担的法律责任形式问题。陈某勇等30人、彭某贺等26人主张，Y评估公司应当为B公司所负债务承担连带责任；Y评估公司主张，其仅应当为B公司所负债务承担补充赔偿责任。

本院认为，《中华人民共和国证券法》（2005年修订）第一百七十三条规定："证券服务机构为证券的发行、上市、交易等证券业务活动制作、出具审计报告、资产评估报告、财务顾问报告、资信评级报告或者法律意见书等文件，应当勤勉尽责，对所依据的文件资料内容的真实性、准确性、完整性进行核查和验证。其制作、出具的文件有虚假记载、误导性陈述或者重大遗漏，给他人造成损失的，应当与发行人、上市公司承担连带赔偿责任，但是能够证明自己没有过错的除外。"根据本案查明的事实，Y评估公司在出具案涉评估报告时未勤勉尽责，违反《资产评估准则》的相关规定，导致评估值高估，对市场和投资者产生严重误导，构成"制作、出具的文件有虚假记载、误导性陈述或者重大遗漏，给他人造成损失的"情形，亦未能证明自己没有过错。依据上述法律规定，Y评估公司应当与B公司承担连带赔偿责任。陈某勇等30人、彭某贺等26人主张Y评估公司应当为B公司所负债务承担连带责任，具有法律依据，本院予以采纳。

二、关于Y评估公司承担连带责任的范围。陈某勇等30人、彭某贺等26人主张，Y评估公司应当为B公司所负债务承担全部连带责任；Y评估公司主张，Y评估公司仅应当为B公司所负债务的30%部分承担责任。

本院认为，要确定Y评估公司承担连带责任的范围，应当综合考量案涉虚假陈述行为中各责任主体的过错程度及侵权行为原因力。根据本案查明的事实，本院认同一审判决对Y评估公司案涉侵权行为性质的认定。本案尚无证据可以认定Y评估公司与B公司、庄某1等人恶意串通，亦无证据足以认定Y评估公司明知或应当知道B公司、庄某1等人进行虚假陈述却不予指明。因此，不同于故意进行虚假陈述的Q电子公司及庄某1等实际控制人，Y评估公司的案涉行为在主观上应当认定为重大过失。在对损害结果所发挥的原因力上，导致案涉损害结果的原因主要是Q电子公司所提供的意向性协议造假。Y 评估公司未对相关意向性协议适当关注并实施有效的评估程序，未能有效发挥"看门人"作用，阻止资本市场不当行为，但其行为产生损害必须以庄某 1 等第一责任人的侵权行为为前提，对损害结果的产生所起到的作用是第二位的。《中华人民共和国证券法》（2005 年修订）第一百七十三条规定，证券服务机构应当就证券虚假陈述侵权与发行人、上市公司承担连带责任，但是能够证明自己没有过错的除外，该条规定本身即体现了对于证券服务机构过错程度的关注，允许证券服务机构以其过错程度提出抗辩，而非发行人与上市公司所适用的无过错责任。在证券虚假陈述侵权中，证券服务机构具有过错的情形从恶意串通到轻微过失，个案差别很大。如果具有过错的证券服务机构就全部损失承担连带责任，不基于过错情形予以区别，显然不符合责任与过错程度相当的侵权法基本法理。

因此，在 Y 评估公司对案涉侵权不存在主观故意的情况下，应当基于其过错程度，对其承担连带责任的范围予以确定。综合考量案涉侵权行为的事实、各责任主体的过错程度等因素，本院酌定 Y 评估公司应当就 B 公司案涉债务的 30% 承担连带责任。

综上所述，陈某勇等 30 人、彭某贺等 26 人的上诉请求部分成立，本院对成立部分予以支持，不成立部分予以驳回；一审判决认定事实清楚，但适用法律不当，本院予以部分改判。依照《中华人民共和国民事诉讼法》第一百七十条第一款第二项规定，判决如下：

一、维持一审判决第一、二项及一审案件受理费负担部分；

二、撤销一审判决第四项；

三、变更一审判决第三项为 Y 评估公司对一审判决第一项 B 公司所负债务的 30% 部分承担连带赔偿责任；

四、驳回陈某勇等 30 人、彭某贺等 26 人的其他诉讼请求。

如果未按本判决指定的期间履行给付金钱义务，应当依照《中华人民共和国民事诉讼法》第二百五十三条之规定，加倍支付迟延履行期间的债务利息。

本系列案二审案件受理费由陈某勇等 30 人、彭某贺等 26 人与 Y 评估公司各自负担 50%。陈某勇等 30 人、彭某贺等 26 人已向本院预交的二审案件受理费数额，由本院向其退回部分的数额，Y评估公司应当向本院缴纳的二审案件受理费数额，均详见附表（略）。

本判决为终审判决。

审判长　秦　旺

审判员　郑华平

审判员　肖　薇

二〇二一年××月××日

书记员　谢彩萍

附录2 财政部关于2023年度资产评估行业联合检查情况的公告

财政部关于2023年度资产评估行业联合检查情况的公告

中华人民共和国财政部公告2024年第5号

为贯彻落实《中共中央办公厅 国务院办公厅印发〈关于进一步加强财会监督工作的意见〉的通知》等要求，财政部监督评价局会同中国资产评估协会（以下称中评协），依据《中华人民共和国资产评估法》等法律法规，持续加强对资产评估行业的联合监管，促进提升行业执业质量、净化行业发展环境。现将2023年度资产评估行业联合检查有关情况公告如下：

一、检查开展情况

2023年，财政部监督评价局会同中评协组织10家财政部监管局，对15家备案从事证券服务业务的资产评估机构（以下称评估机构）开展了执业质量检查。

检查发现，15家评估机构基本能够按照评估准则和职业道德的规定开展业务，但在执业质量、内部治理、质量控制和专业胜任能力等方面仍存在一些突出问题。

二、处理处罚情况

现场检查结束后，财政部监督评价局会同中评协对检查发现的问题进行了审理，并组织专家对重大问题进行了复核论证，确保检查发现的问题事实清楚、证据确凿、依据充分、定性准确。在此基础上，财政部对4家

附录2 财政部关于2023年度资产评估行业联合检查情况的公告

评估机构及7名资产评估师作出行政处罚,中评协对6家评估机构及18名资产评估师作出行业自律惩戒。具体情况如下:

(一)河北立千资产评估有限责任公司存在项目承做期间及完成后规定时限内违规持有或买卖相关上市公司股票的问题;出具的某公司稳定轻烃工程资产评估报告,存在现金流量测算错误导致评估值高估等问题。针对上述事项,财政部依法给予河北立千资产评估有限责任公司警告、责令停业三个月、没收违法所得13.05万元并处罚款65.25万元的行政处罚;给予签字资产评估师智彦华和曹忠志警告、责令停止从业六个月的行政处罚。

(二)贵州黔元房地产资产评估事务所有限公司出具的某公司股东全部权益价值资产评估报告,存在收益法部分参数计算错误导致评估值高估等问题;出具的某公司股东全部权益价值资产评估报告,存在土地使用权评估容积率修正系数计算错误导致评估值高估等问题。针对上述重大遗漏事项,财政部依法给予贵州黔元房地产资产评估事务所有限公司警告、责令停业三个月的行政处罚;给予签字资产评估师邓贵川和何春华警告、责令停止从业六个月的行政处罚。

(三)重庆铂码房地产土地资产评估有限公司出具的某公司非专利技术评估项目资产评估报告,存在折现期限算法错误、无形资产提成率计算错误导致评估值高估等问题。针对上述重大遗漏事项,财政部依法给予重庆铂码房地产土地资产评估有限公司警告的行政处罚;给予签字资产评估师练红波和陈坪警告、责令停止从业六个月的行政处罚。

(四)中立资产评估(北京)有限公司出具的某公司价值资产评估报告,存在对评估资料缺少必要的分析、确定的评估参数明显不合理等问题。针对上述重大遗漏事项,财政部依法给予中立资产评估(北京)有限公司警告、责令停业三个月的行政处罚;给予签字资产评估师刘颖警告、责令停止从业一年的行政处罚。

中立资产评估(北京)有限公司出具的某公司价值资产评估报告,同时存在资产评估师的签字由他人代签等问题。根据《中国资产评估协会会员执业行为自律惩戒办法》(中评协〔2018〕23号,以下称《中评协自律惩戒办法》),中评协给予中立资产评估(北京)有限公司公开谴责的行业

（五）陕西正德信资产评估有限公司出具的某公司股东全部权益价值资产评估报告，存在其他应收款取值无依据等问题；出具的某公司无形资产专利权价值资产评估报告，存在未对企业提供数据资料的合理性进行分析等问题；出具的某县资产价值资产评估报告，存在现场调查记录不完整等问题。根据《中评协自律惩戒办法》，中评协给予陕西正德信资产评估有限公司通报批评的行业自律惩戒；给予签字资产评估师郭凯、邢粒粒通报批评的行业自律惩戒；给予签字资产评估师姜章耘、张丽警告的行业自律惩戒。

（六）中都国脉（北京）资产评估有限公司出具的某公司无形资产评估报告，存在主要参数取值无分析和测算过程及相应记录等问题；出具的某公司股东全部权益价值资产评估报告，存在营运资金计算公式错误导致评估值低估等问题；出具的某公司股东全部权益价值资产评估报告，存在评定估算中遗漏土地投资导致评估值低估等问题。根据《中评协自律惩戒办法》，中评协给予中都国脉（北京）资产评估有限公司警告的行业自律惩戒；给予签字资产评估师桂创社、孙辅友、刘洋、刘艳红警告的行业自律惩戒。

（七）深圳君瑞资产评估所（特殊普通合伙）出具的某公司资产组市场价值资产评估报告，存在评估参数选取错误导致评估值低估等问题；出具的某公司股东全部权益价值资产评估报告，存在工作底稿缺少主要参数选取的必要内容等问题；出具的某公司可收回金额资产评估报告，存在主要参数选取缺少必要的分析测算依据和过程等问题。根据《中评协自律惩戒办法》，中评协给予深圳君瑞资产评估所（特殊普通合伙）警告的行业自律惩戒；给予签字资产评估师黄爱娟、谭赞兴、何健警告的行业自律惩戒。

（八）格律（上海）资产评估有限公司出具的某公司投资性房地产公允价值资产评估报告，存在计算公式参数取值错误等问题；出具的某公司评估项目资产评估报告，存在在建工程评估漏项等问题。根据《中评协自律惩戒办法》，中评协给予格律（上海）资产评估有限公司警告的行业自律惩戒；给予签字资产评估师刘丽彦、徐家驹、杨赛峰警告的行业自律惩戒。

附录2　财政部关于2023年度资产评估行业联合检查情况的公告

（九）安徽华安资产评估事务所有限公司出具的某公司股东全部权益价值项目资产评估报告，存在最终评估结论的确定缺少必要的分析测算过程等问题；出具的某公司股权评估项目资产评估报告，存在预测所得税率时未考虑母子公司税率差异等问题。根据《中评协自律惩戒办法》，中评协给予安徽华安资产评估事务所有限公司警告的行业自律惩戒；给予签字资产评估师张亚、蒋雷、袁宗祥、赵彦警告的行业自律惩戒。

下一步，财政部将坚决贯彻落实党中央、国务院关于进一步加强财会监督的决策部署，切实履行财会监督主责，保持对资产评估行业的监督检查力度，严肃查处违法违规行为，坚决打击行业乱象，清除行业"害群之马"，促进行业健康可持续发展。

财　政　部
2024年5月17日

附录3　证监会发布2023年度证券资产评估分析报告

2023年度证券资产评估分析报告

为便于市场各方了解证券资产评估市场情况，引导资产评估机构规范执业，证监会会计司组织力量对2023年度证券资产评估情况进行分析，形成本报告。报告内容主要包括从事证券服务业务资产评估机构（以下简称证券评估机构）基本情况、证券资产评估业务情况、重大资产重组评估、商誉减值测试涉及的评估、基础设施公募REITs评估情况、监管关注重点及证券评估执业问题等。

一、证券评估机构基本情况

（一）机构总量有所下降，分布保持稳定

截至2024年6月底，我国证券评估机构为272家，同比减少9家，主要系未完成年度备案、机构注销等。证券评估机构主要分布在北京（77家）、深圳（31家）、上海（24家）、江苏（19家）、广东（17家）等地区，上述地区的证券评估机构合计168家，占比61.8%，较上年保持稳定。

（二）执业人员总体增长，机构人员数量差异较大

截至2023年底，证券评估机构共有资产评估师9 282人，同比增长4.2%。平均每家34人；其中资产评估师超过40人的证券评估机构72家，占比26.5%；资产评估师在20人至40人之间的证券评估机构55家，占比20.2%；资产评估师低于20人的证券评估机构145家，占比53.3%。

（三）收入小幅增长，证券评估收入略有下降

证券评估机构总收入为112.7亿元，较上年增长3.0%；其中资产评

估收入为 85.0 亿元,占总收入的 75.4%,较上年增长 6.8%;证券评估收入为 13.7 亿元,占总收入的 12.2%,较上年下降 4.9%。

(四)职业风险基金及职业责任保险累计赔偿限额总额超 30 亿元,过半数机构超 500 万家

截至 2023 年底,269 家证券评估机构提取了职业风险基金或购买了职业责任保险,其中职业风险基金总额为 11.8 亿元,职业责任保险累计赔偿限额总额为 21.5 亿元,合计 33.3 亿元,均值为 1 237.3 万元。137 家证券评估机构职业风险基金或职业责任保险累计赔偿限额合计金额超过 500 万元,占比 50.9%。

(五)行政监管不断强化,商誉减值评估问题较多

2023 年证监会及其派出机构对 4 家资产评估机构及其资产评估师采取 4 家次、7 人次的行政处罚,较上年增加 3 家次、5 人次;对 40 家资产评估机构及其资产评估师采取 45 家次、88 人次的监管措施,较上年增加 26 家次、38 人次。从经济行为来看,以商誉减值测试为目的的资产评估项目被采取了 16 家次、41 人次的行政监管措施,商誉减值评估问题较多。

二、证券资产评估业务情况

根据证券评估机构报备信息,2023 年度 213 家证券评估机构出具了 12 069 份资产评估报告(含估值报告),较上年增加 26.8%。主要情况,如下:

(一)上市公司为主要委托方

据统计,证券评估机构为上市公司出具 11 036 份资产评估报告,占报告总数的 91.4%,较上年 87.1% 有所增加;为挂牌公司出具 620 份资产评估报告,占报告总数的 5.1%,较上年 5.6% 有所下降;为 IPO 企业出具 256 份资产评估报告,占报告总数的 2.1%,较上年 4.3% 下降明显。

2023 年报备资产评估报告委托方分类统计

序号	委托方类型	委托方数量	委托方比例	报告份数	报告比例
1	上市公司	3 061	82.8%	11 036	91.4%
2	挂牌公司	411	11.1%	620	5.1%
3	IPO 公司	120	3.2%	256	2.1%
4	其他	105	2.8%	157	1.3%
	合计	3 697	100.0%	12 069	100.0%

（二）重资产行业公司评估需求明显提升

评估对象主要分布在电力、热力生产和供应业，软件和信息技术服务业，计算机、通信和其他电子设备制造业，房地产业，医药制造业等行业，行业分布和上年保持一致。其中，电力、热力生产和供应业资产评估报告 984 份，同比增长 40.0%，数量最多；其他传统重资产行业，如房地产业，医药制造业，化学原料及化学制品制造业，专用设备制造业等评估报告数量 2 008 份。传统重资产行业评估报告合计 2 992 份，同比增长 49.4%，重资产行业评估需求显著提升。

2023 年报备资产评估报告前 10 大行业分类统计

序号	上市公司所属行业	报告数量	数量占比	评估收费（万元）	收费比例	报告平均收费（万元）
1	电力、热力生产和供应业	984	8.2%	9 198.1	6.9%	9.3
2	软件和信息技术服务业	917	7.6%	9 414.4	7.0%	10.3
3	计算机、通信和其他电子设备制造业	613	5.1%	6 828.0	5.1%	11.1
4	医药制造业	541	4.5%	6 580.5	4.9%	12.2
5	房地产业	530	4.4%	5 528.5	4.1%	10.4
6	专业技术服务业	515	4.3%	5 069.6	3.8%	9.8
7	化学原料及化学制品制造业	501	4.2%	5 339.7	4.0%	10.7
8	商务服务业	498	4.1%	5 453.2	4.1%	11.0
9	批发业	481	4.0%	8 824.7	6.6%	18.3
10	专用设备制造业	436	3.6%	4 546.4	3.4%	10.4

（三）以财报为目的的评估仍为主要经济行为

从经济行为看，资产评估主要包括以财报为目的的评估、转让股权/资产的评估、收购资产评估（不涉及发行股份）、发行股份购买资产（含借壳上市）评估和股份制改造评估。2023 年度以财报为目的的评估报告数量 6 369 份，较上年 5 114 份增长 24.5%，占全部报告数量的 52.8%，仍为最主要经济行为。同时，以股权/资产转让为目的的评估报告数量 3 065

份,较上年增长 33.7%,增长最快。

2023 年报备资产评估报告经济行为分类统计

序号	评估经济行为	报告数量	数量比例	金额比例	平均收费（万元）
1	以财报为目的的评估	6 369	52.8%	57.7%	12.1
2	股权/资产转让	3 065	25.4%	17.0%	7.4
3	资产收购（不涉及发行股份）	1 111	9.2%	9.6%	11.6
4	发行股份购买资产	102	0.8%	3.3%	43.5
5	股份制改造	70	0.6%	1.1%	20.6
6	其他	1 352	11.2%	11.3%	11.2
	合计	12 069	100.0%	100.0%	11.1

（四）财报目的评估收费上升明显

从收费均值看,2023 年资产评估项目收费均值为 11.1 万元,较上年的 10.5 万元有所上升。其中,以财报为目的的资产评估项目收费均值为 12.1 万元,较上年的 10.5 万元增长 15.2%;发行股份购买资产评估项目收费均值为 43.5 万元,收费最高,但较上年 47.4 万元有所下降。从收费集中度看,报告收费最多的 10 家资产评估机构合计收费 57 669.6 万元,占比 43.1%,较上年的 40.5% 有所提升。

（五）境外资产收购有所回暖

2023 年,境外资产评估报告 424 份,占评估报告总数的 3.5%,较上年的 368 份增加 15.2%。其中,以财报为目的评估报告 272 份,占境外资产评估报告的 64.2%。境外资产收购（含发行股份收购资产）评估报告为 41 份,较上年的 28 份有所增长,境外资产收购有所回暖。

2023 年证券评估机构境外资产评估报告数量统计

序号	评估经济行为	报告数量		
		2021 年	2022 年	2023 年
1	以财报为目的的评估	246	238	272
2	股权/资产转让	66	70	77
3	资产收购（不涉及发行股份）	12	25	36

续表

序号	评估经济行为	报告数量		
		2021年	2022年	2023年
4	发行股份购买资产（含借壳上市）	3	3	5
5	股份制改造	0	0	1
6	其他	30	32	33
	合计	357	368	424

三、重大资产重组评估

2023年，重大资产重组项目共计185宗，其中72宗重组已完成，57宗失败，56宗尚在实施，重组项目实施完成率为38.9%。实施完成的项目包括置出项目27宗，置入项目40宗，资产置换项目5宗。

（一）重组项目数量及规模下降明显

从数量看，实施完成的重组项目为72宗，较上年的112宗下降35.7%；从规模看，72宗项目资产交易均值为23.1亿元，较上年的47.0亿元下降50.9%；从板块看，54家主板上市公司完成重大资产重组，交易规模为1 315.23亿元，同比下降73.7%；15家创业板上市公司完成重大资产重组，交易规模为343.51亿元，同比增长40.8%。

2023年上市公司重大重组交易情况

单位：人民币亿元

市场分类	数量	交易额			
		置出	置入	资产置换	合计
主板	54	260.59	800.56	254.08	1 315.23
创业板	15	17.61	183.23	142.68	343.51
科创板	2	—	7.07	—	7.07
北交所	1	—	0.45	—	0.45
合计	72	278.20	991.31	396.76	1 666.27

（二）重大资产重组业务集中度有所下降

72宗实施完成的重大资产重组由39家证券评估机构和2家证券公司承做。前10家证券评估机构共承做37宗，占比51.4%，重大资产重组业务集中度较 2022 年有所下降。

（三）定价方法仍以资产基础法和收益法为主

72 宗实施完成的重大资产重组项目中，采用资产基础法、收益法及市场法定价的比率分别为 54%、36% 和 10%，资产基础法和收益法是资本市场最常用的定价方法。同时，置入和置出项目在定价方法上存在一定差异，置入资产评估主要以收益法为主，占比 49%；置出资产评估主要以资产基础法为主，占比 67%。定价方法差异主要源于交易资产特点、盈利能力以及资产质量上的差异。

（四）评估结论是交易定价重要参考

72 宗项目披露了 75 项资产的评估结论，其中交易金额与评估值相同的项目 31 个，占比为 41%，差异率在 2% 以内的项目 16 个，占比为 21%；差异率在 2%—5% 之间的项目 10 个，占比为 13%；差异率在 5%—10% 之间的项目 4 个，占比 5%，评估结论是交易定价的重要参考。

（五）利润承诺实现情况向好

近五年完成的重大重组项目中，以 2023 年为业绩承诺期且披露了完成情况的共计 201 宗，其中 127 宗实现了盈利承诺，占比约 63.2%，较上年的 46.4% 上升明显。201 宗项目中，2023 年作为首年承诺期的利润实现率为 77.2%，较上年度 55.3% 提升明显。

四、商誉减值资产评估

截至 2023 年末，2 523 家上市公司账面商誉合计为 1.2 万亿元，同比增长 1.7%；915 家公司本年计提了 628.37 亿元商誉减值，同比下降 23.7%。证券评估机构为 1 281 家上市公司出具了 2 737 份商誉减值测试评估报告（含估值报告），同比下降 17.6%。本报告选取 2023 年度计提减值金额最大的前 100 家 A 股上市公司，对 553 项含商誉资产组减值测试评估情况进行了分析，具体如下：

（一）可收回金额

553 项含商誉资产组减值测试评估中，526 项披露了可收回金额的评估结果，510 项披露了可收回金额确定的方法。其中，478 项可收回金额由预计未来现金流量现值确定，32 项由公允价值减去处置费用的净额确定，分别占比 93.7%、6.3%，预计未来现金流量现值使用较多。

（二）预计未来现金流量现值关键参数

预计未来现金流量现值的关键参数主要包括预测期年限、盈利预测的关键参数及确定依据和折现率。采用未来现金流量现值确定可收回金额的478项商誉减值测试评估中，468项披露了预测期年限，基本为5年；盈利预测关键参数方面，439项对盈利预测关键参数进行了披露，其中预测期收入增长率集中在3%至10%，稳定期和永续期增长率基本为0，个别公司存在一定差异；盈利预测确定依据方面，403项对关键参数的确定依据进行了披露，如管理层预测、企业预算、行业分析报告以及企业历史数据等；折现率方面，453项披露了折现率取值情况。

（三）公允价值减去处置费用后的净额

采用公允价值减去处置费用后的净额确定可收回金额时，上市公司主要披露内容包括公允价值的确定方式、关键参数以及确定依据。据统计，32项采用公允价值减去处置费用后的净额确定可收回金额的评估中，26项披露了公允价值的确定方式，21项披露了关键参数，17项披露了关键参数的确定依据。

五、基础设施公募REITs评估

截至2023年底，已上市发行基础设施公募REITs 29只，合计募集资金954.5亿元。基础设施公募REITs上市发行及年度报告涉及的评估主要由头部证券评估机构承做，业务集中度较高。

（一）基础设施公募REITs上市发行涉及的评估

2023年上市发行的基础设施公募REITs为5只，募集资金总额170.9亿元。从项目属性看，不动产经营类即租赁型基础设施基金2只，底层资产为仓储物流基础设施和软件产业园。特许经营权类即收费型基础设施基金3只，底层资产为光伏能源发电、可再生能源发电和高速公路。

1. 评估机构承做情况

2023年上市的5只基础设施公募REITs共涉及评估报告8份，由4家证券评估机构出具，均采用收益法一种方法进行评估，并作为最终评估结论。

2. 折现率

收益法下，重要评估参数包括现金流预测、收益期限和折现率。考虑到基础设施公募REITs项目成熟稳定，未来现金流预测相对稳健，盈利预测期一般为有限期间，折现率是影响评估结果的关键参数。不动产经营类基础设施项目涉及的 4 份评估报告折现率采用风险累加法确定，折现率为 6.5%—8%，平均值为 7.63%（2022 年上市发行 16 份报告折现率集中在 6%—8.25% 区间，平均值为 7.06%）。特许经营权类基础设施项目涉及的 4 份评估报告中，折现率的选取方式为加权平均资本成本法（WACC），折现率为 9.00%—9.89%，平均值为 9.25%（2022 年上市发行 5 份报告折现率集中在 7.95%—9.15% 区间，平均值为 8.43%）。

（二）基础设施公募 REITs 年度报告涉及的评估

1. 评估机构承做情况

截至 2023 年底，已上市发行的 29 只基础设施公募 REITs 共披露了 63 份年度评估报告，包括 40 份房地产估价报告和 23 份资产评估报告，承做评估项目的机构为 13 家。其中，16 项不动产经营类基础设施项目出具报告 46 份，包括 40 份房地产估价报告和 6 份资产评估报告；13 项特许经营权类基础设施项目出具报告 17 份，全部为资产评估报告。上述全部 63 份报告均采用收益法一种方法进行评估，并作为最终评估结论。

2. 折现率

不动产经营类基础设施项目涉及的 46 份评估报告折现率采用风险累加法确定，折现率为 6.0%—8.75%，平均值为 7.00%。特许经营权类基础设施项目涉及的 17 份评估报告中，折现率的选取方式为加权平均资本成本法（WACC），折现率为 7.50%—10.27%，平均值为 8.83%。总体来看，特许经营权类基础设施项目采用的折现率高于不动产经营类基础设施项目。

六、证券资产评估问询关注重点

2023 年，证券交易所就上市公司信息披露中涉及的资产评估事项发出 256 份问询函，问询集中在评估方法的选择、评估过程的披露、评估结果的分析、评估机构的专业胜任能力等。具体如下：

（一）说明评估方法

某公司使用收益法对空置房产进行评估，但未说明使用收益法的合理性。证券交易所指出上市公司及资产评估机构应结合房产租赁情况说明收益法评估是否合理，以及未采用市场法进行评估的原因。

某公司进行资产收购时采用资产基础法及市场法进行评估，两种评估方法评估值差异明显，公司最终采用评估结果较高的市场法评估值作为评估结论。证券交易所指出上市公司及资产评估机构应说明市场法评估值显著高于资产基础法评估值的原因，以及选择市场法评估值的合理性。

（二）说明评估过程

某公司进行股权收购，但未充分披露评估过程。证券交易所指出上市公司及资产评估机构应说明收益法下未来预期现金流、折现率的确定方法、评估测算过程，市场法下价值比例的选取及理由、可比对象或者案例的选取原则，资产基础法下主要资产的评估方法及选取理由，并说明评估过程的合理性。

某公司在进行资产出售时对市场法测算过程披露不充分，证券交易所指出上市公司及资产评估机构应说明市场法评估的具体情况，包括选取可比交易案例的具体过程、相关指标的比较和差异的调整过程，并结合可比标的的业务规模、经营业绩、客户情况、核心技术等说明是否具有可比性。

（三）说明评估结果

某公司进行资产收购时，相关探矿权尚未转换为采矿权，证券交易所指出上市公司及资产评估机构应结合矿业权价款缴纳情况、探矿权所处勘查阶段、后续尚需履行的必要手续、采矿权预计取得时间、矿业权续期实质性障碍等情况，说明评估结果是否已将相关情况考虑在内。

某公司于2022年对同一标的进行了两次评估，并采用收益法评估值作为评估结果，而在2023年再次评估时却采用资产基础法评估值作为评估结果。证券交易所指出上市公司及资产评估机构应说明在行业政策无重大变化、前两次评估均采用收益法评估的情况下，2023年选取资产基础法评估值作为评估结果的原因及合理性。

（四）说明评估机构专业胜任能力

某公司进行海外矿业权评估，证券交易所指出上市公司及资产评估机构应结合评估机构相关资质、从业人员及从事过证券服务业务的执业人员情况、主要案例等说明评估机构是否具备评估海外矿业权的专业胜任能力。

附录3　证监会发布2023年度证券资产评估分析报告

七、证券资产评估执业问题

本报告对2023年证券评估机构的处理处罚情况进行了分析，发现证券评估机构执业存在的主要问题包括：

（一）从事证券服务业务未备案

资产评估机构从事证券服务业务应向证监会和财政部备案。某机构接受上市公司委托并出商誉减值测试评估报告，从事了证券服务业务，但未按规定在业务承接后进行备案。部分证券评估机构从事证券服务业务未按要求报送业务信息或报送信息不准确。

（二）商誉减值测试评估不到位

一是未关注变动趋势。如连续承做同一项目时，未关注企业主要经营数据、营运资金变动情况，未考虑企业经营状况变化对特定风险收益率的影响。二是折现率口径不恰当。如未来现金流量现值评估和公允价值评估均使用税前折现率。三是评估方法不完备。如资产组可收回金额仅测算了资产组未来现金流量的现值，未测算公允价值减去处置费用后的净额。四是缺少与注册会计师沟通记录。如底稿中未记录与注册会计师的沟通记录。五是评估报告披露不准确。如减值测试过程、资产组范围、经营风险披露不准确。

（三）盈利预测依据不充分

一是收入预测依据不充分。如预测企业未来5年收入稳步增长但依据不足，未考虑前期收入下滑、意向合同可实现性不足以及行业政策变化、公司决策变化对收入的影响。二是毛利率预测依据不充分。如未对历史期毛利率变动趋势、固定成本和变动成本构成进行分析，未对预测期毛利率进行验证。三是营运资金预测不合理。如参照行业取值的资产周转率与公司实际情况脱节，导致营运资金预测缺乏合理性。四是资本性支出和收益预测不匹配。如永续期预测收益维持不变，资本性支出一般应与折旧摊销金额大体相等，而证券评估机构预测的资本性支出为折旧摊销金额的2倍左右，且未分析资本性支出和收益预测不匹配的合理性。

（四）评估参数选取不准确

一是折现率参数选取不准确。如选择可比公司时，未记录可比公司筛选标准及步骤，未关注可比公司与被评估单位在业务及体量上存在显著差异；计算特定风险系数时，未根据被评估对象的属性特征、企业经营状态的变化确定风险因素；开展境外矿业权评估时，未考虑国别风险取值的来源依据及确定过程。二是市场法中可比交易案例的选取不准确。如对房地产进行市场法评估时市场交易案例基本信息缺失，可比性较低，未说明相似案例在同一基准日市场价格存在差异的原因。三是未收集足够可比案例且未实地勘查。如对投资性房地产采用市场法进行评估时，选取的楼盘信息为非交易实例，也未进行实地勘察。

（五）评估报告披露不准确、不完整

一是存在虚假记载。如股东全部权益价值评估中，评估报告特别事项记录相关部门与企业开发条件达成一致后土地可正常建设开发，而走访时相关部门并未回复，土地已无偿回收。二是遗漏重要信息。如长期股权投资减值测试中，评估报告仅披露某协议要求企业于某一日期前进行房屋拆迁，但未披露协议要求该日期前未拆迁完毕土地将被收回等情况。三是披露不完整。如未披露被评估单位尚未取得不动产产权证书、存在抵押担保等产权瑕疵情况。

（六）资产评估程序执行不到位

如未对银行存款、往来款项执行函证程序，现场盘点程序缺失，现场访谈流于形式；未充分核查设备改造发票等资料，将企业虚构的改造费用纳入重置成本；未充分核查设备存在状态及权属，获取设备采购合同与现场设备规格型号不一致，导致未发现评估范围内固定资产价值虚增；评估测算采用的财务数据与审计报告不一致，评估机构未对数据差异进行核查；预测未来现金流时未考虑增值税加计抵扣、即征即退等相关收益，研发费用税前加计扣除比例使用不当。

（七）内部管理及质控复核不到位

一是内部管理不到位。如职业风险基金计提情况和职业责任保险购买情况不符合相关规定；允许其他机构评估人员以本机构名义执业，签字评估师未实际履行现场盘点、获取资料、底稿制作等评估程序。二是质控复核不到位。如质控复核文件中审核意见、反馈意见、提请关注问题等内容缺失，复核阶段未发现计算错误、参数口径使用错误等问题。

上述问题反映出部分证券评估机构疏于质量管理，部分资产评估师未能保持应有的职业审慎、专业胜任能力欠缺，评估结论不严谨。下一步，证监会将贯彻落实《关于加强监管防范风险推动资本市场高质量发展的若干意见》和《关于进一步做好资本市场财务造假综合惩防工作的意见》有关要求，加强证券评估机构备案监管和监督检查，从严查处违法违规行为，提高资产评估机构识假防假能力和质量管理水平，并加强与行业主管部门及行业协会的监管协作，共同维护证券评估市场秩序。

附录4 相关法律法规制度一览表

一、通行类

序号	名称	文号	发布日期	发文机构
1	中华人民共和国公司法	中华人民共和国主席令第 15 号	2023/12/29	全国人民代表大会常务委员会
2	中华人民共和国证券法	中华人民共和国主席令第 37 号	2019/12/28	全国人民代表大会常务委员会
3	中华人民共和国期货和衍生品法	中华人民共和国主席令第 111 号	2022/4/20	全国人民代表大会常务委员会
4	中华人民共和国资产评估法	中华人民共和国主席令第 46 号	2016/7/2	全国人民代表大会常务委员会

附录4 相关法律法规制度一览表

续表

序号	名称	文号	发布日期	发文机构
5	中华人民共和国刑法修正案（十二）	中华人民共和国主席令第18号	2023/12/29	全国人民代表大会常务委员会
6	中华人民共和国行政处罚法	中华人民共和国主席令第70号	2021/1/22	全国人民代表大会常务委员会
7	国务院关于规范中介机构为公司公开发行股票提供服务的规定	国务院令第798号	2025/1/10	国务院
8	最高人民法院关于审理证券市场虚假陈述侵权民事赔偿案件的若干规定	法释〔2022〕2号	2022/1/21	最高人民法院
9	最高人民法院 中国证券监督管理委员会关于适用《最高人民法院关于审理证券市场虚假陈述侵权民事赔偿案件的若干规定》有关问题的通知	法〔2022〕23号	2022/1/21	最高人民法院、中国证监会
10	中共中央办公厅 国务院办公厅印发《关于进一步加强财会监督工作的意见》的通知		2023/2/9	中共中央办公厅、国务院办公厅
11	国务院关于加强监管防范风险推动资本市场高质量发展的若干意见	国发〔2024〕10号	2024/4/4	国务院
12	国务院办公厅关于贯彻实施修订后的证券法有关工作的通知	国办发〔2020〕5号	2020/2/29	国务院办公厅

续表

序号	名称	文号	发布日期	发文机构
13	国务院办公厅转发中国证监会等部门《关于进一步做好资本市场财务造假综合惩防工作的意见》的通知	国办发〔2024〕34号	2024/6/29	国务院办公厅
14	关于加强上市公司监管的意见（试行）		2024/3/15	中国证监会
15	关于严把发行上市准入关从源头上提高上市公司质量的意见（试行）		2024/3/15	中国证监会
16	资本市场服务科技企业高水平发展的十六项措施		2024/4/19	中国证监会
17	关于深化科创板改革 服务科技创新和新质生产力发展的八条措施		2024/6/19	中国证监会
18	关于深化上市公司并购重组市场改革的意见		2024/9/24	中国证监会
19	关于切实审理好上市公司破产重整案件工作座谈会纪要	法〔2024〕309号	2024/12/31	最高人民法院、中国证监会
20	关于资本市场做好金融"五篇大文章"的实施意见		2025/2/7	中国证监会
21	上市公司股权激励管理办法	证监会令第227号	2025/3/27	中国证监会
22	上市公司收购管理办法（2020年修订）	证监会令第166号	2020/3/20	中国证监会
23	证券期货市场诚信监督管理办法	证监会令第227号	2025/3/27	中国证监会
24	可转换公司债券管理办法	证监会令第227号	2025/3/27	中国证监会
25	上市公司信息披露管理办法	证监会令第226号	2025/3/26	中国证监会

附录4 相关法律法规制度一览表

续表

序号	名称	文号	发布日期	发文机构
26	首次公开发行股票注册管理办法	证监会令第205号	2023/2/17	中国证监会
27	上市公司证券发行注册管理办法	证监会令第227号	2025/3/27	中国证监会
28	证券发行上市保荐业务管理办法	证监会令第227号	2025/3/27	中国证监会
29	证券发行与承销管理办法	证监会令第228号	2025/3/28	中国证监会
30	优先股试点管理办法	证监会令第209号	2023/2/17	中国证监会
31	上市公司重大资产重组管理办法	证监会令第214号	2023/2/17	中国证监会
32	存托凭证发行与交易管理办法（试行）	证监会令第215号	2023/2/17	中国证监会
33	欺诈发行上市股票责令回购实施办法（试行）	证监会令第227号	2025/3/27	中国证监会
34	中国证券监督管理委员会行政许可实施程序规定	证监会令第217号	2023/2/17	中国证监会
35	公司债券发行与交易管理办法	证监会令第222号	2023/10/20	中国证监会
36	中国证监会行政处罚裁量基本规则	证监会令第225号	2025/1/17	中国证监会
37	首发企业现场检查规定	证监会公告〔2024〕1号	2024/3/15	中国证监会
38	首次公开发行股票并上市辅导监管规定	证监会公告〔2024〕2号	2024/3/15	中国证监会
39	上市公司行业统计分类与代码	证监会公告〔2024〕16号	2024/11/20	中国证监会
40	证券服务机构从事证券服务业务备案管理规定	证监会公告〔2020〕52号	2020/7/24	中国证监会、工业和信息化部、司法部、财政部

233

续表

序号	名称	文号	发布日期	发文机构
41	公司信用类债券信息披露管理办法	中国人民银行 国家发展和改革委员会 证监会公告〔2020〕第22号	2020/12/25	中国人民银行、发展改革委、中国证监会
42	关于上市公司内幕信息知情人登记管理制度的规定	证监会公告〔2021〕5号	2021/2/3	中国证监会
43	关于加强注册制下中介机构廉洁从业监管的意见	证监会公告〔2022〕37号	2022/5/31	中国证监会、司法部、财政部
44	公开发行证券的公司信息披露内容与格式准则第2号——年度报告的内容与格式（2021年修订）	证监会公告〔2021〕15号	2021/6/28	中国证监会
45	公开发行证券的公司信息披露内容与格式准则第3号——半年度报告的内容与格式（2021年修订）	证监会公告〔2021〕16号	2021/6/28	中国证监会
46	公开发行证券的公司信息披露内容与格式准则第5号——公司股份变动报告的内容与格式（2022年修订）	证监会公告〔2022〕8号	2022/1/5	中国证监会
47	公开发行证券的公司信息披露内容与格式准则第15号——权益变动报告书（2020年修订）	证监会公告〔2020〕20号	2020/3/20	中国证监会
48	公开发行证券的公司信息披露内容与格式准则第16号——上市公司收购报告书（2020年修订）	证监会公告〔2020〕20号	2020/3/20	中国证监会

附录 4　相关法律法规制度一览表

续表

序号	名称	文号	发布日期	发文机构
49	公开发行证券的公司信息披露内容与格式准则第 24 号——公开发行公司债券申请文件（2023 年修订）	证监会公告〔2023〕53 号	2023/10/20	中国证监会
50	关于修改《公开发行证券的公司信息披露内容与格式准则第 26 号——上市公司重大资产重组》的决定	证监会公告〔2023〕57 号	2023/10/27	中国证监会
51	公开发行证券的公司信息披露内容与格式准则第 32 号——发行优先股申请文件	证监会公告〔2023〕9 号	2023/2/17	中国证监会
52	公开发行证券的公司信息披露内容与格式准则第 33 号——发行优先股预案和发行情况报告书	证监会公告〔2023〕10 号	2023/2/17	中国证监会
53	公开发行证券的公司信息披露内容与格式准则第 34 号——发行优先股募集说明书	证监会公告〔2023〕11 号	2023/2/17	中国证监会
54	公开发行证券的公司信息披露内容与格式准则第 40 号——试点红筹企业公开发行存托凭证并上市申请文件	证监会公告〔2023〕13 号	2023/2/17	中国证监会
55	公开发行证券的公司信息披露内容与格式准则第 57 号——招股说明书	证监会公告〔2023〕4 号	2023/2/17	中国证监会
56	公开发行证券的公司信息披露内容与格式准则第 58 号——首次公开发行股票并上市申请文件	证监会公告〔2023〕5 号	2023/2/17	中国证监会

续表

序号	名称	文号	发布日期	发文机构
57	公开发行证券的公司信息披露内容与格式准则第 59 号——上市公司发行证券申请文件	证监会公告〔2023〕6 号	2023/2/17	中国证监会
58	公开发行证券的公司信息披露内容与格式准则第 60 号——上市公司向不特定对象发行证券募集说明书	证监会公告〔2023〕7 号	2023/2/17	中国证监会
59	公开发行证券的公司信息披露内容与格式准则第 61 号——上市公司向特定对象发行证券募集说明书和发行情况报告书	证监会公告〔2023〕8 号	2023/2/17	中国证监会
60	公开发行证券的公司信息披露编报规则第 15 号——财务报告的一般规定（2023 年修订）	证监会公告〔2023〕64 号	2023/12/22	中国证监会
61	试点创新企业境内发行股票或存托凭证并上市监管工作实施办法	证监会公告〔2023〕12 号	2023/2/17	中国证监会
62	《首次公开发行股票注册管理办法》第十二条、第十三条、第三十一条、第四十四条，第四十五条和《公开发行证券的公司信息披露内容与格式准则第 57 号——招股说明书》第七条有关规定的适用意见——证券期货法律适用意见第 17 号	证监会公告〔2023〕14 号	2023/2/17	中国证监会

附录4 相关法律法规制度一览表

续表

序号	名称	文号	发布日期	发文机构
63	《上市公司证券发行注册管理办法》第九条、第十条、第十一条、第十三条、第四十条、第五十三条、第六十七条有关规定的适用意见——证券期货法律适用意见第18号	证监会公告〔2023〕15号	2023/2/17	中国证监会
64	《上市公司收购管理办法》第六十二条、第六十三条及《上市公司重大资产重组管理办法》第四十六条有关限制股份转让的适用意见——证券期货法律适用意见第4号	证监会公告〔2023〕36号	2023/2/17	中国证监会
65	《上市公司重大资产重组管理办法》第十四条、第四十四条的适用意见——证券期货法律适用意见第12号	证监会公告〔2023〕37号	2023/2/17	中国证监会
66	《上市公司重大资产重组管理办法》第二十九条、第四十五条的适用意见——证券期货法律适用意见第15号	证监会公告〔2023〕38号	2023/2/17	中国证监会
67	上市公司监管指引第7号——上市公司重大资产重组相关股票异常交易监管	证监会公告〔2023〕39号	2023/2/17	中国证监会
68	上市公司监管指引第9号——上市公司筹划和实施重大资产重组的监管要求	证监会公告〔2023〕40号	2023/2/17	中国证监会
69	境内企业境外发行证券和上市管理试行办法	证监会公告〔2023〕43号	2023/2/17	中国证监会
70	关于加强境内企业境外发行证券和上市相关保密和档案管理工作的规定	证监会公告〔2023〕44号	2023/3/24	中国证监会

续表

序号	名称	文号	发布日期	发文机构
71	关于深化债券注册制改革的指导意见	证监会公告〔2023〕46号	2023/6/20	中国证监会
72	关于注册制下提高中介机构债券业务执业质量的指导意见	证监会公告〔2023〕47号	2023/6/20	中国证监会
73	中国证监会关于北京证券交易所上市公司转板的指导意见	证监会公告〔2023〕50号	2023/8/10	中国证监会
74	监管规则适用指引——发行类第7号		2023/2/17	中国证监会
75	监管规则适用指引——上市类第1号		2020/7/31	中国证监会
76	监管规则适用指引——评估类第1号		2021/1/22	中国证监会
77	会计监管风险提示第5号——上市公司股权交易资产评估		2013/2/6	中国证监会
78	会计监管风险提示第7号——轻资产类公司收益法评估		2017/6/5	中国证监会
79	会计监管风险提示第8号——商誉减值		2018/11/16	中国证监会

二、上交所

序号	名称	文号	发布日期	发文机构
80	科创板上市公司持续监管办法（试行）	证监会令第227号	2025/3/27	中国证监会
81	关于在上海证券交易所设立科创板并试点注册制的实施意见	证监会公告〔2019〕2号	2019/1/28	中国证监会
82	关于修改《科创属性评价指引（试行）》的决定	证监会公告〔2024〕6号	2024/4/30	中国证监会
83	上海证券交易所股票发行上市审核规则（2024年4月修订）	上证发〔2024〕49号	2024/4/30	上海证券交易所
84	上海证券交易所上市公司证券发行上市审核规则	上证发〔2023〕29号	2023/2/17	上海证券交易所

附录4 相关法律法规制度一览表

续表

序号	名称	文号	发布日期	发文机构
85	上海证券交易所上市公司重大资产重组审核规则（2024年4月修订）	上证发〔2024〕50号	2024/4/30	上海证券交易所
86	上海证券交易所上市审核委员会和并购重组审核委员会管理办法（2024年4月修订）	上证发〔2024〕53号	2024/4/30	上海证券交易所
87	上海证券交易所股票上市规则（2024年4月修订）	上证发〔2024〕51号	2024/4/30	上海证券交易所
88	上海证券交易所科创板股票上市规则（2024年4月修订）	上证发〔2024〕52号	2024/4/30	上海证券交易所
89	上海证券交易所首次公开发行证券发行与承销业务实施细则	上证发〔2023〕33号	2023/2/17	上海证券交易所
90	上海证券交易所上市公司证券发行与承销业务实施细则	上证发〔2023〕34号	2023/2/17	上海证券交易所
91	上海证券交易所优先股试点业务实施细则	上证发〔2023〕38号	2023/2/17	上海证券交易所
92	上海证券交易所发行上市审核规则适用指引第1号——申请文件受理（2024年修订）	上证发〔2024〕55号	2024/4/30	上海证券交易所
93	上海证券交易所发行上市审核规则适用指引第2号——上市保荐书内容与格式	上证发〔2023〕45号	2023/2/17	上海证券交易所
94	上海证券交易所发行上市审核规则适用指引第3号——现场督导（2024年修订）	上证发〔2024〕56号	2024/4/30	上海证券交易所

续表

序号	名称	文号	发布日期	发文机构
95	上海证券交易所发行上市审核规则适用指引第4号——创新试点红筹企业财务报告信息披露	上证发〔2023〕47号	2023/2/17	上海证券交易所
96	上海证券交易所发行上市审核规则适用指引第6号——轻资产、高研发投入认定标准（试行）	上证发〔2024〕130号	2024/10/11	上海证券交易所
97	上海证券交易所发行上市审核业务指南第1号——审核系统业务办理	上证函〔2023〕375号	2023/2/17	上海证券交易所
98	上海证券交易所发行上市审核业务指南第2号——发行上市申请文件	上证函〔2023〕376号	2023/2/17	上海证券交易所
99	上海证券交易所发行上市审核业务指南第3号——业务咨询沟通	上证函〔2023〕377号	2023/2/17	上海证券交易所
100	上海证券交易所发行上市审核业务指南第4号——常见问题的信息披露和核查要求自查表 第一号 首次公开发行	上证函〔2023〕657号	2023/3/17	上海证券交易所
101	上海证券交易所发行上市审核业务指南第4号——常见问题的信息披露和核查要求自查表 第二号 上市公司向不特定对象发行证券	上证函〔2023〕657号	2023/3/17	上海证券交易所
102	上海证券交易所发行上市审核业务指南第4号——常见问题的信息披露和核查要求自查表 第三号 上市公司向特定对象发行证券	上证函〔2023〕657号	2023/3/17	上海证券交易所

附录4 相关法律法规制度一览表

续表

序号	名称	文号	发布日期	发文机构
103	上海证券交易所发行上市审核业务指南第4号——常见问题的信息披露和核查要求自查表 第四号 上市公司以简易程序向特定对象发行证券	上证函〔2023〕657号	2023/3/17	上海证券交易所
104	上海证券交易所发行上市审核业务指南第4号——常见问题的信息披露和核查要求自查表 第五号 上市公司重大资产重组	上证函〔2023〕657号	2023/3/17	上海证券交易所
105	上海证券交易所科创板企业发行上市申报及推荐暂行规定（2024年4月修订）	上证发〔2024〕54号	2024/4/30	上海证券交易所
106	北京证券交易所上市公司向上海证券交易所科创板转板办法（试行）	上证发〔2022〕34号	2022/3/4	上海证券交易所
107	上海证券交易所科创板发行上市审核规则适用指引第3号——转板上市申请文件	上证发〔2021〕57号	2021/7/23	上海证券交易所
108	上海证券交易所科创板发行上市审核规则适用指引第4号——转板上市报告书内容与格式	上证发〔2021〕58号	2021/7/23	上海证券交易所
109	上海证券交易所科创板发行上市审核规则适用指引第6号——转板上市股份相关事项	上证发〔2021〕60号	2021/7/23	上海证券交易所

续表

序号	名称	文号	发布日期	发文机构
110	上海证券交易所上市公司自律监管指引第1号——规范运作（2023年12月修订）	上证发〔2023〕193号	2023/12/15	上海证券交易所
111	上海证券交易所上市公司自律监管指引第2号——信息披露事务管理	上证发〔2022〕3号	2022/1/7	上海证券交易所
112	上海证券交易所上市公司自律监管指引第3号——行业信息披露	上证发〔2022〕4号	2022/1/7	上海证券交易所
113	上海证券交易所上市公司自律监管指引第5号——交易与关联交易	上证发〔2022〕6号	2022/1/7	上海证券交易所
114	上海证券交易所上市公司自律监管指引第6号——重大资产重组（2023年修订）	上证发〔2023〕49号	2023/2/17	上海证券交易所
115	上海证券交易所上市公司自律监管指引第10号——纪律处分实施标准	上证发〔2024〕9号	2024/1/19	上海证券交易所
116	上海证券交易所上市公司自律监管指引第12号——可转换公司债券	上证发〔2022〕119号	2022/7/29	上海证券交易所
117	上海证券交易所上市公司自律监管指引第13号——破产重整等事项（2025年修订）	上证发〔2025〕30号	2025/3/14	上海证券交易所

附录4 相关法律法规制度一览表

续表

序号	名称	文号	发布日期	发文机构
118	上海证券交易所科创板上市公司自律监管指引第1号——规范运作（2023年12月修订）	上证发〔2023〕194号	2023/12/15	上海证券交易所
119	上海证券交易所科创板上市公司自律监管指引第2号——自愿信息披露	上证发〔2022〕14号	2022/1/7	上海证券交易所
120	上海证券交易所科创板上市公司自律监管指引第3号——科创属性持续披露及相关事项	上证发〔2022〕14号	2022/1/7	上海证券交易所
121	上海证券交易所公司债券发行上市审核规则（2023年修订）	上证发〔2023〕162号	2023/10/20	上海证券交易所
122	上海证券交易所公司债券发行上市规则（2023年修订）	上证发〔2023〕164号	2023/10/20	上海证券交易所
123	上海证券交易所公司债券发行上市审核规则适用指引第1号——申请文件及编制（2023年修订）	上证发〔2023〕167号	2023/10/20	上海证券交易所
124	上海证券交易所公司债券发行上市审核规则适用指引第3号——审核重点关注事项（2023年修订）	上证发〔2023〕169号	2023/10/20	上海证券交易所
125	上海证券交易所公司债券自律监管规则适用指引第1号——公司债券持续信息披露（2023年10月修订）	上证发〔2023〕175号	2023/10/20	上海证券交易所
126	上海证券交易所纪律处分和监管措施实施办法（2023年8月修订）	上证发〔2023〕138号	2023/8/25	上海证券交易所

续表

三、深交所

序号	名称	文号	发布日期	发文机构
127	创业板上市公司持续监管办法（试行）	证监会令第227号	2025/3/27	中国证监会
128	深圳证券交易所股票发行上市审核规则（2024年修订）	深证上〔2024〕341号	2024/4/30	深圳证券交易所
129	深圳证券交易所上市公司证券发行上市审核规则	深证上〔2023〕95号	2023/2/17	深圳证券交易所
130	深圳证券交易所上市公司重大资产重组审核规则（2024年修订）	深证上〔2024〕342号	2024/4/30	深圳证券交易所
131	深圳证券交易所上市审核委员会和并购重组审核委员会管理办法（2024年修订）	深证上〔2024〕343号	2024/4/30	深圳证券交易所
132	深圳证券交易所行业咨询专家库工作规则（2023年修订）	深证上〔2023〕97号	2023/2/17	深圳证券交易所
133	深圳证券交易所股票上市规则（2024年修订）	深证上〔2024〕339号	2024/4/30	深圳证券交易所
134	深圳证券交易所创业板股票上市规则（2024年修订）	深证上〔2024〕340号	2024/4/30	深圳证券交易所
135	深圳证券交易所优先股试点业务实施细则（2023年修订）	深证上〔2023〕99号	2023/2/17	深圳证券交易所
136	深圳证券交易所首次公开发行证券发行与承销业务实施细则	深证上〔2023〕100号	2023/2/17	深圳证券交易所
137	深圳证券交易所上市公司证券发行与承销业务实施细则	深证上〔2023〕101号	2023/2/17	深圳证券交易所
138	关于未盈利企业在创业板上市相关事宜的通知	深证上〔2023〕105号	2023/2/17	深圳证券交易所

附录4 相关法律法规制度一览表

续表

序号	名称	文号	发布日期	发文机构
139	深圳证券交易所股票发行上市审核业务指引第1号——申请文件受理（2024年修订）	深证上〔2024〕345号	2024/4/30	深圳证券交易所
140	深圳证券交易所股票发行上市审核业务指引第2号——上市保荐书内容与格式	深证上〔2023〕107号	2023/2/17	深圳证券交易所
141	深圳证券交易所股票发行上市审核业务指引第3号——创新试点红筹企业财务报告信息披露	深证上〔2023〕108号	2023/2/17	深圳证券交易所
142	深圳证券交易所股票发行上市审核业务指引第4号——现场督导（2024年修订）	深证上〔2024〕346号	2024/4/30	深圳证券交易所
143	深圳证券交易所股票发行上市审核业务指南第1号——业务咨询沟通	深证上〔2023〕117号	2023/2/17	深圳证券交易所
144	深圳证券交易所股票发行上市审核业务指南第2号——发行上市申请文件受理关注要点	深证上〔2023〕118号	2023/2/17	深圳证券交易所
145	关于进一步督促会员提升保荐业务执业质量的通知	深证会〔2023〕51号	2023/2/17	深圳证券交易所
146	深圳证券交易所发行与承销业务指引第1号——股票上市公告书内容与格式	深证上〔2023〕112号	2023/2/17	深圳证券交易所
147	深圳证券交易所发行与承销业务指引第2号——存托凭证上市公告书内容与格式	深证上〔2023〕113号	2023/2/17	深圳证券交易所

续表

序号	名称	文号	发布日期	发文机构
148	深圳证券交易所股票发行上市审核业务指南第 3 号——首次公开发行审核关注要点	深证上〔2023〕182 号	2023/3/17	深圳证券交易所
149	深圳证券交易所股票发行上市审核业务指南第 4 号——上市公司向不特定对象发行证券审核关注要点	深证上〔2023〕182 号	2023/3/17	深圳证券交易所
150	深圳证券交易所股票发行上市审核业务指南第 5 号——上市公司向特定对象发行证券审核关注要点	深证上〔2023〕182 号	2023/3/17	深圳证券交易所
151	深圳证券交易所股票发行上市审核业务指南第 6 号——上市公司向特定对象发行证券审核关注要点（简易程序）	深证上〔2023〕182 号	2023/3/17	深圳证券交易所
152	深圳证券交易所股票发行上市审核业务指南第 7 号——上市公司重大资产重组审核关注要点	深证上〔2023〕182 号	2023/3/17	深圳证券交易所
153	深圳证券交易所创业板企业发行上市申报及推荐暂行规定（2024 年修订）	深证上〔2024〕344 号	2024/4/30	深圳证券交易所
154	深圳证券交易所关于北京证券交易所上市公司向创业板转板办法（试行）	深证上〔2022〕219 号	2022/3/4	深圳证券交易所
155	深圳证券交易所创业板发行上市审核业务指引第 3 号——全国中小企业股份转让系统挂牌公司向创业板转板上市报告书内容与格式	深证上〔2021〕726 号	2021/7/23	深圳证券交易所

续表

序号	名称	文号	发布日期	发文机构
156	深圳证券交易所创业板发行上市审核业务指引第4号——全国中小企业股份转让系统挂牌公司向创业板转板上市申请文件	深证上〔2021〕727号	2021/7/23	深圳证券交易所
157	深圳证券交易所创业板发行上市审核业务指引第5号——转板上市股份相关事项	深证上〔2021〕730号	2021/7/23	深圳证券交易所
158	深圳证券交易所上市公司自律监管指引第1号——主板上市公司规范运作（2023年12月修订）	深证上〔2023〕1145号	2023/12/15	深圳证券交易所
159	深圳证券交易所上市公司自律监管指引第2号——创业板上市公司规范运作（2023年12月修订）	深证上〔2023〕1146号	2023/12/15	深圳证券交易所
160	深圳证券交易所上市公司自律监管指引第3号——行业信息披露（2023年修订）	深证上〔2023〕78号	2023/2/10	深圳证券交易所
161	深圳证券交易所上市公司自律监管指引第4号——创业板行业信息披露（2023年修订）	深证上〔2023〕79号	2023/2/10	深圳证券交易所
162	深圳证券交易所上市公司自律监管指引第5号——信息披露事务管理	深证上〔2022〕17号	2022/1/7	深圳证券交易所
163	深圳证券交易所上市公司自律监管指引第7号——交易与关联交易（2023年修订）	深证上〔2023〕21号	2023/1/13	深圳证券交易所

续表

序号	名称	文号	发布日期	发文机构
164	深圳证券交易所上市公司自律监管指引第8号——重大资产重组	深证上〔2023〕114号	2023/2/17	深圳证券交易所
165	深圳证券交易所上市公司自律监管指引第12号——纪律处分实施标准（2024年修订）	深证上〔2024〕31号	2024/1/12	深圳证券交易所
166	深圳证券交易所上市公司自律监管指引第13号——保荐业务	深证上〔2022〕25号	2022/1/7	深圳证券交易所
167	深圳证券交易所上市公司自律监管指引第14号——破产重整等事项（2025年修订）	深证上〔2025〕201号	2025/3/14	深圳证券交易所
168	深圳证券交易所上市公司自律监管指引第15号——可转换公司债券	深证上〔2022〕731号	2022/7/29	深圳证券交易所
169	深圳证券交易所公司债券上市规则（2023年修订）	深证上〔2023〕974号	2023/10/20	深圳证券交易所
170	深圳证券交易所公司债券发行上市审核规则（2023年修订）	深证上〔2023〕983号	2023/10/20	深圳证券交易所
171	深圳证券交易所公司债券发行上市审核业务指引第1号——申请文件及其编制要求（2023年修订）	深证上〔2023〕984号	2023/10/20	深圳证券交易所
172	深圳证券交易所公司债券发行上市审核业务指引第2号——审核重点关注事项（2023年修订）	深证上〔2023〕985号	2023/10/20	深圳证券交易所

附录 4　相关法律法规制度一览表

续表

序号	名称	文号	发布日期	发文机构
173	深圳证券交易所自律监管措施和纪律处分实施办法（2024年修订）	深证上〔2024〕30号	2024/1/12	深圳证券交易所
四、北交所				
174	北京证券交易所上市公司持续监管办法（试行）	证监会令第227号	2025/3/27	中国证监会
175	北京证券交易所向不特定合格投资者公开发行股票注册管理办法	证监会令第210号	2023/2/17	中国证监会
176	北京证券交易所上市公司证券发行注册管理办法	证监会令第227号	2025/3/27	中国证监会
177	公开发行证券的公司信息披露内容与格式准则第46号——北京证券交易所公司招股说明书	证监会公告〔2023〕16号	2023/2/17	中国证监会
178	公开发行证券的公司信息披露内容与格式准则第47号——向不特定合格投资者公开发行股票并在北京证券交易所上市申请文件	证监会公告〔2023〕17号	2023/2/17	中国证监会
179	公开发行证券的公司信息披露内容与格式准则第48号——北京证券交易所上市公司向不特定合格投资者公开发行股票募集说明书	证监会公告〔2023〕18号	2023/2/17	中国证监会
180	公开发行证券的公司信息披露内容与格式准则第49号——北京证券交易所上市公司向特定对象发行股票募集说明书和发行情况报告书	证监会公告〔2023〕19号	2023/2/17	中国证监会

续表

序号	名称	文号	发布日期	发文机构
181	公开发行证券的公司信息披露内容与格式准则第 50 号——北京证券交易所上市公司向特定对象发行可转换公司债券募集说明书和发行情况报告书	证监会公告〔2023〕20 号	2023/2/17	中国证监会
182	公开发行证券的公司信息披露内容与格式准则第 51 号——北京证券交易所上市公司向特定对象发行优先股募集说明书和发行情况报告书	证监会公告〔2023〕21 号	2023/2/17	中国证监会
183	公开发行证券的公司信息披露内容与格式准则第 52 号——北京证券交易所上市公司发行证券申请文件	证监会公告〔2023〕22 号	2023/2/17	中国证监会
184	公开发行证券的公司信息披露内容与格式准则第 53 号——北京证券交易所上市公司年度报告	证监会公告〔2021〕33 号	2021/10/30	中国证监会
185	公开发行证券的公司信息披露内容与格式准则第 54 号——北京证券交易所上市公司中期报告	证监会公告〔2021〕34 号	2021/10/30	中国证监会
186	公开发行证券的公司信息披露内容与格式准则第 55 号——北京证券交易所上市公司权益变动报告书、上市公司收购报告书、要约收购报告书、被收购公司董事会报告书	证监会公告〔2021〕35 号	2021/10/30	中国证监会
187	公开发行证券的公司信息披露内容与格式准则第 56 号——北京证券交易所上市公司重大资产重组	证监会公告〔2023〕23 号	2023/2/17	中国证监会

附录4　相关法律法规制度一览表

续表

序号	名称	文号	发布日期	发文机构
188	北京证券交易所向不特定合格投资者公开发行股票并上市审核规则	北证公告〔2024〕26号	2024/4/30	北京证券交易所
189	北京证券交易所上市公司证券发行上市审核规则	北证公告〔2023〕11号	2023/2/17	北京证券交易所
190	北京证券交易所上市公司重大资产重组审核规则	北证公告〔2024〕23号	2024/4/30	北京证券交易所
191	北京证券交易所股票上市规则（试行）	北证公告〔2024〕22号	2024/4/30	北京证券交易所
192	北京证券交易所上市委员会和并购重组委员会管理细则	北证公告〔2024〕24号	2024/4/30	北京证券交易所
193	北京证券交易所行业咨询委员会管理细则	北证公告〔2023〕13号	2023/2/17	北京证券交易所
194	北京证券交易所上市保荐业务管理细则	北证公告〔2023〕14号	2023/2/17	北京证券交易所
195	北京证券交易所证券发行与承销管理细则	北证公告〔2023〕15号	2023/2/17	北京证券交易所
196	北京证券交易所股票向不特定合格投资者公开发行与承销业务实施细则	北证公告〔2023〕55号	2023/8/21	北京证券交易所
197	北京证券交易所上市公司向特定对象发行优先股业务细则	北证公告〔2023〕17号	2023/2/17	北京证券交易所
198	北京证券交易所上市公司向特定对象发行可转换公司债券业务细则	北证公告〔2023〕18号	2023/2/17	北京证券交易所
199	北京证券交易所向不特定合格投资者公开发行股票并上市业务规则适用指引第1号	北证公告〔2024〕44号	2024/8/30	北京证券交易所

续表

序号	名称	文号	发布日期	发文机构
200	北京证券交易所向不特定合格投资者公开发行股票并上市业务规则适用指引第2号	北证公告〔2024〕45号	2024/8/30	北京证券交易所
201	北京证券交易所向不特定合格投资者公开发行股票并上市业务规则适用指引第3号	北证公告〔2024〕46号	2024/8/30	北京证券交易所
202	北京证券交易所上市公司证券发行与承销业务指引	北证公告〔2023〕20号	2023/2/17	北京证券交易所
203	北京证券交易所上市公司重大资产重组业务指引	北证公告〔2023〕21号	2023/2/17	北京证券交易所
204	北京证券交易所向不特定合格投资者公开发行股票并上市业务办理指南第1号——申报与审核	北证公告〔2023〕22号	2023/2/17	北京证券交易所
205	北京证券交易所向不特定合格投资者公开发行股票并上市业务办理指南第2号——发行与上市	北证公告〔2024〕16号	2024/4/19	北京证券交易所
206	北京证券交易所上市公司证券发行业务办理指南第1号——向不特定合格投资者公开发行股票	北证公告〔2023〕57号	2023/8/21	北京证券交易所
207	北京证券交易所上市公司证券发行业务办理指南第2号——向特定对象发行股票	北证公告〔2023〕23号	2023/2/17	北京证券交易所
208	北京证券交易所上市公司证券发行业务办理指南第3号——向原股东配售股份	北证公告〔2023〕24号	2023/2/17	北京证券交易所

附录4 相关法律法规制度一览表

续表

序号	名称	文号	发布日期	发文机构
209	北京证券交易所上市公司向特定对象发行优先股业务办理指南第1号——发行与挂牌	北证公告〔2023〕25号	2023/2/17	北京证券交易所
210	北京证券交易所上市公司向特定对象发行优先股业务办理指南第2号——存续期业务办理	北证公告〔2023〕26号	2023/2/17	北京证券交易所
211	北京证券交易所上市公司向特定对象发行可转换公司债券业务办理指南第1号——发行与挂牌	北证公告〔2023〕27号	2023/2/17	北京证券交易所
212	北京证券交易所上市公司持续监管指引第2号——季度报告	北证公告〔2021〕35号	2021/11/2	北京证券交易所
213	北京证券交易所上市公司持续监管指引第3号——股权激励和员工持股计划	北证公告〔2021〕36号	2021/11/2	北京证券交易所
214	北京证券交易所上市公司持续监管指引第6号——内幕信息知情人管理及报送	北证公告〔2021〕39号	2021/11/2	北京证券交易所
215	北京证券交易所上市公司持续监管指引第7号——转板	北证公告〔2023〕72号	2023/10/8	北京证券交易所
216	北京证券交易所上市公司业务办理指南第6号——定期报告相关事项	北证公告〔2022〕57号	2022/12/30	北京证券交易所
217	北京证券交易所上市公司业务办理指南第7号——信息披露业务办理	北证公告〔2022〕58号	2022/12/30	北京证券交易所

续表

序号	名称	文号	发布日期	发文机构
218	北京证券交易所公司债券上市规则	北证公告〔2023〕81号	2023/10/20	北京证券交易所
219	北京证券交易所公司债券发行上市审核规则	北证公告〔2023〕79号	2023/10/20	北京证券交易所
220	北京证券交易所公司债券发行上市审核规则适用指引第1号——申请文件及编制	北证公告〔2023〕84号	2023/10/20	北京证券交易所
221	北京证券交易所公司债券发行上市审核规则适用指引第3号——审核重点关注事项	北证公告〔2023〕86号	2023/10/20	北京证券交易所
222	北京证券交易所自律监管措施和纪律处分实施细则	北证公告〔2024〕48号	2024/9/6	北京证券交易所
223	北京证券交易所上市公司自律监管指引——纪律处分实施标准（试行）	北证公告〔2024〕47号	2024/9/6	北京证券交易所

五、股转系统

序号	名称	文号	发布日期	发文机构
224	非上市公众公司收购管理办法	证监会令第227号	2025/3/27	中国证监会
225	关于修改非上市公众公司信息披露管理办法的决定	证监会令第227号	2025/3/27	中国证监会
226	非上市公众公司监督管理办法	证监会令第227号	2025/3/27	中国证监会
227	非上市公众公司重大资产重组管理办法	证监会令第227号	2025/3/27	中国证监会
228	非上市公众公司信息披露内容与格式准则第5号——权益变动报告书、收购报告书、要约收购报告书	证监会公告〔2020〕20号	2020/3/20	中国证监会

附录4 相关法律法规制度一览表

续表

序号	名称	文号	发布日期	发文机构
229	非上市公众公司监管指引第6号——股权激励和员工持股计划的监管要求（试行）	证监会公告〔2020〕57号	2020/8/21	中国证监会
230	非上市公众公司信息披露内容与格式准则第9号——创新层挂牌公司年度报告	证监会公告〔2020〕5号	2020/1/13	中国证监会
231	非上市公众公司信息披露内容与格式准则第10号——基础层挂牌公司年度报告	证监会公告〔2020〕6号	2020/1/13	中国证监会
232	非上市公众公司信息披露内容与格式准则第15号——创新层挂牌公司中期报告	证监会公告〔2020〕49号	2020/7/22	中国证监会
233	非上市公众公司信息披露内容与格式准则第16号——基础层挂牌公司中期报告	证监会公告〔2020〕50号	2020/7/22	中国证监会
234	非上市公众公司信息披露内容与格式准则第1号——公开转让说明书	证监会公告〔2023〕24号	2023/2/17	中国证监会
235	非上市公众公司信息披露内容与格式准则第2号——公开转让股票申请文件	证监会公告〔2023〕25号	2023/2/17	中国证监会
236	非上市公众公司信息披露内容与格式准则第3号——定向发行说明书和发行情况报告书	证监会公告〔2023〕26号	2023/2/17	中国证监会

续表

序号	名称	文号	发布日期	发文机构
237	非上市公众公司信息披露内容与格式准则第4号——定向发行申请文件	证监会公告〔2023〕27号	2023/2/17	中国证监会
238	非上市公众公司信息披露内容与格式准则第6号——重大资产重组报告书	证监会公告〔2023〕28号	2023/2/17	中国证监会
239	非上市公众公司信息披露内容与格式准则第7号——定向发行优先股说明书和发行情况报告书	证监会公告〔2023〕29号	2023/2/17	中国证监会
240	非上市公众公司信息披露内容与格式准则第8号——定向发行优先股申请文件	证监会公告〔2023〕30号	2023/2/17	中国证监会
241	非上市公众公司信息披露内容与格式准则第18号——定向可转换公司债券说明书和发行情况报告书	证监会公告〔2023〕31号	2023/2/17	中国证监会
242	非上市公众公司信息披露内容与格式准则第19号——定向可转换公司债券申请文件	证监会公告〔2023〕32号	2023/2/17	中国证监会
243	非上市公众公司监管指引第2号——申请文件	证监会公告〔2023〕33号	2023/2/17	中国证监会
244	非上市公众公司监管指引第4号——股东人数超过二百人的未上市股份有限公司申请行政许可有关问题的审核指引	证监会公告〔2023〕34号	2023/2/17	中国证监会
245	全国中小企业股份转让系统股票挂牌规则	股转公告〔2023〕34号	2023/2/17	股转系统

附录4　相关法律法规制度一览表

续表

序号	名称	文号	发布日期	发文机构
246	全国中小企业股份转让系统挂牌委员会管理细则	股转公告〔2023〕35号	2023/2/17	股转系统
247	全国中小企业股份转让系统股票挂牌审核业务规则适用指引第1号	股转公告〔2023〕36号	2023/2/17	股转系统
248	全国中小企业股份转让系统主办券商推荐挂牌业务指引	股转公告〔2023〕37号	2023/2/17	股转系统
249	全国中小企业股份转让系统股票公开转让并挂牌业务指南第1号——申报与审核	股转公告〔2023〕38号	2023/2/17	股转系统
250	全国中小企业股份转让系统股票公开转让并挂牌业务指南第2号——挂牌手续办理	股转公告〔2023〕39号	2023/2/17	股转系统
251	全国中小企业股份转让系统挂牌公司持续监管指引第1号——筹备发行上市	股转公告〔2023〕55号	2023/2/17	股转系统
252	全国中小企业股份转让系统非上市公众公司重大资产重组业务细则	股转公告〔2023〕43号	2023/2/17	股转系统
253	全国中小企业股份转让系统非上市公众公司重大资产重组业务规则适用指引第1号——重大资产重组	股转公告〔2023〕48号	2023/2/17	股转系统
254	全国中小企业股份转让系统非上市公众公司重大资产重组业务指南第1号——非上市公众公司重大资产重组内幕信息知情人报备指南	股转公告〔2023〕51号	2023/2/17	股转系统

257

续表

序号	名称	文号	发布日期	发文机构
255	全国中小企业股份转让系统重大资产重组业务指南第2号——非上市公众公司发行股份购买资产构成重大资产重组文件报送指南	股转公告〔2023〕52号	2023/2/17	股转系统
256	全国中小企业股份转让系统股票定向发行规则	股转公告〔2023〕40号	2023/2/17	股转系统
257	全国中小企业股份转让系统股票定向发行业务指南	股转公告〔2023〕49号	2023/2/17	股转系统
258	全国中小企业股份转让系统股票定向发行业务规则适用指引第1号	股转公告〔2023〕44号	2023/2/17	股转系统
259	全国中小企业股份转让系统可转换公司债券定向发行与转让业务细则	股转公告〔2023〕41号	2023/2/17	股转系统
260	全国中小企业股份转让系统可转换公司债券定向发行业务指南第1号——发行和挂牌	股转公告〔2023〕50号	2023/2/17	股转系统
261	全国中小企业股份转让系统优先股业务细则	股转公告〔2023〕42号	2023/2/17	股转系统
262	全国中小企业股份转让系统优先股业务指引第1号——发行和挂牌的申请文件与程序	股转公告〔2023〕45号	2023/2/17	股转系统
263	全国中小企业股份转让系统股票公开转让并挂牌审核指引——区域性股权市场创新型企业申报与审核（试行）	股转公告〔2023〕278号	2023/8/4	股转系统

续表

序号	名称	文号	发布日期	发文机构
264	全国中小企业股份转让系统挂牌公司持续监管指引第4号——关联交易	股转公告〔2022〕387号	2022/12/9	股转系统
265	关于发布《全国中小企业股份转让系统挂牌公司信息披露规则》的公告	股转系统公告〔2021〕1007号	2021/11/12	股转系统
266	全国中小企业股份转让系统分层管理办法	股转公告〔2023〕347号	2023/9/1	股转系统
267	全国中小企业股份转让系统自律监管措施和纪律处分实施细则	股转公告〔2024〕488号	2024/12/31	股转系统
六、基础设施领域不动产投资信托基金（REITs）				
268	中华人民共和国证券投资基金法（2015年修正）	中华人民共和国主席令第23号	2015/4/24	国务院办公厅
269	国务院办公厅关于进一步盘活存量资产扩大有效投资的意见	国办发〔2022〕19号	2022/5/19	国务院办公厅
270	公开募集证券投资基金信息披露管理办法（2020年修订）	证监会令第166号	2020/3/20	中国证监会
271	中国证监会 国家发展改革委关于推进基础设施领域不动产投资信托基金（REITs）试点相关工作的通知	证监发〔2020〕40号	2020/4/24	中国证监会，国家发展改革委
272	国家发展改革委关于进一步做好基础设施领域不动产投资信托基金（REITs）试点工作的通知	发改投资〔2021〕958号	2021/6/29	国家发展改革委

续表

序号	名称	文号	发布日期	发文机构
273	国家发展改革委办公厅关于加快推进基础设施领域不动产投资信托基金（REITs）有关工作的通知	发改办投资〔2021〕1048号	2021/12/31	发改委办公厅
274	国家发展改革委办公厅关于做好基础设施领域不动产投资信托基金（REITs）新购入项目申报推荐有关工作的通知	发改办投资〔2022〕617号	2022/7/7	发改委办公厅
275	国家发展改革委关于规范高效做好基础设施领域不动产投资信托基金（REITs）项目申报推荐工作的通知	发改投资〔2023〕236号	2023/3/1	国家发展改革委
276	国家发展改革委关于全面推动基础设施领域不动产投资信托基金（REITs）项目常态化发行的通知	发改投资〔2024〕1014号	2024/7/6	国家发展改革委
277	国家发展改革委办公厅关于印发《基础设施领域不动产投资信托基金（REITs）项目申报材料格式文本（2024年版）》的通知	发改办投资〔2024〕662号	2024/8/6	国家发展改革委
278	公开募集基础设施证券投资基金指引	证监会公告〔2020〕54号	2020/8/7	中国证监会
279	关于修改《公开募集基础设施证券投资基金指引（试行）》第五十条的决定	证监会公告〔2023〕55号	2023/10/20	中国证监会
280	中国证监会办公厅 国家发展改革委办公厅关于规范做好保障性租赁住房试点发行基础设施领域不动产投资信托基金（REITs）有关工作的通知	证监办发〔2022〕53号	2022/5/24	证监会办公厅、发改委办公厅

附录4 相关法律法规制度一览表

续表

序号	名称	文号	发布日期	发文机构
281	关于进一步推进基础设施领域不动产投资信托基金（REITs）常态化发行相关工作的通知	证监发〔2023〕17号	2023/3/7	中国证监会
282	上海证券交易所公开募集基础设施证券投资基金（REITs）业务办法（试行）	上证发〔2021〕9号	2021/1/29	上海证券交易所
283	上海证券交易所公开募集基础设施证券投资基金（REITs）规则适用指引第1号——审核关注事项（试行）（2024年修订）	上证发〔2024〕161号	2024/12/27	上海证券交易所
284	上海证券交易所公开募集基础设施证券投资基金（REITs）规则适用指引第2号——发售业务（试行）	上证发〔2021〕11号	2021/1/29	上海证券交易所
285	上海证券交易所公开募集基础设施证券投资基金（REITs）规则适用指引第3号——新购入基础设施项目（试行）	上证发〔2022〕83号	2022/5/31	上海证券交易所
286	上海证券交易所公开募集基础设施证券投资基金（REITs）规则适用指引第5号——临时报告（试行）	上证发〔2023〕182号	2023/10/27	上海证券交易所
287	上海证券交易所公开募集基础设施证券投资基金（REITs）规则适用指引第6号——年度报告（试行）	上证发〔2024〕147号	2024/11/29	上海证券交易所
288	上海证券交易所公开募集基础设施证券投资基金（REITs）规则适用指引第7号——中期报告和季度报告（试行）	上证发〔2024〕148号	2024/11/29	上海证券交易所

续表

序号	名称	文号	发布日期	发文机构
289	深圳证券交易所公开募集基础设施证券投资基金业务办法（试行）	深证上〔2021〕144号	2021/1/29	深圳证券交易所
290	深圳证券交易所公开募集基础设施证券投资基金业务指引第1号——审核关注事项	深证上〔2024〕1135号	2024/12/27	深圳证券交易所
291	深圳证券交易所公开募集基础设施证券投资基金业务指引第3号——新购入基础设施项目（试行）	深证上〔2022〕530号	2022/5/31	深圳证券交易所
292	深圳证券交易所公开募集基础设施证券投资基金业务指引第5号——临时报告	深证上〔2023〕1009号	2023/10/27	深圳证券交易所
293	深圳证券交易所公开募集基础设施证券投资基金业务指引第6号——年度报告（试行）	深证上〔2024〕1017号	2024/11/29	深圳证券交易所
294	深圳证券交易所公开募集基础设施证券投资基金业务指引第7号——中期报告和季度报告（试行）	深证上〔2024〕1018号	2024/11/29	深圳证券交易所
295	公开募集基础设施证券投资基金尽职调查工作指引（试行）		2021/2/8	中国证券投资基金业协会
296	公开募集基础设施证券投资基金运营操作指引（试行）		2021/2/8	中国证券投资基金业协会

附录4 相关法律法规制度一览表

续表

序号	名称	文号	发布日期	发文机构
	七、财政部和中国资产评估协会			
297	资产评估行业财政监督管理办法	财政部令第97号	2019/1/2	财政部
298	资产评估机构从事证券服务业务备案办法	财资〔2024〕172号	2024/12/23	财政部、中国证监会
299	加强资产评估行业联合监管若干措施	财办监〔2021〕7号	2021/2/3	财政部
300	关于严格执行企业会计准则 切实做好企业2024年年报工作的通知	财会〔2024〕26号	2024/12/26	财政部、国务院国资委、金融监管总局、中国证监会
301	资产评估机构职业风险基金管理办法	财企〔2009〕26号	2009/2/24	财政部
302	中国资产评估协会章程	中评协公告〔2023〕15号	2023/8/29	中国资产评估协会
303	中评协关于印发《〈中国资产评估协会会员信用档案管理办法〉补充规定》的通知	中评协办〔2025〕5号	2025/2/18	中国资产评估协会
304	资产评估机构从事证券服务业务自律监督管理办法	中评协〔2025〕4号	2025/2/18	中国资产评估协会
305	资产评估机构综合评价办法	中评协〔2025〕3号	2025/2/18	中国资产评估协会
306	中评协关于证券评估业务报备实名认可工作的通知	中评协办〔2024〕91号	2024/11/22	中国资产评估协会
307	中国资产评估协会会员执业行为自律惩戒办法	中评协〔2024〕8号	2024/8/5	中国资产评估协会
308	中国资产评估协会会员申评会管理办法	中评协〔2024〕9号	2024/8/5	中国资产评估协会

续表

序号	名称	文号	发布日期	发文机构
309	资产评估机构内部治理指引	中评协〔2024〕7号	2024/6/26	中国资产评估协会
310	中国资产评估协会会员管理办法	中评协〔2023〕13号	2023/6/18	中国资产评估协会
311	中国资产评估协会会费管理办法	中评协〔2023〕15号	2023/8/25	中国资产评估协会
312	资产评估行业谈话提醒办法	中评协〔2023〕19号	2023/10/24	中国资产评估协会
313	资产评估执业质量自律检查办法	中评协〔2023〕20号	2023/10/24	中国资产评估协会
314	中国资产评估协会会员信用档案管理办法	中评协〔2023〕24号	2023/12/21	中国资产评估协会
315	中国资产评估协会资产评估业务报备管理办法	中评协〔2021〕30号	2021/12/24	中国资产评估协会
316	中国资产评估协会投诉举报受理处理暂行办法	中评协〔2021〕32号	2021/7/1	中国资产评估协会
317	资产评估机构首席评估师管理办法	中评协〔2021〕33号	2021/7/1	中国资产评估协会
318	中评协关于试运行会员信用档案管理信息系统的通知	中评协〔2021〕4号	2021/3/4	中国资产评估协会
319	中评协关于推广应用电子签章的通知	中评协办〔2021〕4号	2021/1/15	中国资产评估协会
320	中国资产评估协会执业会员继续教育管理办法	中评协办〔2019〕62号	2019/7/5	中国资产评估协会

八、评估准则和专家指引

序号	名称	文号	发布日期	发文机构
321	资产评估基本准则	财资〔2017〕43号	2017/8/29	财政部
322	资产评估职业道德准则	中评协〔2017〕30号	2017/9/13	中国资产评估协会
323	资产评估执业准则——资产评估报告	中评协〔2018〕35号	2018/10/30	中国资产评估协会
324	资产评估执业准则——资产评估程序	中评协〔2018〕36号	2018/10/30	中国资产评估协会

续表

序号	名称	文号	发布日期	发文机构
325	资产评估执业准则——资产评估档案	中评协〔2018〕37号	2018/10/30	中国资产评估协会
326	资产评估执业准则——资产评估委托合同	中评协〔2017〕33号	2017/9/13	中国资产评估协会
327	资产评估执业准则——利用专家工作及相关报告	中评协〔2017〕35号	2017/9/13	中国资产评估协会
328	资产评估执业准则——企业价值	中评协〔2018〕38号	2018/10/30	中国资产评估协会
329	资产评估执业准则——无形资产	中评协〔2017〕37号	2017/9/13	中国资产评估协会
330	资产评估执业准则——不动产	中评协〔2017〕38号	2017/9/13	中国资产评估协会
331	资产评估执业准则——机器设备	中评协〔2017〕39号	2017/9/13	中国资产评估协会
332	资产评估执业准则——珠宝首饰	中评协〔2017〕40号	2017/9/13	中国资产评估协会
333	资产评估执业准则——森林资源资产	中评协〔2017〕41号	2017/9/13	中国资产评估协会
334	资产评估执业准则——资产评估方法	中评协〔2019〕35号	2019/12/10	中国资产评估协会
335	资产评估执业准则——知识产权	中评协〔2023〕14号	2023/8/21	中国资产评估协会
336	企业国有资产评估报告指南	中评协〔2017〕42号	2017/9/13	中国资产评估协会
337	金融企业国有资产评估报告指南	中评协〔2017〕43号	2017/9/13	中国资产评估协会
338	以财务报告为目的的评估指南	中评协〔2017〕45号	2017/9/13	中国资产评估协会
339	资产评估机构业务质量控制指南	中评协〔2017〕46号	2017/9/13	中国资产评估协会
340	资产评估价值类型指导意见	中评协〔2017〕47号	2017/9/13	中国资产评估协会
341	企业并购投资价值评估指导意见	中评协〔2020〕30号	2020/12/7	中国资产评估协会

续表

序号	名称	文号	发布日期	发文机构
342	资产评估对象法律权属指导意见	中评协〔2017〕48号	2017/9/13	中国资产评估协会
343	专利资产评估指导意见	中评协〔2017〕49号	2017/9/13	中国资产评估协会
344	著作权资产评估指导意见	中评协〔2017〕50号	2017/9/13	中国资产评估协会
345	商标资产评估指导意见	中评协〔2017〕51号	2017/9/13	中国资产评估协会
346	文化企业无形资产评估指导意见	中评协〔2016〕14号	2016/5/13	中国资产评估协会
347	金融不良资产评估指导意见	中评协〔2017〕52号	2017/9/13	中国资产评估协会
348	投资性房地产评估指导意见	中评协〔2017〕53号	2017/9/13	中国资产评估协会
349	实物期权评估指导意见	中评协〔2017〕54号	2017/9/13	中国资产评估协会
350	人民法院委托司法执行财产处置资产评估指导意见	中评协〔2019〕14号	2019/5/7	中国资产评估协会
351	珠宝首饰评估程序指导意见	中评协〔2019〕36号	2019/12/10	中国资产评估协会
352	体育无形资产评估指导意见	中评协〔2022〕1号	2022/1/14	中国资产评估协会
353	数据资产评估指导意见	中评协〔2023〕17号	2023/9/8	中国资产评估协会
354	资产评估准则术语2020	中评协〔2020〕31号	2020/12/7	中国资产评估协会
355	资产评估专家指引第1号——金融企业评估中应关注的金融监管指标	中评协〔2015〕62号	2015/8/27	中国资产评估协会
356	资产评估专家指引第2号——金融企业首次公开发行上市资产评估方法选用	中评协〔2015〕63号	2015/8/27	中国资产评估协会

附录4 相关法律法规制度一览表

续表

序号	名称	文号	发布日期	发文机构
357	资产评估专家指引第3号——金融企业收益法评估模型与参数确定	中评协〔2015〕64号	2015/8/27	中国资产评估协会
358	资产评估专家指引第4号——金融企业市场法评估模型与参数确定	中评协〔2015〕65号	2015/8/27	中国资产评估协会
359	资产评估专家指引第5号——寿险公司内部精算报告及价值评估中的利用	中评协〔2015〕66号	2015/8/27	中国资产评估协会
360	资产评估专家指引第6号——上市公司重大资产重组评估报告披露	中评协〔2015〕67号	2015/8/27	中国资产评估协会
361	资产评估专家指引第7号——中小评估机构业务质量控制	中评协〔2015〕68号	2015/8/27	中国资产评估协会
362	资产评估专家指引第8号——资产评估中的核查验证	中评协〔2019〕39号	2020/1/9	中国资产评估协会
363	资产评估专家指引第9号——数据资产评估	中评协〔2019〕40号	2020/1/9	中国资产评估协会
364	资产评估专家指引第10号——在新冠肺炎疫情期间合理履行资产评估程序	中评协〔2020〕6号	2020/3/12	中国资产评估协会
365	资产评估专家指引第11号——商誉减值测试评估	中评协〔2020〕37号	2021/1/4	中国资产评估协会
366	资产评估专家指引第12号——收益法评估企业价值中折现率的测算	中评协〔2020〕38号	2021/1/4	中国资产评估协会
367	资产评估专家指引第13号——境外并购资产评估	中评协〔2021〕31号	2021/12/31	中国资产评估协会

续表

序号	名称	文号	发布日期	发文机构
368	资产评估专家指引第 14 号——科创企业资产评估	中评协〔2021〕32 号	2021/12/31	中国资产评估协会
369	资产评估专家指引第 15 号——知识产权侵权损害评估	中评协〔2023〕21 号	2023/11/23	中国资产评估协会
370	资产评估专家指引第 16 号——计算机软件著作权资产评估	中评协〔2023〕23 号	2023/12/11	中国资产评估协会
371	资产评估专家指引第 17 号——碳资产评估	中评协〔2024〕12 号	2024/11/29	中国资产评估协会